国家社会科学基金项目【08BYY005】研究成果
国家社会科学基金项目【18BYY028】阶段性研究成果

翻译课堂教学的语用学研究

A Pragmatics-Based Study of the Classroom Translation Teaching

李占喜　著

科 学 出 版 社
北 京

内 容 简 介

本书是笔者在其构建的“翻译过程的关联—顺应研究路向”理论框架基础上，吸收社会心理学理论、社会建构主义理论、功能翻译理论、界面理论的最新研究成果，提出新的理论体系“翻译课堂教学的关联—顺应研究路向”，对翻译课堂教学的跨文化交际过程进行尝试性探索。笔者界定变异性、协商性和顺应性等核心概念，提出语用交际翻译能力、翻译课堂教学的认知和谐原则、翻译课堂教学语境、原文宏观意境效果、译文话语语用意境效果、翻译课堂教学的语用特征等学术观点，以期对翻译课堂教学的动态性做出有力的阐释。

本书可为翻译专业高年级本科生、硕士研究生、博士研究生从事相关研究提供重要的参考资料，为国内外翻译教学实践、译员培训等提供理论指导。

图书在版编目（CIP）数据

翻译课堂教学的语用学研究/李占喜著. —北京：科学出版社，2020.11
ISBN 978-7-03-066502-7

Ⅰ. ①翻… Ⅱ. ①李… Ⅲ. ①翻译-课堂教学-教学研究 Ⅳ. ①H059

中国版本图书馆 CIP 数据核字（2020）第 205254 号

责任编辑：张 宁 宋 丽 / 责任校对：杨 赛
责任印制：李 彤 / 封面设计：蓝正设计

科学出版社 出版
北京东黄城根北街 16 号
邮政编码：100717
http://www.sciencep.com
北京建宏印刷有限公司 印刷
科学出版社发行 各地新华书店经销
*
2020 年 11 月第 一 版 开本：720×1000 B5
2021 年 10 月第三次印刷 印张：12 3/4
字数：254 000

定价：98.00 元

（如有印装质量问题，我社负责调换）

前　　言

2005年，笔者完成了博士论文《翻译过程的关联—顺应研究：文化意象处理举隅》（“Relevance and adjustability: A study of the translating process in cultural image renderings”）。2007年，基于博士期间的研究，笔者成功申报教育部人文社会科学基金青年项目“语用翻译学原理”；同年，笔者在科学出版社出版《关联与顺应：翻译过程研究》（英文版）。经过十多年在语用翻译研究领域的不断探索，2017年，结合教育部项目的研究成果，笔者在暨南大学出版社出版了《语用翻译学》一书，对博士论文的内容做了大幅调整和补充，尤其对非文化意象话语的翻译过程研究进行了补充，并对提出的“翻译过程的关联—顺应研究路向”的理论范式进行了修订和完善。

2008年，基于教育部项目的相关研究，笔者成功申报国家社会科学基金项目“翻译课堂教学的语用学研究”，结合自己的本科翻译教学实践，将教育部项目的科研成果移植到翻译教学研究中，提出“翻译课堂教学的关联—顺应研究路向”。该研究从认知语用学的理论视角，尝试构建翻译教学研究的新范式，旨在探讨教师译者、学生译者、原文作者、译文读者之间动态的跨文化交际活动的语用机理，探索他们的动态思维过程。该方面的研究，国内外翻译界与语用学界学者几乎没有涉及，可以用来借鉴的学术资料极少，因而整个研究过程极其艰难，举步维艰……

拙著《翻译课堂教学的语用学研究》，是笔者20多年来在语用翻译研究领域不断探索、不断发现、不断反思、不断纠正、不断深入的学术成果。值此出版之际，感谢国家社会科学基金项目的资助；感谢科学出版社的张宁分社长、责任编辑宋丽的大力支持；感谢课题组成员的密切合作；感谢笔者授课学生的积极参与；感谢家人的理解和支持；感谢我的研究生曾丽敏、邱旖、曾茂林、黄潇颖的校稿工作。

李占喜

2019年12月31日

目　　录

第1章 绪论

1.1 引言

翻译教学是一个复杂的跨文化交际过程，至少涉及教师、学生、作者、译文读者四者之间的互动关系，教师在翻译教学中起着核心的指导作用，学生在翻译教学实践中处于主体地位。翻译教学的相关研究将会丰富、补充或发展翻译理论的相关研究成果。目前，国内外翻译界对翻译过程和翻译产品进行了大量研究，与翻译教学有关的教学大纲、课程设置、教材编写等方面的探讨（Kiraly 1995；Hatim 2001；Colina 2003b；穆雷 1999；罗选民 2002；杨自俭 2006）也经常见之于学术专著及学术期刊，但“对于翻译教学的动态性的研究几乎没有涉及”[①]（González 2004：Introduction）。“翻译教学的语用研究将开始起步并逐步得到关注。西方学者依据语用学的相关理论研究翻译教学也只是做出一点初步性的尝试，这方面的研究几乎还是一个空白。”（李占喜 2015a：75-76）

笔者在长期的翻译研究和翻译教学中，一直关注一个值得探索的课题：在以学生译者为中心、以教师译者为指导的“多种声音并存”的翻译课堂教学中，学生的大脑信息处理机制如何良好运作，以成功地完成与原文作者和译文读者之间的跨文化交际呢？这方面的研究，无论是对于翻译教学研究，还是对于整个翻译理论与实践研究而言，都是不可或缺的重要组成部分。

目前，在国内外翻译界和语用学界，尚没有学者从语用学的视角对翻译课堂教学的动态过程做出深入系统的研究。在本书中，我们将描述学生译者的大脑信息处理机制如何促使他们与原文作者和译文读者之间达成跨文化交际。本书的研

① 本书中外文文献的译文，如无特别说明的，均为笔者根据原文自译，全书余同。

究范围涉及学生译者的思维能力，研究的目标在于揭示其潜在的交际能力。本书的主要目的是：用我们构建的新的翻译理论体系，阐释翻译课堂教学的动态过程。

1.2 翻译课堂教学：研究聚焦

本书将聚焦于翻译课堂教学过程的动态性研究，即在翻译课堂教学中，教师译者如何把学生译者的思维从运作不当调整到运作良好状态，以产出满足译文读者认知和谐的译文话语，达成与原文作者和译文读者的跨文化交际。对这个动态过程进行深入揭示，是本书所涉及的探索范围，也是笔者所要完成的核心任务。我们在语用学的关联理论（Sperber & Wilson 1986/1995）和顺应理论（Verschueren 1999）的框架内，吸收社会心理学、社会建构主义翻译理论、功能翻译理论、二语习得理论、翻译过程的关联—顺应路向等方面的研究成果，以笔者真实的翻译教学实践为例证，尝试构建一个新的理论体系，即“翻译课堂教学的关联—顺应研究路向”，其旨在研究翻译课堂教学过程中，教师译者指导下的学生译者的大脑思维运作的动态过程。具体地讲，笔者试图探讨：学生译者在阐释原文话语和产出译文话语时，如何不断地跨越词汇、语法、句法、语义、语用等认知接口被割裂的障碍，做出合适的译文语言选择，传达作者的信息意图和交际意图，以完成跨文化交际。

1.3 翻译课堂教学：研究缘起

我们之所以选择翻译课堂教学的动态过程作为研究对象，是因为该研究应该成为翻译教学研究的聚焦点，而学生习得翻译能力主要是在翻译课堂上进行的，课外的翻译实践活动只是课堂翻译教学的相应延伸部分。笔者认为，国内翻译课堂过程研究不够深入的主要原因有二：其一，翻译课堂教学过程是涉及原文作者、教师译者、学生译者和译文读者四方的跨语言、跨文化的复杂的交际活动，很难从跨学科角度寻找切入点进行深入研究。其二，因为具有不同专业背景的翻译教师的教学模式各不相同，即所谓的“教无定法”，所以所有的翻译教学活动一般很难依照哪一种教学模式作为参照系，进行翻译课堂教学研究。

从翻译教学研究的相关文献中，我们发现还有一些问题在翻译界尚未得到很好解决。

第一，有学者从不同的研究视角对翻译教学发表过不同的观点，但是，学术界好像没有公认的有关“翻译教学”的定义；也有学者撰文认为探讨翻译教材编写、课程设置、课程大纲等也是翻译教学研究体系的内容。我们觉得有必要对这方面问题进行澄清和论证，以减少学者在翻译教学内容、教学方法、译者思维过程和译文文本方面产生不必要的困惑。事实上，翻译课堂的动态过程研究才应该成为翻译教学研究的聚焦点。

第二，随着当代语言学的快速发展，一些西方学者借鉴相关学科的成就来研究翻译教学过程。但是，由于该过程的极其复杂性和学者不同的翻译实践、专业理论背景、教学实践经验等，他们很难解决翻译课堂教学过程中的一切问题。而且，由于其研究方法的局限性，对学生译者思维动态性的研究在某种程度上也受到了一定的限制。

第三，目前翻译理论家提出的翻译教学模式，好像没有就教师译者指导下的学生译者的思维如何运作做出阐释。这些模式在某些方面是成功的，但是，它们远不能为学生译者在译文选择背后的心理动机提供一个论据充分的解释。因此，我们需要一个新的更具有阐释力的理论体系，对翻译课堂教学过程中学生译者的思维运作做出细致深入的描述。

第四，语用学作为一个新兴学科，在研究语言理解和语言使用方面，已经被证明是最具有阐释力的研究视角之一。翻译教学过程也正好涉及学生译者在教师译者的指导下如何理解原文语言和如何使用译文语言传达作者意图的问题。因此，从认知语用学的视角对学生译者的思维运作如何调整的过程做出更全面、更深入的阐释是可行的。

第五，虽然已经有学者对翻译课堂教学过程进行了研究，但是，他们的研究（如 González 2004：Introduction）需要进一步的修订补充、丰富和完善。认知语用学可以给我们提供一个研究视角，来审视翻译课堂教学过程是什么样的。本书尝试对翻译课堂教学的动态过程做出理论阐释，可以丰富或者补充前人有关翻译教学理论与实践的研究成果，并将产生一定的理论意义和实践意义。

1.4 翻译课堂教学：问题探索

在翻译课堂教学的语篇释意交际过程中，我们集中探讨以下三个问题。

1）在阐释作者的信息意图和交际意图的过程中，为什么不同的学生译者，甚至同一个学生译者，对同一个原文话语的释义过程会出现变异性的理解？

2）在理解原文话语的过程中，学生译者对作者的意图做出最大顺应性选择和最佳顺应性选择背后的心理动机是什么？

3）学生译者如何在教师译者启发引导的互动过程中，与作者进行协商性、顺应性的对话，跨越理解原文话语时存在的词汇、语法、句法、语义、语用等认知接口障碍，找到与作者的交际意图相匹配的最佳关联？

在翻译课堂教学的语篇产出交际过程中，我们主要探讨以下三个问题。

1）学生译者在找到与作者的信息意图相匹配的最大关联，选择译文话语时，并对其做出最大顺应性选择时，为什么会出现诸多的变异性？在这种情况下，他们在词汇、语法、句法、语义、语用等哪个认知接口上出现了障碍？其对译文话语做出最大顺应性选择背后的心理动机是什么？

2）学生译者正确认知处理出与作者的交际意图相匹配的最佳关联和体味出原文宏观意境效果，并对其意图做出了最佳顺应性选择之后，他们的译文话语为什么依然呈现出变异性？这种变异性背后的心理动机是什么？

3）教师译者应该如何指导学生译者按照译文读者的认知思维方式，不断地跨越认知接口障碍，达成与作者和译文读者之间的跨文化交际？

1.5 翻译课堂教学：研究目标

本书试图达到以下两个研究目标。

其一，构建翻译教学研究的新模式“翻译课堂教学的关联—顺应研究路向”。综观国内外学者有关翻译教学的研究成果，笔者认为：绝大多数研究聚焦于从不同的理论视角，客观、静态地描述及总结与翻译教学有关的教学目标、教学方法、教材编写、课程设置、人才培养模式、学科建设等内容；国内外几乎没有学者对翻译课堂教学现场的跨文化互动过程进行研究，而该方面的探讨是翻译教学研究、翻译理论研究不可缺少的重要组成部分。所以，我们认为有必要从语用学视角构建出一个新的理论体系，深入研究翻译课堂教学的动态过程，以揭示教师译者指导下的学生译者的大脑信息处理机制如何良好运作，促使其与原文作者和译文读者之间成功地进行跨文化交际。语用学理论中的关联理论和顺应理论涉及语言理解、语言使用、语境的动态性。前者为学生译者理解作者的信息意图和交际意图提供理论指导；后者为他们如何进行译文语言选择提供理论依据；笔者（李占喜2007b，2017b）提出的“翻译过程的关联—顺应路向”，为学生译者的思维运作提供理论上的支持。因此，本书在语用学理论的框架内，吸收社会心理学、社会建构主义翻译理论、功能翻译理论、二语习得理论等研究成果，尝试从学生译者的角度，构建一个新的理论体系，旨在对翻译课堂教学的动态过程做出有力的阐释。

其二，通过对翻译课堂教学的语篇释意交际过程和翻译课堂教学的语篇产出交际过程的理论论证，以及对学生译者译文的译例分析，追溯或反观他们的理解和表达动态过程，试图从语用学的研究视角概括出翻译课堂教学的特征。这些特征将贯穿整个教学过程，直接影响和制约着学生译者与原文作者、教师译者、译文读者、职业译员之间的跨文化交际活动。它们之间相互联系、相互影响，在学生译者的大脑思维中互动运作，使其能够在正确认知处理作者意图的基础上，采用灵活的语用翻译策略，进行译文话语选择，满足译文读者的认知和谐，达成跨文化交际。

这两个研究目标是翻译课堂教学中相互联系、相互依存、不可分割的两个侧面。我们可以从翻译课堂教学语用特征的角度，阐释教师译者指导下的学生译者的思维是如何不断调整、不断修正并趋于良好运作的。

第2章 国内外翻译教学研究

2.1 本章简介

在国内外翻译界，有关翻译教学的研究虽然落后于翻译理论和翻译技巧的研究，但也不乏许多有见解的学术观点。国内外学者选取不同的研究视角，运用不同的研究方法，对翻译教学进行了富有成效的探讨。在本书中，我们聚焦翻译课堂教学的动态性研究，因此，有必要对前人的学术见解做一个比较系统的回顾。

2.2 国外翻译教学研究

近年来，国外翻译教学界在一系列问题上展开争论，诸如外语教学与翻译教学的关系、翻译能力与语言能力的关系、翻译能力是天生的还是后天习得的问题、翻译工作者的专业化问题等。在这些学术探讨中，国外翻译教师译者在翻译教学的特点上达成了共识（Kiraly 1995）：①从以教师为中心的翻译教学过渡为以学生为中心的取向，即从将改错作为翻译教学手段，将教师提供的参考译文作为翻译课的终极目标，转为发展学生的知识和技能；②翻译教学开始探索译者的大脑信息处理机制，采用“有声思维”（think-aloud protocol）的实验方法，清晰直观地探讨译者在翻译过程中是如何思维的，这种研究方法有助于找到译者大脑的活动规律，逐步揭开译者在进行双语转换过程中的思维之谜；③翻译教学和翻译研究紧密结合，西方的翻译教师认为，系统的翻译教学必须是翻译教学法与翻译研究的成功结合，并辅之以语言学、社会科学、认知科学的跨学科研究；④外语教学与翻译教学的关系更加明确。

2.2.1 建构主义研究视角

Kiraly（2000）以建构主义为理论依据，批评传统翻译教学法中的译员培训模式，使用其翻译课堂教学案例作为例证，对翻译教学进行了深入探索，提出社会建构主义教学法，包括翻译研究简介课程、基于翻译项目的翻译实践课程、翻译研究学术讨论会、为翻译专业学生开设的真实自然的外语学习课堂教学等。他认为，译者嵌入社会和专业化活动的复杂网络之中；翻译教师应该是翻译教学活动的指导者（guide）、受咨询者（councilor）、促进者，为学生参与各种翻译活动、成为出色译员铺平道路；一个教学法的有效性取决于教师是否有能力确定和调整教学决策，诸如教学大纲设计、课堂活动计划、学习评估等，以及所基于的信念体系；译员培训者的最大目标在于使学生能够发展出翻译专业自我意识（professional selves），提高其在翻译交际活动中作为积极参与者的责任意识。他的翻译教学法聚焦于"支架"学习法（scaffolding learning），使学生提高必要的翻译能力，应对翻译任务。他还提出社会建构主义翻译教学原则和"翻译项目工作坊"（translation project workshop）教学法，让翻译教学活动的所有参加者参与讨论，互动构建文本意义，教师担当的角色是翻译讨论活动得以顺利进行的促进者或主持者。

Kiraly（2000）提出的翻译教学法试图使翻译学习过程成为一种与学生先前知识和译文目标专业行为的定位体验（situated experience）过程。他认为最好的方法是，使用可出版的翻译项目作为翻译课堂教学活动的主要材料。他的研究在译员培训教学方面填补了一个关键性的空白。他的教学理念受到快速发展的译员培训行业的欢迎。社会建构主义理论为第二语言教学带来革命性的变革，翻译教学也从后者获得很多真知灼见。

2.2.2 综合研究视角

Hatim（2001）对当代翻译理论从研究范式、研究模型、教学应用三个层面进行了梳理、介绍、探索；对以往翻译理论在不同层面做出的贡献或者存在的问题做出了评价，尤其对于作为过程研究的翻译教学和作为结果研究的翻译教学设计而言，具有很强的开拓性和实用性。他介绍了行动/翻译者研究的七个步骤，并根据符号三因素（题材、话语、语篇），为作为过程研究的翻译教学和作为结果研究的翻译教学设计提出了 14 个研究问题，并且每一个研究问题都包括了研究语境、研究目的、研究步骤、研究评价等方面的创新性内容。

2.2.3 功能语篇研究视角

Colina（2003b）将功能翻译理论、语篇翻译理论、描述翻译学、教育学、心理学、外语教学法的最新研究成果融入翻译教学；进一步设计了课程大纲、教学材料、课堂形式、翻译能力评价模型；在将翻译理论与教学实践相联系，促进翻译教学与评价的科学化上，做出富有成效的探索。其研究基于"有声思维"的研究成果，阐述了学生在翻译学习过程中存在的问题和专业译者成功的行为模式；针对如何促进翻译的创造能力提出了一些建议；把翻译能力分解为若干可操作性因素，翻译教学和翻译评估方便、易行，对教学大纲、课堂形式、教学材料的组织设计具有很强的可借鉴性。

2.2.4 教学法研究视角

González（2004）综合使用了人文教学原则、交际理论、合作学习和社会建构主义理论，对翻译课堂教学法进行了深入研究。他从最基本的词汇层面，到比较复杂的句法层面，最终到文化差异问题，设计了明确的教学目的；而且，这些目的试图综合基于语言学和文化研究的不同翻译理论。他提出顺应不同学习环境与用于不同语言综合教学的翻译教学理念。该教学研究法基于交际、人文及社会建构原则，在翻译课堂的讨论会（discussion forum）和动手翻译工作坊（hands-on workshop）中，学生互动协商，做出翻译决策，积极参与学习过程。他认为，在翻译课堂上应该听到老师、学生、翻译理论家、翻译研究者、翻译实践家和翻译项目发起人等多方面的声音；翻译教学研究需要从文本和以教师为中心的译员培训研究的视角，一方面转向关注学生自身及其不同背景和学习风格的研究，另一方面转向最新教学法工具及技术以提高学生的翻译能力及翻译实际表现方面的探讨。学生和老师在课堂上的角色，不仅可以根据有关翻译理念、译者在社会的角色来确定，而且也可以通过教学法运用的相关研究来确定。

他所提出的翻译教学法设计的原则可以总结为：翻译"教"与"学"过程的教学目的是鼓励学生通过团队协作在积极的课堂气氛中进行主观性交际，以获得语言能力、百科知识能力、转换能力和译者职业能力，学会深入了解翻译。

> ……这不是关于翻译理论的专著，而是把翻译理论运用于翻译实践方面的专著，能够使学生从不同的理论视角进行实践、探索、翻译。其创新性主要在于设计的教学步骤（procedures），填补有关译员培训方面的空白。……目的在于从更广阔的研究视角深入探讨译员培训翻译教学，提出新的教学理念，帮助建立积极有效的翻译教学环境，提倡师生、学生之间的课堂互动；所涉及的教学步骤为互动性翻译教学打下了现实基础。（González 2004：Introduction）

González（2005）提出围绕教师译者和学生之间交际互动的新教学方法，能够使学生体验、协商和讨论翻译问题。翻译文本和翻译程序根据主题进行分类；文本类型和翻译评估根据教学法标准和专业标准予以实施。简言之，其教学理念是基于这样一种构想：迎合学生的具体需要能够帮助其获得高级翻译技巧。构建基于功能、过程、产品的翻译教学模式，以提高学生的语言知识、百科知识和认知知识；使翻译组成结构和翻译制约的意识程度得到提高；对翻译策略和翻译方案进行分析和讨论。为了达到译者培训的最佳标准，翻译理论家、实践家、翻译教师之间需要相互理解；应该组织翻译工作坊和翻译会议交流教学材料和教学经验；同时，有关当前教学法、反思性教学和行为研究的意识有助于更加有效地进行翻译教学。

2.2.5　过程取向研究视角

Kiraly（2000）探讨以过程为取向的教学法，来取代译员培训的传统客观主义教学法（the traditional objectivist approach to translator training）。他认为：社会建构主义教学理论能够更好地反映当前语言专业教学的多侧面活动特点，需要对这一具有革新意义的理论进行整合，将其应用于翻译教学实践中。他鼓励译员培训者重新界定“译者能力”概念，以处理翻译课堂教学所学习的内容和实际翻译实践内容之间的不一致问题。他强调：在翻译课堂上培养学生的合作精神，是把翻译教学从以教师译者为中心的教学模式转化为以学习者为中心的教学模式的关键。他主张采用翻译项目工作坊的教学形式，使学生变得更有能力、更加深思熟虑、更有自信心、更加专业化。

2.2.6 二语习得研究视角

Colina（2003b）探索把二语习得领域的“交际能力”这一概念运用到翻译课堂教学中去。他认为，培养交际翻译能力的目的是鼓励更多的以意义为取向（sense-oriented）的翻译理念，以应对翻译初学者经常暴露的弱点。例如，他们往往忽视专业译者常采用的“全面性、文本性、语用性方面的宏观思考”（the global, textual, and pragmatic considerations）。然后，他通过构建缜密的课堂教案（a well-structured lesson plan），展示如何在翻译教学中培养学生这方面的翻译能力。

在实现鼓励更多的以意义为取向的翻译范式方面，Wakabayashi（2003）与Colina（2003b）的观点相同，他探讨在翻译课堂教学中使用“有声思维”研究方法的有效性，认为可以使用该研究方法重点研究以下几方面：翻译初学者与职业翻译人员在大脑信息处理方式上的差异问题；学生可以运用它使自己较好地意识到翻译的普遍理念（general approach）；该方法可以被教学者使用，以规范职业译员的翻译行为。Gross（2003）的贡献聚焦于改善学生作为译者的自我形象（self-image），他视翻译教学为目的语言的一种写作形式，主张译员培训者能够帮助破除译文因不能清晰再现原文而导致的刻板老套印象。

2.2.7 评估研究视角

Johnson（2003）探讨如何利用 Portfolios 作为评估工具，使翻译课堂教学更倾向于以学习者为中心，通过培养学生的批判性思维和采取过程为取向的学习方式，有助于培养出技能熟练、直觉能力好、自我反省意识强的译员。她探讨两种综合评估法：课程评估法（the course portfolio）和专业评估法（the professional portfolio）。她认为，学生不仅作为受训译者评估其翻译作品，而且也以专业译者的身份把翻译作品呈献给未来的雇主。Koby 和 Baer（2003）探讨了新技术迅猛发展给翻译教学法带来的一些挑战。社会需要高水平译员、专业译员和项目经理。由于短时间内无法培养出更多合格的专业译员，加上对其培训不够到位，因此传统的翻译教学法面临着严峻的挑战。他们建议：基于任务型教学法（task-based instruction），在提高学生的翻译动机、再现现实世界状况、致力于高水平认知处理和应对超越技术的一系列能力方面，可能会成为与翻译教学相关技术相符合的教学方法。

2.2.8 语料库研究视角

Bowker（2003）提出进行翻译教学法革新是基于语料库的翻译教学法（corpora-based translation instruction）；主张语料库架构的合作教学法（a collaborative approach to corpora building）；认可学生在翻译教学中建设语料库，鼓励学生成为独立学习者和具有批判性思维的学习者。他深入研究新技术，特别是使构建语料库所开辟的教学方法得到更新；认识到语料库构建及语料库分析在语言相关学科中与日俱增的重要性和使用语料库作为翻译资源的重要价值。

Marco 和 Lawick（2009）首先区分作为文件编制工具（documentation tools）的语料库和作为翻译教学材料来源的语料库，采用基于语料库和受语料库驱使的研究方法（corpus-based and corpus-driven approaches），提出了基于翻译任务型研究方法的译员培训翻译教学理论框架。在该理论框架内，他提出了四种与语料库相关联的翻译任务：基于双语语料库的完形填空、基于学习者语料库的多项选择练习、由双语关键词前后文排序程式产生的短文翻译练习、一致性分析（concordance analysis）。前三个任务是基于语料库，而最后一个则更多地受语料库驱使，并可用来促进翻译自主学习和拓展翻译策略。

Inés（2009）认为，电子语料库和语料分析工具可以用来改善学生获得翻译能力的手段。翻译培训者如果希望培养学生解决翻译问题的能力，就需要为他们提供一些使用现存资源和工具的策略，创造出新的资源和工具，并使学生从中获得最大好处。他主张应该促使学生拓展翻译策略，并试图对这些策略的过程进行评估。他所采用的研究方法是围绕学习目的构建的翻译任务，该方法也包括评估翻译过程和翻译产品，是以学生为中心的，学生是翻译学习过程的核心。该研究方法具有综合性特点，考虑到了翻译教学目标和学习语境的所有方面，以便开发出合适的翻译材料和适当的翻译评估模式。他建议：如果翻译课程的一个教学目标是让学生掌握如何使用语料库，那么，评价这一教学目标就应该包括翻译过程，而不应仅仅局限于翻译产品及译文的总体质量。其论文例证了使用语料库及其相关软件如何进行评估，而不仅仅是验证最终的翻译译文。他主张：翻译教学需要变革和开发新的教学法；使用语料库可以获得从事语言和翻译教学的真实材料和实证数据。更重要的是，语料库使在翻译教学中聚焦于学生、翻译任务和运用资源成为可能。进一步而言，语料库和语料库语言学不仅仅鼓励学生使用网络工具和电子模板处理信息，更重要的是有助于增强学生的探索意识，提高其翻译动机和翻译的自主性。

Kübler、Kunz 和 Castagnoli（2010）认为，近年来，语料库在翻译研究中的重要性相当大，许多研究显示出其在翻译培训中的价值。然而，最近的调查结果显示：目前的翻译实践者和翻译受训者并没有充分意识到在翻译实践流程中使用语料库和翻译技能的作用。虽然一些大学开设了语料库语言学课程，但是并没有提供翻译自学的材料。这些材料不仅可以补充传统翻译课程的内容，而且会引起常常受紧迫时间限制的职业翻译人员的浓厚兴趣。该研究显示：由欧盟资助的 MeLLANGE（Multilingual eLearning in LANGuage Engineering）研究项目开发的免费的电子翻译学习课程“译者语料库”，试图填补这方面的空白。这些电子课程主要涉及使用语料库从事不同的与翻译有关的活动（如原文文本分析、纯翻译、译文修改、术语借用等），并满足职业翻译人员和翻译受训人员的翻译需要。

2.2.9 译者能力研究视角

Biel（2011）探讨在翻译能力和译者能力层面如何在本科法律翻译课堂中整合法律职业现实主义。他采用 Kiraly（2000）关于翻译能力和译者能力的区分，前者指达到所要求的标准的翻译能力（the ability to translate to the required standard）；后者指作为职业译者充分自如的翻译能力（the ability to function efficiently as a professional）。两种能力需要同时发展，但尤其需要注重翻译能力。职业现实主义在以下方面得到实现：法律翻译课程内容（法律文本中最常被翻译的内容）；多样性选择真实原型法律文本；从基于任务型学习到基于项目型学习的折中的教学法，包括话题领域能力建构（subject-field competence building）、术语工作（terminology work），以及最终在一项翻译作业中整合所有任务和活动的翻译和修改项目。

关于西方学者在翻译教学方面的研究，林克难（2000）认为国外翻译教学界近年来在教学改革中做了十方面的工作：①课堂教学从以教师为中心转向以学生为中心；②翻译教学者开始探索译者的大脑机制；③翻译教学与翻译研究紧密结合；④教学方法与手段重视培养学生负责任、独立工作及了解不同译法的能力；⑤采用进入角色、模拟实情的教学方法；⑥鼓励创造性，提倡小组讨论、互帮互学；⑦为学生提供工具，让他们对比参考译文，进行文章分析，以提高翻译水平；⑧在真实交际情景中从事翻译教学；⑨采用新的方法，如加注翻译法，评判译文质量；⑩通过讲授一门翻译研究基础课或者核心课，将翻译的普遍原则和翻译实际紧密结合，以培养学生的职业感。廖七一（2001）概述当代英国翻译教学的指导思想和体制，并评述了英国翻译教学的几种模式：短期译员培训班、翻译语言论、翻译文化论、计算机辅助翻译教学等。他指出英国翻译教学虽各具特色，互为补充，但其重要的特点是，都注重翻译实践能力和强调翻译理论的指导作用。英国翻译教学的特点包括：①在教学中注重实际，各个学校都比较注重外语能力、母语能力、翻译能力、实际技能、计算机操作技能和专业知识的培训；②注重理论的指导作用；③没有一个统一的模式，教学时间长短不一，教学目的各有侧重，教学方法多元互补，教学思想百家争鸣，各校的翻译教学各具特色，极大地活跃了学术探索气氛。

2.3　国内翻译教学研究

国内学者从不同的理论视角，结合自身的翻译实践，在翻译教学的基本概念界定、课程设置、教材编写、教学模式、教学内容等方面做出了有意义的探索。

2.3.1　多维研究视角

国内翻译界越来越多的学者从不同的研究视角对翻译教学进行研究。穆雷（1999）总结中国翻译教学的百年历史，通过调查了解全国主要外语院系的翻译教学情况，梳理国内外有关翻译教学的研究成果，密切关注国际国内翻译教学的发展和翻译教学研究的动态，从纵横两个方面描述了中国翻译教学的历史和现状。纵向探索包括翻译教学在中国的起源、演变、发展及未来设计；横向探讨包括目前我国内地（大陆）地区的翻译教学的类型、课型、课时、教材、教法和教师等各方面的情况，以及其与我国港台地区和国外一些大学翻译教学情况的对比研究；本科生、翻译专业研究生及其作为公共课的翻译教学各自的培养目标和培养方法。其研究的目的是让广大翻译专业师生清楚了解中国翻译教学的历史、现状和存在的问题，为读者提供一份实用的参考资料。

罗选民（2002）讨论和区分“翻译教学”和“大学翻译教学”两个概念，并指出我们对西方翻译研究的概念移植不当，从而给中国高校的大学翻译教学造成了负面影响。他还对两个概念重新进行了界定，指出了存在的问题及解决问题的办法。罗选民的研究为中国学者的翻译研究勾画出了发展蓝图，并指出了明确的方向。

杨自俭（2006）认为，翻译教学是个复杂的系统，除了师生这两个系统之外，主要还包括教材、教法与评估三个系统。教学系统的复杂性在于它是多学科（至少有语言学、文体学、翻译学）的综合，在于它的知识、理论、技巧三位一体的系统性，以及在于它的目标与师生实际相适应的科学性。他指出现行教学评估指标体系过繁，掩盖了生动性、系统性和思想性三个最主要指标，失去了科学有效的导向功能。他还提出了自己的希望：我国刚刚开始将翻译作为一门学科来教授、来研究，要研究的问题很多，学士、硕士、博士三个层面的老师应认真研究教学问题，密切结合学科建设，以提高人才培养水平与推动学科建设的发展。

周玉华和胡朋志（2019）认为高校英语专业翻译教学课时相对有限，翻译教学的首要目标是培养学生的翻译策略选择能力。他们指出翻译教学设计应聚焦于学生翻译练习中的问题，基于反复、充分的问题导向式思考和实践训练强化合理的默认操作，促成选择最佳翻译策略。他们进而提出聚焦问题式翻译教学最简设计，建议一方面压缩教师知识专题讲解的内容，另一方面简化教学流程，以此提升翻译教学效果。

2.3.2 建构主义研究视角

谭业升（2001）通过对现有翻译教程的考察，认为目前翻译教学仍然采用以结构对比为中心的教学模式，这不符合翻译作为跨文化交际形式的特性；需要通过重新认识翻译理论的实践意义，结合翻译教学的阶段性，加强两种视角的融合，以及采用现代教育技术等途径，实现向建构主义翻译教学模式的转变。他主张建构主义翻译教学需要翻译教师之间的合作；采用现代教育技术，利用多媒体让学生在课堂上做大量的集体翻译训练，改变课堂教学模式，提高学习者的主动性，有效控制学生的认知建构过程，以提高翻译教学的效率和效果。

陈葵阳（2005）在反思传统的翻译教学模式所存在的不足的基础上，以建构主义观点为理论依据，探讨英语专业翻译课程的教学应包含的教学新理论，提出在翻译教学中，教师应引导学生自主学习，积极主动地参与教学活动，在“译”中学习技能，体验规则，积累经验，建构知识，形成能力。建构主义理论为翻译教学提供了新理念：有效的课堂教学应是师生互动合作的过程，应使学习者获得对知识的积极体验，应培养学生的学习策略意识，应体现学生的个人发展。

彭娜（2007）针对目前大学英语翻译教学的研究现状，以建构主义学习理论为基础，从教学内容、教师译者角色、教学手段、练习设计以及评价方式等方面，对翻译教学改革提出了设想及其实现设想的途径。她阐述了建构主义学习理论对翻译教学改革的启示：①在翻译教学内容调整方面，注意选材的专业性、情景真实性，培养学生的变译意识；②在教师角色转变方面，教师应成为意义构建的促进者、协调者和信息资源的提供者；③在教学手段运用方面，要提倡多样化（如小组讨论、表演、研究陈述等）；④在课外练习设计方面，应该围绕真实的翻译任务来设计；⑤在翻译评价方式调整方面，增加对学生的小组协作、研究陈述、反思报告等有关如何搜集信息、做出假设、解决相关问题等完成真实翻译任务的情况，提高进行评价的比例；⑥在具体操作中，把教师评分和学生互评结合起来。

伍小君（2007）从建构主义学习理论视角，探讨“交互式”翻译教学模式。她认为：该模式是从认知活动规律出发，以建构主义理论为基础，提出的翻译教学改革的一种思路；是针对传统翻译教学中囿于教材或者语言现象，忽视学生的主体作用等问题而提出的。它力图克服传统翻译教学的不足，创造师生互动的教学环境，激发学生的学习主动性，以期获得最佳教学效果。

郑东方和陈德用（2019）认为当下高校本科翻译教学模式过于传统，学生在翻译实践中受制于翻译课堂教学的定式思维，不能接受科学系统的翻译教学。他们将社会建构主义应用于翻译教学，着重提高对学生的“译者主体性”的培养，尽可能地减少学生的翻译错误；再结合当下中国文化“走出去”发展战略和文化自信建设，从而有效提升学生的翻译专业知识能力和译者主体性身份的定位，培养合格翻译人才。

苑丽英（2019）将建构主义理论与大学英语翻译教学相结合，采用实验研究的方法，分析基于建构主义理论的翻译教学与学生翻译能力的相关性，旨在为我国大学英语专业的翻译教学寻求一种较为高效的教学方法，进而提高英语翻译专业学生的整体翻译能力和翻译水平。

2.3.3　系统功能语篇研究视角

杨雪艳（2003）认为，语篇翻译教学不只是以语篇为单位的翻译教学，而是要把“语篇”作为一个理论概念引入翻译教学。她从系统功能语言学的角度，探讨了“语篇”概念的内涵，并从理论与实践的关系、如何讲授理论、如何指导实践三个方面，探索如何将“语篇”概念引入翻译教学。她指出，把语篇分析方法以及系统功能语言学的观点引入翻译教学，用理论指导实践并解决实践中出现的问题；把翻译活动当作动态的交际活动，把翻译的对象当作一个完整的意义单位，把译文与原文的“语篇对应”当作翻译的标准。这样，教师点评学生译文的优劣、译法是否妥当，有助于提高学生对翻译本质和翻译标准的认识。

韦兰芝（2011）基于系统功能语言学语篇分析视角，认为语篇是与文化语境密切相连，受具体情景语境促动，从一整套可供选择的功能成分和语言形式中进行选择的结果。这一模式为翻译研究和教学开辟了一个全新的视角，对这两方面具有重要的理论指导作用：翻译对等应该建立在语篇层面上，语篇对等的实现可从语类、语域和语义三个方面进行考察，在翻译中应从宏观决策和微观选择入手做到语类对应、语域适切和语义对等。

2.3.4 模因论研究视角

马萧（2005）根据 Chesterman（1997）的翻译模因论，从翻译模因进化的角度讨论翻译模因论的历史进化观、翻译理论与翻译实践的关系，以及个体发生与种系发生的平行观；通过分析论证阐明了翻译理论教学的重要性和翻译史教学的必要性，以及翻译教学必须遵循翻译能力进化的客观规律。他认为，在翻译教学中，可以培养学生识别各种翻译模因的自我意识，并有计划、有步骤地要求学生进行反复的翻译训练，使他们的翻译行为明确受到意识的监控。随着翻译技能的提高，学生识别相关情景特征的能力和恰当选择翻译策略的能力逐渐趋于自动化，最终成为一种直觉，这样，清醒的意识就演变成了译者能够随意运用的一种工具，各种翻译模因就内化为译者翻译能力的一部分。在初学阶段，教师给学生介绍一些经典的翻译策略，让学生将其作为概念和规则来学习；在高级学习阶段，教师要求学生根据原文分析译文，列举他们观测到的翻译策略；在能力形成阶段，教师主要侧重对学生分析决策能力的培养；在熟练阶段，教师着重培养学生从分析性思维转向直觉思维的能力。

2.3.5 翻译专业建设研究视角

姜秋霞（2006）从翻译人才培养的操作性层面，探讨翻译作为专业建设所存在或面临的主要问题：①教学计划培养目标不明确；②课程设置不合理，主要表现为缺乏系统性、板块划分不明晰、课程体系不完整、翻译技能课程和翻译知识课程不足、应用专业课程不足、忽视母语和中国文化、缺乏语言文化比较类课程等；③教材建设缺乏系统性，主要表现为缺乏翻译技能的层级性内容，缺乏翻译学科的综合性结构，知识老化，题材、体裁单一，缺乏真实语境，缺乏翻译的文化交流特性。她特别对翻译专业建设中的基础结构与核心内容如教学目标、课程设置等方面的问题进行了深入分析，进而提出其实验过程中的建议性对策：要有明确的教学计划、合理的课程设置，以及相应的教材建设。

马旭燕（2017）认为，项目翻译教学使学生在真实的项目参与过程中可以积极主动地建构翻译知识与技能体系，但是在施行过程中却遇到实际困难，这些困难可以从企业、学生、学校三个方面进行分析。众包翻译的特点之一是自由化参与，它具有传统翻译模式不可比拟的一些优势，将其应用于项目教学，有助于现实瓶颈问题的解决。她论述了众包翻译与项目翻译教学结合的可行性，探索了众包型项目翻译教学的教学目标、教学对象、教学内容、教学过程、教学评估，并分析了这一教学模式的积极意义与存在的问题。

董洪学、初胜华和张坤媛（2017）以市场需求为导向，将职业翻译能力引入翻译硕士（Master of Translating and Interpreting，MTI）教学能力培养范畴，根据其内涵要求利用信息技术、翻转课堂、项目式学习等教育元素，构建 MTI 翻转课堂项目式教学模式，并进行教学实验。实验结果表明，该教学模式能够提高 MTI 学生的职业翻译能力，帮助其实现由翻译学习者向职业译者的转变。

2.3.6　观念建构研究视角

刘季春（2006）通过对现行翻译教学模式（“实践”模式和“理论”模式）的反思，提出“观念建构”模式：教师根据自己对翻译的理解，选择适当的翻译观念组织材料形成教学模块；课堂教学的主要目的在于通过教师和学生、学生与学生之间的互动，促进学生逐渐形成自己的翻译观。他认为：“观念建构”模式是根据本科学生的认知水平及有限的课时量，根据青年学生功底较弱但吸收新观点较快的特点，调整阶段重点，讲究教学顺序的一个优化学习模式。对教师来说，观念是理论的浓缩，它渗透着教师译者对理论的阐释，是后理论阶段，从而避免单纯的经验主义；对学生来说，观念是感性认识的升华，是通向理论的桥梁，从而避免了理论的泡沫化。此模式一方面减少了学生直接面对枯燥理论的时间，另一方面又增加了学生赏析译文等其他教学活动的时间。他主张翻译教学必须理论与实践相结合，反对以大量的时间或者系统的理论支配另一方。该模式试图解决目前翻译课时不足、学生双语功底较弱的问题，为翻译教学理论与实践的结合提供了一个理想的切入点。

2.3.7 计算机辅助研究视角

郭红（2004）试图介绍一种自行设计的翻译教学软件，该软件的设计遵循了以学生为主体、以教师为主导的教学原则，使学生在师生互动当中主动进行学习，同时还使得学生的自学、自测成为可能。这样，不仅使课堂教学向课外延伸成为可能，还使课堂教学更具有针对性，实现了“一本多教”。

吴赟（2006）论述将计算机辅助系统引入翻译教学的必要性，给计算机辅助翻译系统明确的定位：计算机翻译在自然语言转换中存在着局限性，以及计算机和人力在翻译中互补互助等。他还探讨了其在翻译教学中的应用目标和应用策略：让学生掌握翻译的相关知识和技能，提高翻译能力，注重对学生翻译交际观的培养；必须让学生充分意识到人脑与机器合作的重要性，树立学生作为译者的责任心，积极引导学生自己去思考，参与知识获得的过程。

吕立松和穆雷（2007）以国内翻译市场为背景，对计算机辅助翻译技术与翻译教学的结合进行评述和分析。他们通过对机器翻译教学实践中可能会遇到的问题进行深入剖析，尝试提出一些建设性的意见和应对策略：结合市场的变化和发展以及学校的实际情况，调整教学设置，树立正确的人才培养意识；积极探索传统翻译教学与现代翻译技术相结合的方式，互相借鉴，共同发展；充分把机器翻译（machine translation，MT）和翻译记忆（translation memory，TM）应用于翻译教学及翻译培训，善于运用翻译技术提高翻译教学效率，培养真正适应于翻译市场需求的实用性翻译人才。他们呼吁翻译教学关注翻译市场的变化，重视翻译技术人才的培养，并进一步指出，新时代的译者应该关注翻译市场，熟练掌握各种翻译工具，以更好地适应翻译市场的要求。

2.3.8 语料库研究视角

王克非（2004）根据北京外国语大学中国外语教育研究中心通用汉英平行语料库，探讨平行语料库在翻译教学中的应用价值。他认为，双语平行语料库对于翻译教学而言是有用的参考工具或工作平台，其作用主要体现在以下方面：①为某一检索词或短语提供丰富多样的双语对译样例；②为常用结构提供多种双语对译样例，供讲解和仿习；③提供丰富的可随机提取的“一本多译”作为对照参考。在翻译教学中利用双语平行语料库和检索工具的作用是其他教科书和工具书所不能替代的，它在翻译教学中有广阔的使用前景和潜在开发价值。

罗选民、董娜和黎士旺（2005）主要探讨语料库的建构、利用语料库对译者文本的研究、翻译的普遍性研究，同时还指出翻译语料库研究对译员培训和翻译实践的意义。借助于平行语料库，经验欠佳的译者可以较为清楚地了解经验丰富的译者在协调原文和译文时所采用的策略（如本土化、省略的手段），从而给他们今后的翻译提供帮助。翻译语料库可以帮助我们更清楚地认识各种语域变体的特点，并在教学中予以重视；在具体的翻译实践中，翻译语料库可以帮助译者提高理解的准确性，精确把握词义，区分词义的褒贬和文体色彩，从而在整体上把握作者的风格、语用习惯和修辞手法；翻译语料库还可以使翻译教学的语料更加真实，教学的形式更加多样，可以供教师和学生重复使用，使基于语料库的“教”与“学”具有自主性和开放性的特点，极大地促进了学生的数据驱动学习方式。

黎士旺（2007）从文本的话语功能出发，分析基于翻译语料库的翻译教学模式在当代教学实践中所具有的现实意义：基于翻译语料库的翻译教学形式具有文本电子化、学习直观化、分析多元化、结论科学化、成果有机化等五大方面的特点和优势。他还提出了基于翻译语料库的翻译教学的可行性方案：翻译语料库可以帮助翻译教师将学习者历年的翻译作业导入自建语料库，然后进行分析，有效地监控学习者的进步幅度；教师还可将同学年各班学习者的翻译习作制成分类语料库，从中看出彼此间进步的程度与差异；各高校翻译教师之间还可以共享储存的资源，分析地域性差异。

杨晓军（2007）认为，语料库语言学已经在理论、描写、应用等层面对翻译研究和译员培训起着越来越重要的作用；基于语料库的翻译研究已经成为当今描写翻译研究领域中新的研究范式。他首先分析了基于语料库的翻译研究的理论价值和应用价值：理论价值在于，语料库通过比较译文文本与其对应的原语文本的语言特征及其出现的频率来研究翻译过程；应用价值在于，语料库为翻译培训提供了工作平台，同时为机器翻译和计算机辅助翻译等应用软件的开发打下了基础。他还介绍了目前国外利用各类不同语料库进行译员培训的实践经验，并结合我国的实际情况，着重探讨如何利用和创建各类不同的语料库，以满足译者教育的需要。最后他提出了研究设想：研制“汉英日多语语料库”，研制“同一作者/译者/

文本专用翻译语料库”，以及创建“中国学生翻译测试文库”等。

2.3.9 翻译能力研究视角

苗菊（2007）指出：当前，西方翻译理论学界开展了对翻译能力的研究，并把研究成果引入翻译教学研究中。她分析翻译能力的成分构成，探讨在翻译教学中发展翻译能力的途径，以及翻译教学的过程教学法，论述翻译教学和翻译能力之间的关系，提出翻译教学的研究发展应建立在研究翻译能力发展的基础之上。她还进一步建议：翻译能力研究可以作为制定翻译教学大纲、设计教学内容、创新课程设置、改革翻译教学方法、强化翻译质量评估的依据和参照。

刘和平（2011）对学习翻译所需要的能力、其分级定义、各阶段翻译能力和最终的培养结果的评估等问题进行了探讨。她认为，评价译者的职业水平时，不仅要考察其工作语言水平，还应考虑和翻译职业相关的各种因素，要摒弃单纯的知识传授，而把翻译技能训练放在教学的最重要位置；自省式、互动式、模拟式、实战式、团队式等“五式”教学法，是实现翻译人才培养的重要教学模式和途径；以翻译能力发展为核心的教学模式是培养市场需要的职业翻译人员的有效模式，但翻译能力的发展有阶段性，需要根据不同阶段的不同教学任务选择教学方法和教学内容，最终实现技能的自动化，并以此为基础进入职业翻译行业。

李瑞林（2011）梳理翻译能力研究的主要成果，在反思、统和翻译能力自然观、要素观、最简观和认知观的基础上，以译者能力这一概念为切入点，探讨翻译教育的目标内涵，提出以高阶思维能力为核心的译者能力动态观和译者素养观。他认为，译者素养是译者素质和译者能力综合发展的结果，主要表现为译者根据翻译情境和目的建构翻译的自主性、灵活性和创造性，是译者形成专家能力和可持续发展能力的标志，译者素养应是翻译人才培养的终极目标指向。译者素养观可以从四个方面呼应《国家中长期教育改革和发展规划纲要（2010—2020 年）》提出的教育教学改革方向：①注重培养学习者适应时代发展和个人发展的素质，如学会学习、学会协作、学会发展；②突出学习者的主体性，把学习变成一种人的自主性、能动性、独立性不断生成和发展的过程；③倡导探究式学习，培养学习者的问题意识、批判意识和创新意识；④构建多元学习环境，培养学习者的社会能力和兼容能力。

柴明颎（2015）聚焦专业翻译人才能力培养这一视角，从根源上对目前国内本科翻译专业培养所存在的问题进行反思，深入分析专业翻译人才所需的多种能力特征以及相应的人才培养目标和理念，具体讨论课堂教学环节中应该贯彻的理念和意识，并认为本科翻译专业培养应该重点关注自然语言学习、工作语言学习、翻译基础、能力训练、相关基础能力的构建训练。

胡珍铭和王湘玲（2018）基于 Nord 的文本分析理论，构建以培养文本分析能力为导向、评教整合的翻译教学模式，并通过教学实验，综合使用调查问卷、自我评估报告、翻译测试、访谈和观察法等探讨教学模式的有效性。实验结果显示，学生在处理文本发送者及其意图、接受者及其期望、文本媒介等方面的文本分析能力显著提高，理解错误、风格不当、中式表达、语法错误等翻译错误明显减少。评教整合的翻译教学模式能够促进学生的陈述性知识向程序性知识转化，显著提高学生的文本分析能力与翻译质量。

2.3.10　语用学研究视角

陈宏薇（1995）基于 Grice 的“合作原则”和 Leech 的“礼貌原则”探讨翻译教学中对原文语用意义的解读与翻译的问题。她认为，语言文化的差异使语用意义的翻译富有挑战性；语用意义翻译的成功与否是检验译文质量的关键之一；培养学生的语用意识对翻译教学至关重要；培养学生语用意识的过程，也是文化习得的过程。她主张：当学生深入研究译语文化时，必然会加深对母语文化的认识；文化意识的增强，必然会有效地提高学生的翻译能力，翻译能力的提高又会加速学生语言习得和文化习得的过程。

赵湘（2002）也探讨这两大语用原则对翻译教学的理论指导与启示：翻译教师应该以这些语用原则为指导转变旧的传统观念。教学中，教师既要提高学生的语言能力，又要提高学生的交际能力；既要教授语言本身的知识，又要教授语用知识。学生只有对语言的信息传递功能和社会关系功能都给予足够的重视，才能熟练运用语言，以达到交际的目的。

廖开洪和李锦（2005）以 Verschueren（1999）的顺应理论为研究视角，尝试探索该理论对翻译教学的启示：教师把语用学理论知识传授给学生，从而引导其在翻译中采用语用策略，可以解决其他翻译方法不能解决的问题；翻译教学中，教师可以导入顺应论的理论知识，帮助学生在翻译的层面上对语言的形式、结构、话语产生和理解、文化差异、言语选择的意识程度等做出顺应性选择，从而获得等效的语用翻译，提高翻译的质量；在导入语用理论知识的同时，文化知识的传授也是不可或缺的教学内容；教师可以适时、适量地导入文化知识，结合英汉对比进行文化比较，可帮助学生提高翻译的效度。

李捷（2007）应用顺应理论试图解决英语专业本科生的翻译技能问题，认为教师在翻译教学过程中可以将学生的注意力导向语境顺应、语言结构顺应中，并倡导学生在翻译时善于利用顺应动态性和顺应意识程度的积极作用筛选出更好的译文。

2.3.11 “有声思维”研究视角

苗菊（2005）认为，西方学者在翻译实证研究领域借鉴认知心理学研究方法——有声思维记录，试图揭示译者大脑的思维操作过程，研究翻译的认知过程；将其成果应用于翻译教学法研究与口译和同声传译过程研究，发展出翻译研究中的实证研究模式，进一步证明翻译研究的科学性、多学科性之学科特点。她指出，还有更多的有声思维研究值得开拓，如翻译能力的形成过程、提高过程、取代过程，以及翻译涉及的外界因素的影响、如何成为胜任的译者等。

李德超（2008）把“有声思维法”应用于翻译教学中，让教师译者将自己翻译时大脑内的思维过程用言语表达出来，并建议可以将这一种研究方法作为教师辅助性的教学方式。教师所选的翻译任务最好是自己未曾翻译过或准备过的内容，或是采取学生在课堂上即时提出的翻译任务（教师事前并不知情），目的是要最真实地反映教师平常的翻译思维过程。有声思维翻译教学的最大好处在于它的直观性和直接指导性，并且，它有利于师生之间的双向交流，缩短师生之间的距离，有利于培养学生的发散性思维。

张倩（2010）认为，受翻译研究多以翻译产品（结果）为取向的影响，翻译教学长期以来侧重采取译文评析、译文和原文对比等教学手法，忽视揭示翻译过程在翻译教学中的重要作用，究其原因主要在于缺乏一种行之有效的方法。将“有声思维法”直接引入翻译教学环节，不仅可以弥补这一缺陷，丰富现有教学手段，还能够帮助学生建立一个发现并解决翻译问题的机制，加深他们对已知翻译理论和技能的认识，提高其翻译能力。

文军和殷玲（2010）运用有声思维法，选取 20 名母语为汉语的英语专业三年级学生为研究对象，探讨他们在翻译过程中对于翻译策略的运用情况。研究发现包括：受试在英译汉过程中使用最多的 2 种策略为“监控目标文本的准确性”和“自我修改”；在汉译英过程中，受试使用最多的 5 种策略是“接受内在的解决办法”“发现问题”“汉英词典查询”“直觉判断”“释义原语文本”。翻译策略使用的多少与受试对原语和目的语的掌握程度及其在翻译培训中获得的翻译经验有关。

吴倩（2018）认为，翻译学习的产出过程一直是英语教学中的重点和难点，掌握翻译技能是产出过程的重要环节，使用“有声思维法”开展翻译教学，探究学生在翻译过程中的内在思考，有助于探寻有效的翻译教学模式，帮助学生提高翻译技能。

2.4　前人翻译教学研究：成绩与不足

从国内外的翻译教学研究回顾中，我们可以清晰地看到：前人的研究主要聚焦于从不同的理论视角对与翻译教学有关的教学目标、教学方法、翻译教材编写、翻译课程设置、翻译人才培养模式、翻译学科建设等，进行较为系统、全面、客观、静态的描述与总结。这些研究在翻译理论研究、翻译实践研究、翻译教学研究等方面做出了重大贡献，从不同的侧面和角度有力推动了翻译学科的良好发展。

同时，我们也不难看到，国内学者紧跟国外翻译教学研究的步伐，每当国外出现一个新的理论学说时，我们就会在很短的时间内抓住那些研究热点，并将其引入中国翻译教学的相关研究中，这种积极涉猎学术前沿的精神和勇气是值得称道的。我们希望看到一些观点新颖的学术论文，但更希望具有理论建构的系列论文出现。我们对西方相关研究模仿有余，而自身的创新性则有待进一步加强。

与西方学者相比，我们急需加强翻译教学方面的实证研究，以便使我们的理论建树得到更客观、更科学的实验论证。中国学者在这方面具有与西方学者相同的科研实力，但我们因科研经费有限，无法购置相关实证研究的科研设备。目前，西方学者主要采用的实证研究方法有：有声思维、眼动跟踪（eye-tacking）技术、键盘记录（key-logging）技术、三维研究法（triangulation）、大脑电子扫描成像（electroencephalograph）技术、磁共振成像（magnetic resonance imaging）技术等。西方翻译界对翻译课堂的动态性似乎没有研究（González 2004）。笔者的国家社会科学基金项目正是聚焦于翻译课堂教学过程的动态性，这至少可以说明：本项研究与西方学者的相关研究是同步的，在某些方面也许可以赶超其相关研究。

我们很少看到结合某一理论具体、深入、系统地探讨翻译教学中学生的理解和表达的动态交互过程的学术论文。具体地讲，在翻译课堂教学中，关于原文话语的阐释和相应的译文产出，由于学生具有不同的语言能力、不同的审美素质、不同知识背景、不同的阅历等，他们的理解过程和表达过程为什么会呈现出诸多变异性？学生在理解时出现的变异性是如何在与教师于课堂教学环境下的互动过程中产生的？这种变异性又如何影响和制约译文产出的变异性？即使学生对于原文话语进行了正确的阐释，为什么他们的译文话语依然存在着变异性？教师在翻译课堂教学中如何引导他们在翻译时做出最佳顺应性选择？

国内学者探讨了语用学与翻译教学的关系，但他们的观点似乎是启发式、随感式的，虽然提出了一些学术见解，但有待深入系统化；论文的结论性话语似乎与语用学并没有太直接的关系，出现了语用学理论不能与翻译教学研究相融合的“不和谐”现象；研究的焦点没有集中在翻译课堂教学互动过程上。

国内外学者没有对于现场的翻译课堂教学的动态交互过程进行深入、系统的研究。出现这种情况的原因在于翻译课堂教学过程研究的极其复杂性：①这方面的研究，与笔译研究相比，有不少难以控制的因素，如学生的学习态度、内在动力、课堂表现欲、情感等；②教师的教学引导过程和学生的顺应性配合过程也很复杂，论证数据较难搜集。

2.5 本章小结

在本章，我们对国内外翻译教学方面的研究做了系统回顾，并进行了相关评论。笔者认为，国外研究，无论是在研究视角上还是在研究方法上，都领先于国内的相关研究。国外学者更善于从前人的研究中发现其不足之处，找到新的研究突破点。而且，在实证研究方面，他们勇于探索、迎难而上的学术勇气更是令人钦敬。国内学者虽然能紧跟西方研究进展，但更需要加强学术上的创新。

前人的这些研究都是本书的基础，但国内外学者几乎没有人聚焦以下问题：翻译课堂教学中，教师译者如何引导学生译者跨越词汇、语法、句法、语义、语用等认知接口方面的障碍，理解原文话语和产出译文话语，传达作者的信息意图和交际意图，与其意向读者达成跨文化交际。在本书中，我们将从认知语用学理论的研究视角，对翻译课堂教学的动态性做出深入系统的研究。

第3章 翻译课堂教学研究的理论基础

3.1 本章简介

在本书的跨学科研究中，我们将以语用学的关联理论和顺应理论作为研究理据，并吸收其他相关学科的学术观点，对翻译课堂教学的动态性做出研究。下面，我们简要回顾一下这些理论的核心观点。

3.2 研究理据

本节将回顾本书依赖的理论基础，其中包括语用学理论、社会心理学理论、语用翻译理论、社会建构主义翻译教学理论、功能主义翻译理论、二语习得理论、语法—语用界面研究等。在此，我们简单介绍这些研究理据的核心观点，以支持我们构建翻译课堂教学的理论新范式。

3.2.1 语用学理论

我们将在关联理论和顺应理论的框架基础上构建“翻译课堂教学的关联—顺应研究路向”。

3.2.1.1 关联理论

Sperber 和 Wilson 在其专著《关联性：交际与认知》（*Relevance: Communication and Cognition*，1986/1995）中提出关联理论。他们认为交际是明示推理的过程：交际者产出一个明示刺激且通过它在交际者和听话人之间互明与之相关的一个语境假设集合 I;交际是一个涉及说话人信息意图和交际意图的明示推理过程,并且,明示和推理是语言交际相互依赖的两个方面。他们把“信息意图”定义为说话人试图使听话人明晰或更加明晰他要传达的一系列的语境假设（交际者产出一定的刺激，比如话语，目的是让听话人明白或更加明白一系列语境假设），简单地说，就是提供交际内容的意图。“交际意图”是指说话人还希望使听话人明白他有传达此信息意图的意图。信息意图是话语的字面意义或自然意义，与话语的明示有关，为听话人的推理提供直接依据；交际意图是话语另一层次上的意义，与听话人理解话语时的推理有关。当且仅当信息意图对交际双方来说都是互明的，或者实现了交际意图，说话人才能够成功地进行交际。在信息意图中，说话人希望自己生成的话语能够使听话人产生某种反应；而在交际意图中，说话人希望听话人能够识别该信息意图。

关联理论以关联定义和两个一般关联原则为基础。一个是关联的认知原则，即人类认知倾向于同最大关联相吻合；另一个是关联的交际原则，即每一个话语或明示的交际行为都应设想它本身具有最佳关联性。其中前者与认知有关，后者与交际有关。交际原则以第一原则为基础，第一原则可以预测人们的认知行为，足以对交际产生导向作用。

Sperber 和 Wilson（1986/1995：270）提出最佳关联假设的修改版：

1）明示刺激具有足够的关联性，值得听话人付出一定的推导努力进行处理；

2）明示刺激与说话人的能力和偏爱相一致。

在言语交际中，说话人一方面需要让自己的话语，对于听话人来说，显得更加关联而增加认知效果；另一方面，又要使之能够减少听话人理解时所付出的推导努力。关联性依赖于推导努力和语境效果两个因素的互动。这两个因素是依赖语境的；同样的道理，关联性本身也是依赖语境的。关联性是一个相对的概念，话语的含意会因其在语境中取得不同程度的关联性而有所差异。在信息处理时，人们会尽量以最小的推导努力取得最大的认知效果，也即人类认知以关联性及最大程度的关联为取向。关联性的大小可以根据认知效果（cognitive effects）或语境效果（contextual effects）和推导努力（processing efforts）进行判断。它的强弱取决于两个因素：推导努力与语境效果。在同等条件下，推导努力越小，则关联性越强；语境效果越大，则关联性越强。

Sperber 和 Wilson（1986/1995：60）还区分强式交际（strong communication）和弱式交际（weak communication）。在强式交际的情况下，交际者可以相当准确

地预测到听话人的某些思维内容；在弱式交际的情况下，交际者仅仅是把听话人的思维引导至某一个方向去理解他的话语。通常情况下，在人类交际的互动中，弱式交际要比强式交际更有具有交际的效果或者交际者更乐于使用。

他们把以明示方式传达的语境假设视为明示，把以隐性方式传达的语境假设视为暗含。隐含前提可以由听话人提供，他可以从其记忆中提取，也可以根据从其大脑中调出的认知图式来构建隐含前提。暗含越弱，听话人越不能确信他提供的特定语用前提或者语用结论是否能显示出听话人的思维路向。

Sperber 和 Wilson 以一个新的视角阐释了“风格”的定义：风格即关系；风格可能出现变异的另外一个维向是，风格制约或者引导听话人寻找不同程度的关联，风格会出现在寻找关联的过程中。他们把意境效果（poetic effects）定义为：话语通过一系列弱隐含的推导达到最大程度的关联时产生的特殊效果。潜在隐含范围越大，听话人构建隐含的责任也就越大，意境效果也就越大。文体风格的差异在于取得关联方式的差异。

关联理论是研究在语言交际中听话人如何理解说话人的信息意图和交际意图的。因此，根据该理论，我们可以深入研究在翻译课堂教学的语篇释意交际过程中，教师译者指导下的学生译者与作者进行跨文化心理对话，以及认知处理作者的信息意图和交际意图时，他的大脑信息处理机制是如何运作的。

3.2.1.2　顺应理论

1985 年，在第一届国际语用学研讨会上，Verschueren 提出“语用综观论”（the pragmatic perspective）。在随后出版的《语用综观论：1985 年国际语用学会精选论文集》（*The Pragmatic Perspective: Selected Papers from the 1985 International Pragmatics Conference*）中，他又阐明了观点：“综观论是以语言顺应论作为核心探讨语言的使用问题的。”（Verschueren & Marcella：1987）1986 年国际语用学会成立时，Verschueren 在发布的工作纲领中首次提出了“顺应理论”（adaptation theory）或“语言顺应理论”（linguistic adaptation theory）。后来经过多年的深入研究，他对该理论进一步修改与补充，直到 1999 年，他的新著《语用学新解》（*Understanding Pragmatics*）出版，这一理论体系才得以系统化，并日臻完善。

顺应理论认为，使用语言是一个不断地选择语言的过程，不管这种选择是有意识的还是无意识的，也不管是出于语言内部的原因还是出于语言外部的原因。语言使用者之所以能够在使用语言的过程中做出种种恰当的选择，是因为语言具有变异性、商讨性和顺应性的特征。语言的变异性指语言具有一系列可供选择的可能性；商讨性指所有的选择都不是机械地或严格按照形式–功能关系做出的，而是在高度灵活的原则和策略的基础上完成的；顺应性指的是语言能够让其使用者从可供选择的项目中做出灵活的变通，从而满足交际的需要。协商性隐含着不确定性。其一，在语言产出者一方，存在着选择的不确定性。无论语言选择是否能够准确地满足交际的需要，语言使用者都不得不进行语言选择。其二，在阐释者一方，也存在着选择的不确定性。说话人的话语可以得到多种解释。其三，不管是在产出者一方，还是在阐释者一方，他们做出语言选择之后，还可以永久性地进行协商。

“语言选择”主要包括以下这些观点：其一，选择可以在任何可能的语言结构层面进行，而且在不同层面的选择往往是同时进行的。其二，说话人在交际中不仅要选择语言形式，还要选择语用策略。其三，在不可避免地引起有意识的行为的意义上，“选择”可能有误导作用，选择过程可能会反映出不同程度的意识。其四，选择是在产出话语和阐释话语的过程中做出的。两种类型的选择对于交际的顺利进行和意义的生成而言同等重要。其五，语言使用者在交际中没有选择或者不选择的自由；语言交际一旦发生，交际双方就要做出选择，不管选择的可能性范围是否能够充分满足当时交际的需要。其六，语言选择一般不会是等效的。

根据顺应论，我们必须从语境关系顺应、语言结构顺应、顺应的动态性、顺应过程的意识程度等四个方面描述和解释语言的使用。作者把语境分为交际语境（包括物理世界、社交世界和心理世界）和语言语境，后者也称为语言信息通道，即信道（linguistic channel），指语言在使用过程中根据语境因素而选择的各种语言手段。语境不是静态的，而是由不断被激活的语境因素和一些客观存在的事物动态生成的。语言结构顺应指语言结构和结构构成原则的选择，包括四个方面的选择：语言、语码和语体的选择，话语构建成分的选择，话语和语段的选择，以及话语构建原则的选择。语言选择过程的动态顺应可以从时间顺应、不同语境对语言选择的制约和语言线性结构的灵活变化等三个方面得到体现。

顺应过程涉及的认知心理因素即意识程度。不是所有的语言选择都是有意识、有目的的。由社会和认知因素的结合而形成的社会心理（mind in society），是语言使用者做出顺应和生成意义的依据。在言语交际中，人们不仅有语境意识，而且还通过社会心理对意识程度的不同反映，选择恰当的语言，并做出恰当的顺应。

交际者在选择语言、做出顺应时表现出来的自我意识反应，是一种元语用意识（metapragmatic awareness）。人们在使用语言的过程中，如果元语用意识程度较高，顺应过程就是一种对话语做出调整和商议的自我监控过程。

微观层面上的任何语言现象或语言交际都可以根据顺应的意识程度，即社会心理因素做出解释，顺应理论可以很好地解决语言使用或语言选择过程中的语用问题。宏观语用学关注的不是语言结构本身，而是语言、语码和语体。语言使用的过程是集认知、社会、文化因素于一身的语言选择过程，所以这个过程不可避免地要反映语言使用者的思想意识。

顺应理论研究的是语言使用者如何在语言交际中不断地进行语言选择以成功进行交际。依据该理论，我们将尝试性地研究在翻译课堂教学的语篇产出交际过程中，教师译者指导下的学生译者在译文认知语境中做出语言选择，以及与其意向译文读者交际时，他们的思维是如何运作的。

3.2.2　社会心理学理论

社会心理学是研究个体和群体的社会心理现象的心理学分支。个体社会心理现象指受他人和群体制约的个人的思想、感情和行为，如人际知觉、人际吸引、社会促进、社会抑制、顺从等。群体社会心理现象指群体本身特有的心理特征，如群体凝聚力、社会心理气氛、群体决策等。

本书所依赖的社会心理学理论主要包括以下几类。

首先，认知一致性理论（Heider 1958）认为，人们常常接受适合他们总体认知结构的态度，并且往往在他们的态度之间或者态度与行为之间寻求认知上的一致。当有几种信念或价值观不一致时，他们总会努力使其保持一致。如果其认知已经达到一致，但又面临着一种可能导致不一致的新认知时，他们会努力把这种认知的不一致状态降到最低程度。尽力保持或恢复认知上的一致性是人们在交际中的一个主要心理倾向。

其次，认知不和谐理论（Festinger 1957）认为，在达到认知一致的过程中，会存在一种压力。认知上的不一致常常给人们造成这种心理上的压力感，因而人们会设法将其去除。减少压力意味着恢复认知上的一致性或者和谐状态。当人们的行为在某种意义上不可逆转或不可改变的时候，减少认知不和谐的主要途径是改变自己的态度，以便使其认知达到平衡协调，并尽可能地保持认知的和谐状态。

最后，动机理论（Kelly 1987）认为，人们在交际中总是采取使自己的利益最大化的态度。每件事情都有损、益两个方面，一般情况下，人们会坚持站在对自己最有利的一个方面。

社会心理学理论主要是研究在说服性交际中，人们如何调整自己的态度和行为以取得认知上的一致性，以达到成功交际的目的。依据这些理论，我们将探讨在翻译课堂教学的互动过程中，教师译者如何调整自己的教学态度和教学行为；在其指导下的学生译者如何调整自己的翻译态度和翻译行为，以便使师生之间、学生译者之间在传达作者的信息意图和交际意图、与译文读者完成跨文化交际，以及其认知趋于和谐时，他们的思维是如何运作的。

3.2.3 语用翻译理论

本书涉及的语用翻译理论包括关联翻译理论和翻译过程的“关联—顺应研究路向”，它们是研究走向深入的重要基石。

3.2.3.1 关联翻译理论

Gutt 在 Sperber 与 Wilson（1986/1995）创立的关联理论的基础上，在其著作《翻译与关联：认知与语境》（*Translation and Relevance: Cognition and Context*，1991/2000）中提出关联翻译理论。自从 20 世纪 80 年代以来，关联理论已经成为语用翻译的新的指导性理论，关联翻译理论已经在翻译理论研究领域争得一席之地，而且引起了西方学者越来越多的关注。

Gutt（1991/2000）把关联理论的核心观点移植到翻译研究中来，从认知心理学的角度对翻译过程中的动态性进行了描述。他把关联理论的两个重要概念，即语言的描述性用法和阐释性用法，运用到语际语境中，并把翻译描述为近似于直接引语和间接引语的二次交际情景（a secondary communicative situation）。“直接翻译”（direct translation）适用于原语文本和目的语文本在交际线索和语义表征（semantic representation）方面释义性相似的情况；“间接翻译”（indirect translation）适用于原语文本和目的语文本在功能方面，而不是在交际线索（communicative clues）[①]和语义表征方面描述性相似的情况。Gutt 感兴趣的是对直接翻译而不是间接翻译进行理论上的解释。他认为，译文文本是与原语文本释义相似性的接受语语段。他强调，应该从交际能力的角度解释翻译现象，并讨论了关联理论如何

① Gutt 把“交际线索”定义为“引导译文读者阐释作者意图的风格特征”。参见 Gutt, E.-A. 1991. Translation and Relevance: Cognition and Context. Brookland: St. Jerome Publishing: 134.

指导译者确定译文应该在哪些方面与原文相似，以期在达到充分的语境效果的同时，又不至于让读者付出不必要的认知努力。

关联翻译理论把翻译视为一个明示推理的交际过程。该理论认为译文应该是与原文释义相似的目的语语段。最佳关联性是译者力争达到的目标，也是翻译研究追求的原则标准。译者的责任是努力做到使作者的意图（intention）与译文读者的期盼（expectation）相吻合。为达此目的，译者负有双重推理的责任。首先，译者必须体会出作者的意图，亦即他试图传达给读者哪些语境假设，同时，译者还必须了解译文读者的认知语境。换言之，作者试图传达给原文读者的语境假设，在译文读者的潜在语境中是否存在；如果存在，要从中调出所需要的语境假设是否十分费力，以及推导努力和语境效果是否相称。

Gutt 的关联翻译理论从认知语用学的角度，探讨了翻译过程中译者的大脑信息处理机制是如何运作的。根据该理论，我们将研究学生译者在课堂翻译教学过程中进行译文语言选择和翻译策略选择时，其思维是如何不断地被教师译者启发、引导和修正，从而得以良好运作的。

3.2.3.2 翻译过程的“关联—顺应研究路向”

笔者（李占喜 2007b，2017b）在语用学的关联理论（Sperber & Wilson 1986/1995）和顺应理论（Vershueren 1999），以及社会心理学理论（Heider 1958；Festinger 1957；Kelly 1987）的基础上，提出翻译过程的“关联—顺应研究路向”：

> 在翻译过程中，译者站在原文作者和译文读者之间与其进行跨文化交际。在正确认知处理作者的交际意图之后，译者是以确保译文读者认知和谐的方式与他们进行交际的。译者调动其现有的认知资源并发挥其主体意识在原文认知语境中寻找最佳关联，以及在译语认知语境中以变异、协商、顺应的方式进行语言选择。在找到与作者交际意图相匹配的最佳关联之前，以及在做出合适的语言选择以传达其信息意图和交际意图之前，译者的思维运作处于不确定的状态。译者找到最佳关联，以及他的语言选择满足了译文读者的审美期待和接受能力，这时译者的认知资源才会得到最佳配置。
>
> 在语篇释意交际过程中，译者与作者或原文话语进行的跨文化对话是一个寻找关联、明示推理的交际过程。该过程是根据原文中的词汇信息、逻辑信息，以及百科信息和译者的审美素质来完成的。译者在原文

话语中寻找关联，在大脑中构建语境假设并体味出相应的语境效果，从而充分理解作者试图传达的信息意图和交际意图。在这一释义的过程中，译者会努力正确认知处理与作者的交际意图相匹配的最佳关联。

语篇产出交际过程是一个译者动态顺应译文读者的交际过程。译者使用译文语言传达作者的意图，是一个不断进行语言选择的过程。该选择过程具有变异性、协商性和顺应性的特点。译者在语篇释意交际过程中得到的最佳关联的引导下，有意识地从译文话语构建成分的不同层面进行语言选择，在确保译文读者认知和谐的前提下，来传达作者的信息意图和交际意图，或者对其信息意图进行操纵。同时，译者会从不同的心理角度顺应译文读者，换言之，在顺应的过程中，他会考虑译文认知语境中的社会文化语境、语言语境、他的心理动机，以及译文读者的审美期待和接受能力等。

在翻译过程中，作为读者和研究者身份阐释原文话语，作为作者的"替身"、再创造者和协调者产出译文文本时，译者会发挥他的主观能动性。在翻译过程中，译者的态度应该是：尽可能地传达作者的信息意图和交际意图，以及对作者信息意图的操纵必须以确保译文读者的认知和谐为前提。也就是说，当译文读者作为译文话语的能动接受者在理解和欣赏作者的意图时，这些话语能够在其大脑中产生认知上的一致性。因而，译者的译文选择和语用翻译策略必须聚焦于传达作者的意图，以及对作者信息意图进行操纵，而不会让译文读者付出不必要的推导努力来获得：①作者试图传达的语境效果；②译者为了迎合译文读者的审美期待和接受能力，对作者信息意图进行操纵性重构而传达的语境效果。简言之，译者的译文选择不应该让译文读者在阅读译文话语与译者进行交际时，在理解和欣赏作者的意图方面在心理上产生压力。

（李占喜 2007b：51-52）

笔者还提出了"译文读者为中心的认知和谐原则"：

在翻译过程中，译者的语言选择和语用翻译策略必须聚焦于传达作者的意图，或者对其信息意图进行操纵，而不会使译文读者——具有接受异域文化心理准备的译文话语的主动接受者——付出不必要的推导努力来获得作者试图传达的语境效果。并且，在译者操纵性重构作者的信息意图时，这些语言选择和翻译策略会产生与作者试图传达的相似的语境效果，以便迎合译文读者的审美期待和接受能力。

在译者与译文读者的交际中，译者一方，意欲使他的译文选择满足译文读者的认知和谐，这样就可以使他的译文话语为读者所接受，从而使他个人的利益最大化；译文读者另一方，阅读译文话语，在认知处理作者信息意图和交际意图的过程中，他们会努力寻求在认知上的和谐。

（李占喜 2007b：68-69，2012a：101-104）

翻译过程的“关联—顺应研究路向”旨在研究在翻译过程中，译者如何阐释作者的意图和如何进行语言选择以顺应译文读者的动态过程。依据该理论，我们将探讨教师译者指导下的学生译者如何不断地跨越认知被割裂的障碍，对作者的意图和译文话语做出最佳顺应性选择，以成功地达成与原文作者和译文读者的跨文化交际。

3.2.4　社会建构主义翻译教学理论

随着心理学家对人类学习过程认知规律研究的深入进展，行为主义学习理论逐渐让位于建构主义学习理论。建构主义（constructionism）源于瑞士心理学家 Piaget 的儿童认知发展理论：儿童在与周围环境相互作用的过程中，通过同化和顺应实现新旧经验互动，逐步建构起关于外部世界的知识，从而使自身知识结构得到发展。社会建构主义教学法把学习视为一种社会行为，基于先前知识、经验和学生在课堂上的学习动机来构建知识。学习知识是指学习者基于自身经验、信念等背景知识对外部信息通过对话和顺应的方式，改变原有的知识结构，建构关于该知识的认知网络。学习者自主性（learner autonomy）是该理论的一个核心概念。因此，教学要提供工具和资源，激发学生超越当前的认知环境；重视学生原有的知识经验、社会历史文化背景、动机及情感态度等多种智力因素和非智力因素在认知学习过程中的综合作用，鼓励学生根据自己的兴趣和能力个性化地学习（Benson & Voller 1997；Kiraly 1995，2000；Little 1991；Richards & Rogers 1986/2001；Vygotsky 1978）。

Kiraly（2000）以社会建构主义为理论依据，批评传统翻译教学法中的译员培训模式，使用其翻译教学案例作为例证，对翻译教学进行了深入探索，提出了建构主义教学法，包括翻译研究简介课程、基于翻译项目的翻译实践课程、翻译研究学术讨论会、为翻译专业学生开设的真实自然的外语学习课堂教学等。他认为，译者嵌入了社会和专业化活动的复杂网络之中；翻译教师应该是翻译教学活动的指导者、受咨询者、促进者，为学生参与各种翻译活动以成为出色译员铺平道路；一个教学法是否有效取决于教师是否有能力确定和调整教学决策，诸如教学大纲设计、课堂活动计划、学习评估、所基于的信念体系等；译员培训者的最大目标在于使学生能够发展出自我专业意识（develop their “professional selves”），提高其在翻译交际活动中作为积极参与者的责任意识。他的翻译教学法聚焦于“支架”学习法，使学生提高必要的翻译能力，应对翻译任务。他主张学生通过协作方式参与职业译者（professional translators）的真实翻译活动，来获得他们对翻译职业的知识，理解职业译者的责任和权利（Kiraly 2000：46）。

Kiraly 提出的翻译教学法试图使翻译学习过程成为一种与学生先前知识和译文目标专业行为的特定体验过程（a “situated” experience）。他认为，最好的方法是使用可出版的翻译项目成果作为翻译课堂教学活动的主要材料。他倡导“翻译项目工作坊”的教学法，让翻译教学活动所有参加者参与讨论、互动构建文本意义，教师担当的角色是翻译讨论活动顺利进行的促进者。

Kiraly（2000：66）提出了社会建构主义的翻译教学原则：

1）翻译教学活动最有价值的是真实的翻译体验活动，教学的关键在于正确定位真实的学习内容和学习情境；

2）最有价值的翻译学习体验活动总是以多种研究视角展开，而不是传授唯一的正确答案；

3）真正意义上的翻译协作活动是每一次翻译学习体验过程的基本部分；

4）每堂课的教学目标是，为在真实翻译项目活动中可能出现的问题，构建多种切实可行的解决方案；

5）老师不是教给学生正确答案，而是从教学法角度设定教学任务，为学生在翻译项目实施的早期阶段构建翻译知识，提供实质性支持，让学生在轻松的学习环境下自主发挥翻译才能；

6）译员培训的翻译课堂是学生进行社交认知活动的养成训练工作坊，这样，他们可以逐渐接触译者群体话语，最终成为该群体中的出色译员。

Kiraly 还提出社会建构主义翻译教学研究的一些核心原则，阐述如何应用这些原则，其目的在于：确保翻译专业毕业生在职业翻译领域能够自主、自信地发挥其翻译才能。他以自己的翻译课堂教学实践作为个案，构建具有建构主义翻译思想的教学模式，以适应其特定的教学大纲及课程设计要求。

根据社会建构主义翻译理论，我们将探讨翻译课堂教学以教师译者为指导、以学生译者为中心从事翻译自主学习的互动建构过程。

3.2.5　功能主义翻译理论

Reiss（1971）在其专著《翻译批评的可能性与限制》（*Possibilities and Limitations of Translation Criticism*）中创立了目的理论（Skopos Theory），她把文本功能作为译文评价的一个标准，认为译者应该优先考虑文本的功能特征，即应该把翻译行为所要达到的特殊目的作为翻译批评的一种新模式，根据原文和译文功能之间的关系来评价译文。后来，她的学生 Vermeer（1989）提出翻译目的论（Skopostheorie），突破了对等理论的限制，以文本目的（skopos）作为翻译过程的第一准则，奠定了功能翻译理论的基础。Holz-Mänttäri（1984）拓展了功能翻译理论的适用领域，她的理论以行为理论为基础，针对包括文本转换在内的所有跨文化转换形式，将重点放在翻译过程行为、参与者角色、翻译过程发生的环境三个方面。Nord（1997b）进一步拓展了译文功能理论，提出了“功能加忠诚”的概念，指出翻译就是创作使其发挥某种功能的译语文本，它与原语文本保持的联系是由译文预期的功能确定的。他提出了“忠诚原则”（Loyalty Principle）：一方面，译者对译文接受者负有道义上的责任，必须向他们解释他所做的一切以及这样做的原因；另一方面，译者要对作者忠诚，尊重作者，协调译文目的与作者意图。该原则所关注的是翻译过程中译者和其他参与者之间的社会关系。

功能翻译理论认为，翻译是一种复杂的交际行为，译者应该根据具体的翻译要旨（translation brief），着眼于原作者的交际意图和译文的预期功能；结合译文读者的社会背景知识、交际需要、译文期待来决定处于特定译语文化环境中的文本的具体翻译策略，而不必拘泥于文本对等而影响译文在译语文化中的交际功能；翻译活动的意图主要与译者或者翻译活动的发起人有关，译文预期的接受者对翻译过程起着重要作用。这一翻译理论既弥补了等值翻译理论的不足，又能解决译文有时因特殊需要而与原文功能不同的矛盾。

根据功能翻译理论，所有翻译遵循的首要法则是“目的性法则”（skopos rule），即翻译行为所要达到的目的（如译者的目的、译文的交际目的、使用某种特殊翻译手段所要达到的目的等）决定整个翻译行为过程。翻译过程的发起者（initiator）决定译文的交际目的。除了“目的性法则”之外，还有“连贯性法则”（coherence rule）和“忠诚性法则”（fidelity rule）。前者指译文必须符合语内连贯（intratextual coherence），即必须能让译文读者接受，并且在目的语文化以及译文交际环境中有意义。后者指的是原文与译文之间应该存在语际连贯性（intertextual coherence）。每一个翻译过程都必须遵守“目的性法则”和“忠诚性法则”。翻译准则中的忠诚性法则从属于目的性法则。功能翻译理论摆脱了对等理论的束缚，以目的为总则，把翻译放在行为理论和跨文化交际理论的框架中，为世界翻译理论和中国译学界另辟了一条探索道路（仲伟合、钟钰 1999）。

功能翻译理论较好地解决了翻译过程中的矛盾：译者一方面要履行忠实传达作者原文意义的神圣职责，另一方面又不得不满足翻译项目发起人、委托人、赞助人所设定的翻译要旨。我们将吸收这方面的观点，尝试提出“翻译课堂教学的认知和谐原则”和“译者语用交际翻译能力”等。

3.2.6 二语习得理论

Ellis（2005）从二语习得理论角度探讨了教师如何引导学生跨越三种障碍：①语义与语用认知层面的接口割裂，造成主动和被动的词汇、结构知识积累的严重失衡；②句法与语义层面的接口割裂，造成信息结构突显值转换和面向意义的中心语驱动障碍；③心理语言与社会语言层面的接口割裂，造成对不同语域的驾驭能力的缺失。我们从不同层面的认知接口的习得状况入手，展开多维度的分析，在构建的新理论体系中，阐释学生翻译时的变异性，提出跨越认知障碍的语用机理。

3.2.7 语法—语用界面研究

Brisard、Östman 和 Verschueren（2009）及 Ariel（2008）提及语法—语用界面研究问题，并试图把二者联系起来：语法不是凭空产生的，而是在长期的语用过程中形成的；同一说法得到广泛使用，形成规律，就会固化为语法。语法—语用界面研究的基本出发点之一是语法识别和语用解歧。语法识别，指语言作为代码信息在规则、语义、结构方面的识别；语用解歧，指词的歧义要靠上下文和语境来帮助解开。解释同义语法结构的语用差异，是语法—语用界面研究的又一个重要部分。词类或者结构的功能代谢（functional metabolism）是该方面研究的另一个内容。词类功能代谢，指词类因语用的需要而发生词性转化。语用语法化为语言在使用过程中如何演变出新的语法现象提供了理论支持。研究语用语法化需要研究语法—语用界面，探讨语法和语用之间的关系和相互作用，认识语用现象的固化过程（何自然 2011：4-12）。

根据界面理论，我们将在构建的理论框架内探讨学生译者在翻译过程中，阐释和产出作者的信息意图和交际意图时，在词汇、语法、句法、语义、语用等不同层面的认知接口被割裂的现象是如何产生的；如何在教师译者的指导下，跨越认知接口障碍，确保译文读者的认知和谐，以达成与原文作者和译文读者之间的跨文化交际。

3.3　本 章 小 结

在本章，我们回顾了语用学理论（关联理论、顺应理论）、社会心理学理论、语用翻译理论（关联翻译理论、“翻译过程的关联—顺应研究路向”）、社会建构主义翻译教学理论、功能主义翻译理论、二语习得理论等核心理论思想。这些为本书提供了有力的理论支持。我们将吸收其丰富的理论营养，在第 5 章构建“翻译课堂教学的关联—顺应研究路向”。

第4章 翻译课堂教学的研究方法

4.1 本章简介

本章主要描述本书采用的研究方法和语料搜集情况。我们会使用所建议的研究方法来描述翻译课堂教学过程的动态性。这些方法有助于我们阐释翻译过程中教师译者指导下的学生译者思维中的心理因素和认知因素。从定性研究和定量研究来看，搜集翻译课堂教学过程的语料是本书很难控制的一个因素。因此，在解释如何获得语料和为什么这样获得和控制语料之前，我们先要探讨一下研究方法。

4.2 研究方法

本书主要是一种基于理论演绎和语料分析的定性研究。作为一项理论研究，它是阐释性的。定性研究在于我们试图构建“翻译课堂教学的关联—顺应研究路向”。我们以翻译课堂上学生的现场即时翻译作为语料或者将课堂上教师点评的学生课后作业语料作为例证，从认知语用学的角度来描述学生译者在教师译者的启发指导下，其思维运作如何不断调整，逐步呈现出良好的状态，正确认知处理作者的信息意图和交际意图，并做出译文语言选择，以传达作者的意图，达成与原文作者和译文读者之间的跨文化交际。

本研究开始于分析学生译作和笔者的翻译课堂教学真实经验。我们试图构建的新研究范式，主要建立在综合前人有关翻译教学的观点、语用学理论、社会心理学理论、社会建构主义翻译理论、功能翻译理论、语义语用界面理论、二语习得的界面理论的基础之上。本书将采用“假设—求证”的思路（Babbie 1992；

Creswell 1994）进行研究，但这并不意味着我们采用的语用学视角本身就是完美的；它只不过是为我们提供了一个新的研究视角来研究翻译课堂教学过程，这还需要在未来的研究中进一步修正和完善。在本书中，我们主要采用两种研究方法：理论演绎和译例分析。

4.2.1　理论演绎

我们将采用描述法揭示在翻译课堂教学中教师译者指导下的学生译者大脑中的信息处理过程。为了深入研究，我们需要转向认知语用学理论、社会心理学理论等寻求理论上的支持。其原因是，前者主要涉及语言理解、语言使用和语境的动态性研究；后者侧重于探讨说服性交际中人们的态度与其行为之间关系。另外，我们还要吸收社会建构主义翻译理论、功能翻译理论、二语习得的界面理论的丰富营养，以便深入探索学生译者的思维如何运作，并构建一个新的翻译课堂教学理论体系，以补充、丰富、完善翻译界对翻译教学动态过程研究的不足。理论演绎开始于以下几方面：关联理论研究学生译者在教师译者的指导下如何阐释作者的信息意图和交际意图；顺应理论探讨学生译者如何使用译文语言传达作者的意图；社会心理学理论探究是什么心理动机促使他们努力传达作者的信息意图和交际意图；“翻译过程的关联—顺应研究路向”探索学生译者如何阐释和产出作者的信息意图和交际意图，确保译文读者的认知和谐，达成与原文作者和译文读者之间的跨文化交际。

在此基础上，我们把教师译者指导下的学生译者作为跨文化交际者，从两个方面研究以学生译者为中心的翻译课堂教学过程。一方面，作为原文读者或者潜在的译文读者和原文话语的研究者，学生译者在语篇阐释交际过程中如何通过寻找与作者的交际意图相匹配的最佳关联，体味原文宏观意境效果，来阐释其意图。另一方面，作为作者的“替身”、译文话语的创造者和协调者，学生译者出于不同的心理动机，如何使他们的译文选择顺应于译文读者。虽然学生译者的心理过程是一个“黑匣子”，其思维运作是内隐的，但是，对其进行论证还是可行的，因为关联理论、顺应理论及社会心理学理论可以提供理据，支持我们的研究。更重要的是，前人对翻译认知过程的学术洞见对本书有指导作用。

4.2.2　译例分析

在研究过程中，我们想使用优秀译者的译例作为学生译作的参考，来验证“翻译课堂教学的关联—顺应研究路向”的阐释力。分析的方法贯穿研究过程始终，包括理论分析、原理分析、验证分析等。首先，我们尝试用构建的新模式进行学生译者和优秀译者的译例分析，以追溯在教师译者的指导和启发下他们理解原文话语和产出译文话语时其思维运作的真实状态；以译例论证对我们的学术观点进行理论分析，以验证分析我们观点的合理性。其次，我们将采用“追溯法”反观翻译时教师译者指导下的学生译者的大脑深处发生了什么。例如，在与作者进行跨文化交际的心理对话过程中，学生译者怎样调整自己的认知思维方式，对原文话语做出语境假设，寻找出与作者的交际意图相匹配的最佳关联，体味原文宏观意境效果，但往往他们的语用交际翻译能力之差异，导致其对作者的信息意图做出不同的最大顺应性选择。最后，我们将研究学生译者出于不同的心理动机，如何进行译文语言选择，使其动态顺应于译文读者：在其对作者的信息意图做出最大顺应性选择的情况下，自然会出现对译文话语做出不同的最大顺应性选择；在其对作者的交际意图做出最佳顺应性选择的情况下，由于学生译者不同的语用翻译交际能力，他们的译文选择自然呈现出诸多变异性。

4.3 语料搜集

在本节，我们将说明本书的语料来源以及如何分析这些语料。

4.3.1 语料来源

我们用于翻译课堂教学过程研究的语料主要来自我们使用的课堂现场即时讲解译例，或者在课堂上点评的学生课后作业语料，内容大多选自著名文学作品的译本、翻译研究期刊、翻译教科书、翻译研究著作等，并配有优秀译者的译文。我们搜集到的学生译文语料多达 35 000 例句子翻译或者段落翻译，涉及华南农业大学英语专业本科生 2004 级至 2010 级学生共 2015 人；另外，还有笔者翻译实践的例子。

有关语料搜集需要说明以下几点。

1）从著名的英汉文学作品中选择语料。首先，我们选择英汉文学作品中的译例，遵循了翻译理论家和实践家研究的惯例，使用优秀译文作为例子分析，论证他们的观点，是翻译研究的常规做法。其次，我们的研究聚焦于翻译课堂教学过程的共性方面。我们使用优秀译者的译文作为实证数据，来追溯分析其具体的翻译操作过程，这可以给我们提供他们大脑信息处理机制正确运作的参照性线索。最后，著名文学作品中的优秀译文拥有很大的读者群体。我们基于这些译文的译例分析是否合理和具有说服力，有依赖于读者的评判。

2）从翻译研究期刊和翻译教科书中精选语料。不同的翻译理论家从不同的视角，对一些译例发表过不同的见解。他们那些合情合理、符合逻辑思维分析的观点可供我们参考。在此基础上，我们从认知语用学的新视角来表达笔者的学术观点，用我们试图构建的“翻译课堂教学的关联—顺应研究路向”，对教师译者指导下的学生译者的翻译过程做出阐释。再者，选自翻译研究期刊和翻译教科书中的语料，与我们使用优秀译例的标准是一致的。这些语料可以用来论证和验证我们的观点在逻辑上是否合情合理。

3）选择一些绝大多数学生翻译的不好的译例。这类译文在我们的课堂教学中是客观存在的，是在他们的思维运作不当的情况下，其翻译水平和翻译能力的真实反映，也是课堂教学的跨文化交际动态过程中呈现的变异性、协商性、顺应性的真实图景。笔者之所使用它们进行例证分析，是因为通过追溯学生的翻译思维过程，探究其思维没有很好运作的深层原因，采用与优秀译文进行对比分析的方法，我们可以引导学生译者的思维正确运作，以很好地达到成功的跨文化交际。具体地讲，我们主要分析在翻译课堂教学的语篇释意交际过程中，正确认知处理与作者的交际意图相匹配的最佳关联、体味原文宏观意境效果后，学生译者是如何使其译文选择顺应于译文读者的。当学生译者做出不合适的或者错误的认知处理时，我们将深入分析学生译者的思维为什么没有正常运作，以及为什么他们没有做出正确的译文选择。通过这种比较，我们会发现一些可以指导学生译者思维良好运作的规律。

4.3.2　语料分析

鉴于翻译教学过程的复杂性，本书的语料分析将聚焦于以下几点。

第一，为了对翻译课堂教学过程进行穷尽性分析，本书使用不同类型的语料支持笔者的学术观点。我们把翻译课堂教学过程分为语篇释意交际过程和语篇产出交际过程两个阶段，从这两个过程分析每个译文话语。一方面，教师译者指导下的学生译者的大脑信息处理机制，在寻找与作者的交际意图相匹配的最佳关联时，是如何按照作者的认知思维方式不断地做出调整，达到良好运作的；另一方面，学生译者在有意识地使译文选择顺应于译文读者的过程中，其大脑思维又是如何在教师译者的指导和启发下，不断进行调整，按照译文读者的认知思维方式进行运作的。我们将提供同一原文话语和相应的不同译文话语的译例，来揭示译者译文选择中的变异性问题。

第二，对于同一原文话语具有不同译文话语的译例，我们将分析为什么不同的学生译者在翻译同一原文话语时会出现不同的译文，以及这种译文话语的变异性是如何产生的。我们将努力探究，在翻译课堂教学的语篇释意交际过程中，学生译者的大脑思维如何没有按照作者的认知思维方式运作，只是找到了与作者的信息意图相匹配的最大关联，并因而对其意图做出变异性的最大顺应性选择。在翻译课堂教学的语篇产出交际过程中，学生译者在找到的最大关联的引导下，在译文认知语境中进行语言选择，便不可避免对译文话语做出不同的最大顺应性选择。我们更要探讨，教师译者如何启发和指导学生译者对原文话语做出正确的语境假设，找到与作者的交际意图相匹配的最佳关联，并对作者的意图做出最佳顺应性选择。我们还要进一步探讨，即便学生译者找到了与作者的交际意图相匹配的最佳关联，其译文话语选择为什么依然会出现变异性。

第三，我们要以优秀译者的译文话语作为例证，"追溯"他们在理解原文话语和产出译文话语时其思维是如何良好运行的，以确保产出满足译文读者认知和谐的译文话语，拓展自己的语用交际翻译能力，并以此作为翻译课堂教学训练目标，启发引导学生译者不断调整自己运作欠佳的思维状态。教师译者的责任在于指导学生译者在阐释作者的信息意图和交际意图时，需要按照作者的认知思维方式去理解；学生译者在产出作者的意图时，需要按照译文读者的认知思维方式组织译文话语。

第四，就同一原文话语而言，我们还搜集了一些不太好的译文话语与优秀译文相比，对这些译例孰好孰坏，我们将不会做出主观性或随意性判断，也不会坚持认为译文的好坏在于是否忠实地遵循了一系列翻译的"清规戒律"。我们要研究的是，在翻译课堂教学过程中，教师译者如何通过分析这些译例向学生译者揭示不同译者在当时的翻译过程中的思维运作动态，揭示其译文语言选择背后的心理动机，以告诫学生如何避免运作不良的思维方式，从而启发其逐步调整自己的思维运作，以完成与原文作者和译文读者之间的跨文化交际。

4.4 本章小结

在本章，我们阐述了本书要采用的研究方法和语料搜集情况，详细介绍了理论演绎和译例分析等研究方法，同时描述了语料的主要来源和在本书中的分析思路。本章所提出的研究方法，将应用在后续章节（第 5 章至第 8 章）对翻译课堂教学过程动态性的论证过程中。而且，这些研究方法有助于我们达到我们的两大研究目标：尝试性地构建“翻译课堂教学的关联—顺应研究路向”，以及从语用学的视角概括出翻译课堂教学的相关特征。

第5章 翻译课堂教学的关联—顺应研究路向

5.1 本章简介

在本章，我们将在关联理论和顺应理论的框架内，吸收社会心理学、社会建构主义翻译理论、功能翻译理论、“翻译过程的关联—顺应研究路向”、二语习得理论等学科的丰富营养，以我们真实的翻译课堂教学实践为例证，尝试构建“翻译课堂教学的关联—顺应研究路向”，对翻译课堂教学的互动过程进行深入探索。

5.2 翻译教学模式的嬗变

多年以来，传统翻译教学模式以教师、文本、笔译为中心，各个教学环节几乎没有太多联系；教学的目的是促使学生翻译出教师所设定的理想化的样板译文；教师在课堂上对于学生遇到的问题具有绝对的权威性，教师是翻译理论与技巧的传授者，学生是听讲者、被动的听话人，只静静地做笔记。这种翻译教学法重视“局部”，由点及面，自下而上，目光盯在句子上，认为词与句决定着意义；把翻译对等的概念建立在词、句层面上；研究对象大多集中在语言本身。“传统的翻译教学没有考虑翻译的学习环境、师生角色、教学技巧的范围及其合适性、课堂上的协作性、以教学目的为取向的翻译课程、课程评估等”（Kiraly 1995：11）。传统的翻译教学似乎缺乏教学法方面的指导和对翻译学习动机因素的探讨。

这种翻译教学模式已经不适合当前时代发展的需要。伴随着人文主义教学原则（Humanistic Teaching Principles）、交际教学法（Communicative Teaching Approach）、合作学习（Cooperative Learning）和社会建构主义（Social

Constructivism）等教学理念的出现，翻译教学开始转向以学生为中心，提倡课堂互动、学生自主学习（learner autonomy），以及开发学生翻译潜能的新教学模式。教师译者的角色也由传统翻译教学中的绝对权威、“正确译文的守门人”（Kiraly 1995：99），转变为翻译信息的提供者、指导者、受咨询者、译文质量评估者。课堂上，学生的角色从默默听课、记笔记的被动接受者变成翻译课堂上的主动参加者。课堂上进行一些分组翻译、分组研讨等活动，以不同的分组讨论形式参与翻译理论或翻译技巧探讨，有助于营造师生、学生之间积极互动的课堂氛围，以便体验翻译能力的习得过程，但这并不意味着学生个人习得的翻译能力和思考翻译理论被扔到了一边，这方面的翻译活动依然是翻译教学最基本的组成部分（González & Scott-Tennent 2005）。

5.3　本书的理论基础

语用学中的关联理论为教师译者指导下的学生译者在阐释作者的信息意图和交际意图的过程中，如何跨越词汇、语法、句法、语义、语用等认知接口方面的障碍，找到与作者的交际意图相匹配的最佳关联，提供理论依据。顺应理论为学生译者在找到最佳关联并体味出原文宏观意境效果之后，如何从译文话语构建成分的不同层面，克服在认知层面出现的障碍，做出语言选择，并传达作者的意图，提供理论基础。社会心理学理论为揭示学生译者在译文选择背后的心理动机提供相关理据。社会建构主义理论为描述学生译者语用交际翻译能力的建构过程提供理论支持。“翻译过程的关联—顺应研究路向”为探讨翻译课堂教学的语篇释意过程和语篇产出过程的跨文化交际活动提供研究理据。二语习得理论、界面理论为探讨学生译者阐释和产出作者的信息意图和交际意图时，如何跨越在不同层面出现的认知接口障碍，提供理论支持。

5.4　翻译课堂教学的新模式

在关联理论、顺应理论以及分析翻译课堂现场学生译文语料的基础上，从教师译者指导下的学生译者的角度出发，我们尝试构建“翻译课堂教学的关联—顺应研究路向”，参见图 5.1（李占喜 2014a：23-30）。我们认为，翻译课堂教学是以教师译者为指导、以学生译者为中心，从事翻译自主学习的互动建构过程(Kiraly 2000);该过程既是他们寻找关联的明示推理过程，又是动态顺应译文读者的过程。本书聚焦于翻译课堂教学中，教师译者如何指导学生译者使其大脑信息处理机制良好运作，不断跨越词汇、语法、句法、语义、语用等认知接口被割裂的障碍，正确认知处理作者的交际意图，产出译文话语，并成功传达作者意图。

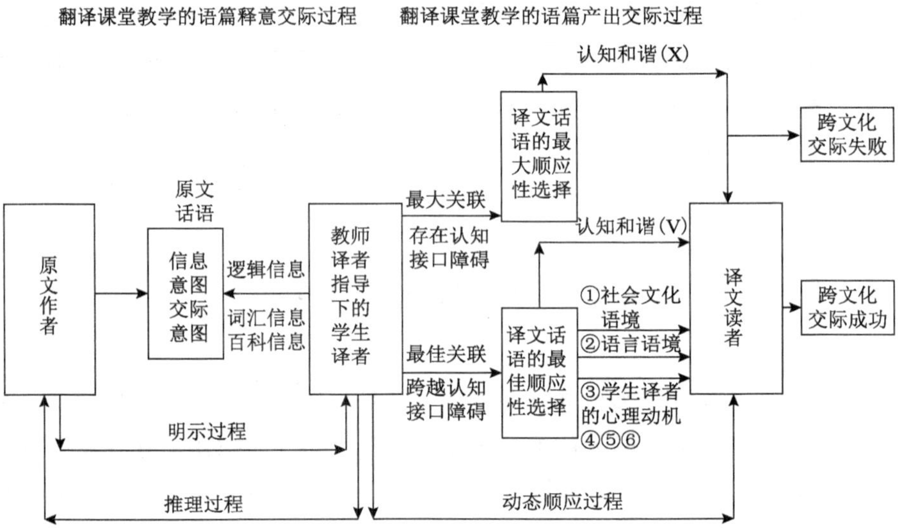

图 5.1 翻译课堂教学的关联—顺应研究路向

注：④译文读者的审美期待和接受能力；⑤原文宏观意境效果；⑥译文语用意境效果

为了论述的方便，我们把整个翻译课堂教学过程分为两部分：翻译课堂教学的语篇释意交际过程和翻译课堂教学的语篇产出交际过程。前者指教师译者指导下的学生译者在与作者的心理对话过程中，不断地做出语境假设，努力正确认知处理与作者的交际意图相匹配的最佳关联的跨文化交际过程。后者指在最佳关联的引导下，学生译者有意识地在译文认知语境中做出语言选择，传达作者的信息意图和交际意图，并与译文读者达成跨文化交际的过程。

我们拟构建的理论范式如下：

翻译课堂教学是以学生译者为中心、以教师译者为指导的不断跨越词汇、语法、句法、语义、语用等认知接口被割裂的障碍，对原文话语及译文话语做出最大顺应性选择或者最佳顺应性选择的跨文化交际过程。教师译者作为翻译课堂教学活动的组织者、指导者、促进者、受咨询者，采取合适的教学手段或者教学方法，调动学生译者现有的认知资源，发挥其主体性意识，在原文认知语境中做出语境假设，并帮助其跨越具有变异性、协商性、顺应性的认知障碍，正确认知处理与作者的交际意图相匹配的最佳关联。然后，在该最佳关联的引导下，学生译者在译文认知语境中话语构建成分的不同层面进行语言选择，做出具有变异性、协商性的动态顺应，以确保通过与译文读者认知和谐的方式与其进行交际。在翻译课堂教学互动过程中，学生译者阐释和传达作者的意图时，需要对其交际意图和译文语言选择做出最佳顺应性选择，即体味出作者试图传达的最佳关联所产生的意境效果，并对其进行合适的译文语言选择，成功实现与原文作者、译文读者之间的跨文化交际。在找到与作者交际意图相匹配的最佳关联，以及做出合适的语言选择以传达其信息意图和交际意图之前，学生译者由于其语用交际翻译能力（详见本章“5.7 小节”）的“介入”，其思维运作处于不确定的状态。只有学生译者找到最佳关联，并且其语言选择满足了译文读者的认知和谐，这时他们的认知资源才会得到最佳配置。

翻译课堂教学的语篇释意交际过程，是教师译者指导学生译者与作者或原文话语进行跨文化对话，寻找关联，明示推理的交际过程。该过程是根据原文话语的词汇信息、逻辑信息、百科信息和他们的语用交际翻译能力来完成的。学生译者在原文话语中寻找最佳关联，在大脑中构建语境假设并体味出相应的意境效果，从而充分理解作者试图传达的信息意图和交际意图。他们不断地做出语境假设，在原文宏观语境的观照下，跨越阐释原文话语时在词汇、语法、句法、语义、语用等方面的认知接口被割裂的障碍,对作者试图传达的信息意图和交际意图进行认知处理。他们需要在原文语言具有变异性的选项范围内，在与作者或者原文话语的协商心理对话中，对其交际意图做出最佳顺应性选择，即在其大脑中正确认知处理出与作者的交际意图相匹配的最佳关联，并正确感悟出原文话语试图传达的宏观认知意境效果。只有这样，学生译者的认知才会处于和谐状态，这是他们在翻译课堂教学的语篇产出交际过程中有意识地做出语言选择，并且传达作者的信息意图和交际意图的认知前提。

翻译课堂教学的语篇产出交际过程，是教师译者指导学生译者，在最佳关联的引导下，在译文认知语境话语构建成分的不同层面传达作者意图时，不断地跨越其在译文选择过程中在词汇、语法、句法、语义、语用等认知接口被割裂的障碍，动态顺应译文读者的交际过程。由于学生译者具有不同的语用交际翻译能力，他们产出的译文话语也会呈现出变异性的特点，因此，他们需要在译文认知语境中的社会文化语境和语言语境之间不断地进行协商，做出最佳顺应性译文语言选择，传达出作者试图传达的语境假设和原文宏观意境效果。这个过程也是学生译者不断地进行具有变异性、协商性、顺应性的语言选择，以确保译文读者认知和谐的动态心理过程。传达作者的意图或者对其信息意图进行操纵，都必须以确保译文读者的认知和谐为前提。为此，学生译者会从不同的心理角度顺应译文读者，即他们会考虑译文认知语境中的社会文化语境、语言语境、译者的心理动机、译文读者的审美期待和接受能力、原文宏观意境效果、翻译项目发起人或者赞助人预期的译文语用意境效果等。只有这样，他们才能对译文语言做出最佳顺应性选择，学生译者、原文作者、译文读者之间的跨文化交际才能够顺利实现。

在翻译课堂教学过程中，教师译者需要充分利用教学资源，调动学生的主体性意识，激活其大脑中有关原文话语和译文话语的认知图式，激发其阐释作者意图和产出译文话语的积极性，指导其有效利用现有的认知资源，积极参与课堂上的跨文化交际活动。作为读者和研究者身份阐释原文话语；作为作者的“替身”、再创造者和协调者产出译文话语时，学生译者会发挥其主体性意识，有意识地进行译文语言选择。

在翻译过程中，学生译者的态度应该是：对作者的信息意图和交际意图的尽可能传达以及对作者信息意图的操纵，都必须以确保译文读者的认知和谐为前提。他们的译文选择和语用翻译策略必须聚焦于传达作者的意图，以及对作者信息意图进行操纵性重构，而不会让译文读者付出不必要的推导努力来获得以下效果：①作者试图传达的语境效果；②译者为了迎合译文读者的审美期待和接受能力、翻译项目发起人或赞助人所预期的译文语用意境效果，而对作者的信息意图进行操纵性重构而传达的语境效果。简言之，学生译者的语言选择不应该让其意向读者在阅读译文话语时，在理解和欣赏作者的意图方面产生心理上的压力。

5.5　变异性、协商性、顺应性：为学生译者的认知过程提供可能性

我们认为：学生译者使用译文语言传达作者的信息意图和交际意图，是不断对其试图传达的语境假设及其相应的译文语言做出顺应性选择的动态过程。为了更好地揭示在翻译课堂教学互动过程中，学生译者阐释作者的意图和产出译文话语时所呈现的动态图景，我们需要对 Verschueren（1999）的变异性（varability）、协商性（negotiability）、顺应性（adaptability）这三个核心概念做出进一步的界定。

5.5.1　核心概念：定义回顾

Verschueren（1999：58-63）认为，使用语言是一个不断做出选择的过程，该观点是建立在语言具有变异性、协商性、顺应性的理论假设基础上的。他的这三个核心概念主要探讨的是单语交际中语言使用者进行语言选择方面的问题。两种语言和两种不同的认知语境之间的翻译跨文化交际，既会涉及译者如何阐释作者的意图，又会涉及译者如何产出译文语言。为了揭示动态翻译过程，笔者（李占喜 2007b：54-55）曾对三个核心概念做出新的界定：变异性（variableness）即界定译者语言选择范围的译文语言特征，它可以使译者从相应范围中进行语言选择来传达作者的交际意图；协商性（mediation）即所有的译文选择都不是机械地或严格按照形式—功能关系做出的，而是在高度灵活的原则和语用翻译策略的基础上完成的；顺应性（adjustability）即译文语言能够让译者从其可供选择的项目中做出协商性的语言选择，以满足跨文化交际的需要。

5.5.2　核心概念：进一步界定

在翻译课堂教学互动过程中，教师译者指导下的学生译者自始至终站在跨文化交际活动的中心，在两种语言和两种认知语境之间进行协商，对作者的意图和译文语言进行顺应性的选择。在这个过程中，学生译者的选择常常会出现不同的情况，比如，他们对作者的意图做出不同的阐释，因而出现不同的译文选择；即使对其信息意图和交际意图做出唯一正确的认知处理，他们的译文选择也会有所不同；等等。但为什么他们与原文作者和译文读者之间的跨文化交际还能够进行下去?

笔者认为，出现这种翻译状况的原因是：原文语言和译文语言本身都具有变异性、协商性、顺应性的特征。这些特征具有层级性且相互联系，并在学生译者与作者和译文读者之间的跨文化交际过程中，为其译文语言和翻译策略选择提供了潜在的可能性。为了确保本研究论证过程在思维逻辑方面的一致性和严密性，我们需要对这三个核心概念进一步界定，来适应教师译者、学生译者、职业译者、翻译活动发起人或赞助人等多方声音（González 2004）共存的翻译课堂教学研究，以深入探讨翻译课堂教学的语篇释意交际过程和翻译课堂教学的语篇产出交际过程的动态性。

在认知处理作者的信息意图和交际意图的过程中，原文语言的变异性特征为教师译者指导下的学生译者提供了一系列可供选择的选项，以便其在原文话语的词汇信息、逻辑信息、百科信息的基础上，做出语境假设，寻找关联，阐释作者的信息意图和交际意图。

> 变异性：原文语言和译文语言具有一系列可供选择的可能性，能够使译者从原文相应范围内，对原文话语做出语境假设，阐释作者的信息意图和交际意图，并从译文的相应范围内进行译文语言选择来传达其交际意图。

在正确认知处理与作者的交际意图相匹配的最佳关联之后，译文语言的变异性特征使译者能够在译文认知语境中一系列可供选择的范围内，做出合适的语言选择，以传达作者的交际意图。供学生译者选择的有关作者的信息意图和交际意图的可能范围，以及可供其进行选择的译文语言的可能范围，不能被视为静态的，因为，选择总是可以协商与重新协商的，学生译者需要在教师译者的引导启发下，不断地对自己的认知思维进行调整。这一观点是与原文语言与译文语言的第二个特征相联系的，即协商性。

> 协商性：译者对作者交际意图的选择及对译文话语的选择，都不是机械地或严格按照形式—功能关系做出的，而是在高度灵活的原则和语用翻译策略的基础上完成的。

协商性实际上隐含着学生译者在选择作者的意图和相应译文语言的过程中存在着不确定性。在学生译者一方，他们一旦对作者意图和译文语言进行了选择，这些选择往往是能够不断地进行协商的，而且这种协商是在原文及译文语境成分与原文及译文语言结构成分之间，因学生译者主体性意识的介入而发生的。原文语言和译文语言本身的模糊性，以及学生译者不同的语用交际翻译能力，导致协商过程呈现出丰富的变异性和动态性。只有当学生译者找到了作者试图传达的最佳关联语境假设，并体味出原文宏观意境效果，他们的认知才会趋于和谐状态。既然对作者意图的选择和对译文语言的选择是一个协商和重新协商的过程，那么，原文作者、学生译者、译文读者之间的跨文化交际过程是如何实现的？这种可能的跨文化交际在于原文语言和译文语言的第三个特征，即顺应性。

顺应性：原文语言和译文语言能够让译者从其可供选择的项目中，对作者的交际意图及译文语言进行协商性的选择，做出灵活变通，以满足翻译跨文化交际的需要。

为了正确理解这一术语，我们需要明白两点：第一，“交际需要”隐含着一些条件，即学生译者应尽可能地正确认知处理与作者的交际意图相匹配的最佳关联，以及尽可能充分地传达作者的意图；对其信息意图的操纵性重构，必须以确保译文读者的认知和谐为前提，让其在阅读和欣赏译文话语时，在其大脑中产生与原文作者大致相同的反应，也就很大程度上理解了作者的信息意图和交际意图。第二，顺应性不是单向的。在原文认知语境中，原文社会文化语境及语言语境与原文语言结构的选择是相互顺应的；同理，在译文认知语境中，译文社会文化语境及语言语境与译文语言结构选择也是相互顺应的。原文语言和译文语言的顺应性特征，使学生译者在两种语言可供选择的范围内，做出选择。如果其只是找到了与作者的信息意图相匹配的最大关联，并在它的引导下对译文语言做出最大顺应性选择，则学生译者与译文读者的跨文化交际常常不能顺利进行，导致交际失败。我们所希望看到的是：学生译者在原文认知语境中协商性地选择出作者的交际意图，以及在译文认知语境中协商性地选择出合适的译文语言，并采用适当的语用翻译策略，即对作者的意图和译文语言做出最佳顺应性选择。只有这样，学生译者的译文话语才能以确保译文读者认知和谐的方式，达成他们与作者和意向读者之间的跨文化交际。

现在我们来看一个例子。

（1）The king visited him (the Yangkee) to confer about army appointments and to cure the king's evil by his touch.　（Dusby Ian, *Fifty American Novels*）

a. 国王拜访他以商谈军队委派的问题，然后，他手触国王，为其消除其罪恶。 （CJX001）[①]

b. 国王来拜访他，商议了军队的任命，还在他的触诊下治好了毛病。 （BHL002）

c. 国王拜访了北方军队并向他们委任军命，国王还利用北方军队的力量来治愈了自己的邪恶。 （HYQ003）

d. 国王接见了他（一个新英格兰人），其间他们商定了军队的委任问题，而且他还亲自驱除了国王身上的恶灵。 （HJW004）

e. 国王去跟他（北方的士兵）商讨了有关军队任命的事情。通过这次与他的接触，国王消除了自己的罪恶感。 （HWX005）

f. 国王去看过他（那美国佬），与其商谈关于军队任命的事宜并借此消除国王心中的疑虑。 （ZJS006）

g. **国王驾到，同这位杨基佬商量军队的任命和用触诊给国王治病事宜。**

h. **国王驾到，同这位杨基佬商量军队的任命和他亲手治瘰病的事宜。**

（转引自吴友富 1998：295）

在该例子中，原文英语语言“to cure the king’s evil by his touch”的变异性使学生译者（1a~1f）对作者的意图做出了不同的阐释。其协商性促使学生译者依据原文的词汇信息、逻辑信息、百科信息对作者的意图做出灵活性的选择。其顺应性在于，在原文语言可供选择的范围（1a~1f）内，对作者的交际意图进行协商性的选择，满足交际的需要。

我们清楚地看到：学生译者找到了基于作者信息意图的不同的最大关联，并以此为引导，在产出译文话语时，不同的变异情况使得他们的汉语选择出现了不同的变异。

5.5.3 三个核心概念与互动翻译课堂教学

原文语言和译文语言的三个基本特征，即变异性、协商性、顺应性，贯穿于

① 本书中的学生译者采用编号的形式，其译文例句中（英译汉及汉译英）保留了原始语言错误，以显示译文语料的真实性。例句中所提供的参考译文是教师译者启发和指导学生应力求达到的高水平译文，没有标注的参考译文或者是笔者所译，或者出自名家的译文。希望读者以参考译文作为最佳顺应性选择的优秀译文，反思学生译者的译文，以便更好地理解学生译者如何调整其思维运作，才能产出高水平的译文。

整个翻译课堂教学过程，它们之间的互动影响和促进着翻译课堂教学进程的动态性。这三个特征是进行翻译课堂跨文化交际活动的语言内部驱动性语用因素。由于教师译者指导下的学生译者的主体性意识的“介入”及其语用交际翻译能力的发挥，这些语言外部驱动性语用因素使翻译课堂教学呈现出具有外在的变异性、协商性、顺应性的互动场景。

原文语言的变异性，为学生译者在翻译课堂教学的语篇释意交际过程中阐释作者的信息意图和交际意图，提供了一系列可供选择的选项。这是其认知处理与作者的交际意图相匹配的最佳关联时，出现了不同释义选项的认知基础。译文语言的变异性为其在翻译课堂教学中的语篇产出交际过程提供了一系列潜在的可能选项，供其进行译文语言选择，以传达作者的信息意图和交际意图。

原文语言和译文语言的协商性使学生译者的思维处于不确定的状态之中。学生译者必须在原文（或译文）认知语境的语境关系成分与其语言结构成分的顺应过程中，以高度灵活的方式和策略协商出作者的意图，以及他试图传达的原文宏观意境效果，并选择出合适的译文话语，传达作者的交际意图，满足译文读者的认知和谐。

原文语言的顺应性使学生译者在原文认知语境可供选择的范围内，做出语境假设，在认知处理与作者的交际意图相匹配的最佳关联时，考虑某一显性的语用因素对选择作者意图的过程所起的重要影响或者决定性作用，从而满足与作者跨文化心理对话交际的需要。译文语言的顺应性使学生译者在译文认知语境中可供选择的范围内，受最佳关联的引导，在译文语境成分和译文语言结构成分之间做出协商性选择，考虑某一显性的语用因素对他们选择译文语言过程所起到的重要的甚至是决定性作用，以传达出作者的信息意图和交际意图，满足实现与译文读者跨文化交际的需要。

原文语言和译文语言的这三个基本特征是相互联系、相互影响、相辅相成的，它们之间的互动使得整个翻译课堂教学自始至终都处于具有变异性、协商性、顺应性特点的互动过程中。教师译者指导下的学生译者、原文作者、译文读者之间的跨文化交际活动，就是在这种动态的翻译课堂上得以实现的。

5.6　最大顺应性选择与最佳顺应性选择

学生译者做出语言选择时，他不得不考虑译文话语的社会文化语境、语言语境、他们自己的心理动机、译文读者的审美期待和接受能力、原文宏观意境效果、翻译项目发起人和赞助人所预期的译文语用意境效果等因素是如何制约和影响他们对译文语言的协商性选择过程的。如果学生译者在翻译课堂教学的语篇释意交际过程中，对作者交际意图的阐释只是做出了最大顺应性选择，换言之，只是抓住了与作者的信息意图相匹配的最大关联，那么由于学生译者不同的语用交际翻译能力的“介入”，他们很有可能对作者的信息意图做出不同的阐释，找到不同的最大关联。那么，在翻译课堂教学的语篇产出交际过程中，受这些最大关联的引导，他们的译文选择自然会呈现出不同的变异性译文话语。即使学生译者对作者交际意图的认知处理做出了唯一的最佳顺应性选择，即找到了与作者的交际意图相匹配的最佳关联，但由于不同的语用交际翻译能力等因素的制约，其译文话语也会出现这样或者那样的变异性情况。直到学生译者感到其最终的译文话语能够正确传达出作者的信息意图和交际意图，确保译文读者的认知和谐，他们的译文选择才会结束。

在翻译课堂教学过程中，学生译者是如何跨越认知接口被割裂的障碍，在对作者的意图做出具有变异性的阐释和可能产出的变异性译文话语中，进行协商性的选择，完成与作者和其意向读者之间的跨文化交际？我们认为：学生译者的课堂翻译活动是其对作者的意图和译文语言做出最大顺应性选择和（或者）最佳顺应性选择，不断调整、不断修正、不断优化、合作学习的一个互动过程。

5.6.1 最大顺应性选择

在翻译课堂教学中，我们教育学生努力履行一个优秀译者的神圣职责，尽可能地充分传达作者的信息意图和交际意图。但是，在具体的翻译实践中，实际的情况却是，学生译者在没有完全理解作者的意图时，对于相同的原文话语，往往选择出不同的译文话语，这是他们对作者意图和译文话语做出最大顺应性选择造成的。

所谓最大顺应性选择，笔者指的是，在翻译课堂教学的语篇释意交际过程中，译者与作者进行跨文化心理对话，付出一定的认知推导努力，做出语境假设，找到与作者的信息意图相匹配的最大关联，并在该最大关联的引导下，在翻译课堂教学的语篇产出交际过程中，进行语言选择，传达出作者的信息意图。

由于学生译者具有不同的语用交际翻译能力，他们阐释作者意图时，在词汇、语法、句法、语义、语用等认知接口方面存在着被割裂的现象，因此，在与作者的跨文化心理互动过程中，他们对其信息意图的最大顺应性选择也不尽相同，即他们找到了不同的最大关联。在这些最大关联的引导下，学生译者做出译文语言选择以传达作者的信息意图时，由于在译文语言的不同界面依然存在着不同的认知接口被割裂的现象，因此他们不可避免地会对译文语言做出具有变异性的最大顺应性选择。

5.6.2　最佳顺应性选择：译者习得语用交际翻译能力的目标

在翻译课堂教学中，一个优秀的学生译者所追求的，不应是抓住与作者的信息意图相关的最大关联，并由此产出最大顺应性译文话语，而应是在此基础上，发挥自己的主体性意识，使其现有的或者潜在的认知资源得到最佳配置，对作者的意图和译文语言选择做出最佳顺应性选择。

所谓最佳顺应性选择，笔者指的是，在翻译课堂教学的语篇释意交际过程中，译者与作者进行跨文化心理对话，付出足够的认知处理努力，做出语境假设，正确选择作者试图传达的意图，即找到与作者的交际意图相匹配的最佳关联，体味出原文宏观意境效果；在翻译课堂教学的语篇产出交际过程中，在该最佳关联的引导下，跨越词汇、语法、句法、语义、语用等方面的认知接口障碍，做出适当的译文话语选择，确保译文读者的认知和谐，成功地传达作者的意图。

对作者交际意图的最佳顺应性选择是唯一的，是学生译者做出最佳顺应性译文选择的认知前提和先决条件。但是，由于受中西语言的跨文化差异以及学生译者不同的语用交际翻译能力等因素的影响，他们对译文语言的最佳顺应性选择并非是唯一的，而是常常需要按照高度灵活的语用原则和语用翻译策略来实现。最佳顺应性译文语言选择必须以确保译文读者的认知和谐为原则。对作者意图和译文语言的最佳顺应性选择是在以教师译者为指导、以学生译者为中心的翻译课堂互动教学中应该追求的教学目标。只有这样，他们才能真正习得语用交际翻译能力，才能成为未来负责任的优秀职业译员。

5.6.3　最大（佳）顺应性选择与翻译的跨文化交际

在认知处理原文话语的过程中，学生译者依赖其词汇信息、逻辑信息和百科信息得到与作者的信息意图相关的最大关联；阐释作者意图时，由于在语法、句法、语义、语用等层面出现认知接口被割裂的障碍，学生译者可能会对原文话语有不同的理解，因而，对作者的信息意图做出具有变异性的最大顺应性选择将是不可避免的。

尤其是在处理具有文化特色的弱式隐含方面，学生译者抓住作者的最大关联之后，便进行译文选择，以传达作者的信息意图和交际意图，常常会导致他们与原文作者和译文读者之间跨文化交际失败。其理由是，他们没有根据作者试图传达的语境假设，去抓住与其交际意图相匹配的最佳关联。这可能是学生译者在次要交际情景下，对原文话语做出不正确阐释的深层次心理动因。

只有在最大顺应性选择的基础上，学生译者在主要交际情景下循着作者的认知思维方式，根据其试图传达的语境假设找到与其交际意图相匹配的最佳关联，才能对作者的意图做出最佳顺应性选择。然后，他们在该最佳关联的引导下，成功跨越认知接口被割裂的障碍，对译文语言做出最佳顺应性选择，以确保读者认知和谐的方式，顺应于译文读者。这样，他们与原文作者和其意向读者之间跨文化交际才能顺利实现。

5.7 翻译课堂教学目标：习得译者语用交际翻译能力

以往的研究者在观察翻译过程中译者行为表现的基础上，将翻译能力的构成划分为双语能力（bilingual competence）、转化能力（transfer competence）、世界/主题知识（world/subject knowledge）。随着研究的深入，研究者又进一步划分出两种能力：运用解决问题的策略的能力，以及发挥心理素质和技巧的作用的能力。翻译活动的复杂性使翻译能力涉及各领域的技能研究，包括语言知识、文化知识和特殊领域知识（苗菊 2007）。刘和平（2011）对学习翻译所需要的能力、它的分级定义、各阶段翻译能力和最终培养结果的评估等问题进行了探讨，她认为，自省式、互动式、模拟式、实战式、团队式等“五式”教学法，是实现翻译人才培养的重要教学模式和途径；以翻译能力发展为核心的教学模式是培养市场需要的职业翻译人员的有效模式。

Neubert（2000：6）把进行翻译能力分析的五个参数作为能力成分，包括语言能力、文本能力、主体能力、文化能力和转化能力，并论述翻译能力的七个特性，即复杂性、异质性、近似性、开放性、创造性、特定性、历史性。在西班牙，翻译能力习得和评估过程研究项目课题组（Process in the Acquisition of Translation Competence and Evaluation，PACTE 2003）试图建立翻译能力构成模式，将翻译能力界定为译者进行翻译所必需的潜在知识、技能体系，提出了翻译能力由双语能力、非语言能力、翻译专业知识、专业操作能力、策略能力、心理生理因素等成分构成。他们认为，翻译能力的习得是从入门知识逐渐演化为专业技能知识的一个动态螺旋上升的过程、一个获得操作知识从而发展策略能力的过程，以及一个不断发展和重建翻译能力构成成分的过程（PACTE 2003）。研究组成员 Beeby（2000）提出在翻译教学中发展翻译能力的目标为：培养学生的转换能力、语言对比能力、语篇对比能力、非语言能力等。

Kiraly（2000）提出“交际性翻译能力”（communicative translation competence）概念：交际性翻译能力指在交际性翻译任务中，译者作为积极参加者，表现出来的适当和充分的交互能力，换言之，即与原文文本、原文语境、翻译任务要求、翻译过程参与者（译文委托人、原文作者、意向读者等）进行交互活动，产出符合翻译任务需要和译文语境的译文文本的能力。Colina（2003b：24）提出，翻译教学的目标是教会学生如何习得交际性翻译能力。他认为翻译是一种特殊形式的交际能力，需要译者具有第一语言和第二语言的交际能力，以及跨语言和跨文化的交际能力。Gutt（2004：77-89）把翻译视为跨语言交际行为，认为人类具有使用一种语言表达另一种语言所属内容的翻译能力。他十分关注翻译在人类心智世界的发生机制，并基于对过程的研究成果，提出了元表征翻译技能观：译者只有辨识和掌握了两种表征结构的异同，继而选择相应的翻译策略，才能让其译文产生足够的语境效果，实现有效交际；元表征技能是翻译能力的核心成分。

通过回顾前人研究，我们发现：①在语用学的理论视角下，译者的具体翻译能力值得去研究；Gutt 提出的元表征翻译技能观有待具体化。②译者发挥自己的翻译能力的背后心理动因值得探讨。

在前人研究的基础上，笔者把“翻译能力”的观点引入我们构建的翻译课堂教学研究理论体系中，尝试提出一个新的概念——“语用交际翻译能力”（李占喜 2017a）。

所谓语用交际翻译能力，指在翻译课堂教学的跨文化交际活动中，教师译者指导下的学生译者以多重身份积极参与其中，向意向读者传达作者的信息意图和交际意图时，所具备的在其大脑中调动现有的（或潜在的）认知资源，对原文话语进行认知处理的能力和产出译文话语的能力。具体地讲，他们必须具备以下能力：①阐释原文话语和产出译文话语的语言内、语言外能力；②构建原文宏观语境的能力；③产出原文宏观意境效果的能力；④产出翻译项目发起人或赞助人所预期的译文语用意境效果的能力；⑤对现有翻译电子工具和媒介的实际操作能力；⑥与职业译者分享专业性原文话语翻译的交际能力；等等。

学生译者习得语用交际翻译能力的心理动因在于：①使其译文话语选择满足译文读者认知和谐的心理需要；②成为21世纪的优秀译员并使自己个人利益最大化的心理需要；③满足教师译者努力把其培养成优秀人才的心理期待。

5.7.1 阐释原文话语和产出译文话语的语言内、语言外能力

学生译者必须具备阐释原文话语和产出译文话语的良好语言内、语言外能力，这是他们必备的最基本素质。在翻译课堂教学中，教师译者需要根据其变异性的翻译实践，适时启发和引导他们，把其思维调整到良好的运作状态，从而帮助他们产出满足译文读者认知和谐的译文话语。

5.7.2 构建原文宏观语境的能力

构建原文宏观语境的能力是优秀学生译者必备的翻译素质之一。该能力有利于其从原文语篇的宏观语境（李占喜 2007b：87）观照他们对原文作者意图的阐释，以及相应译文话语的选择。

5.7.3 产出原文宏观意境效果的能力

教师译者需要指导学生译者在找到最佳关联的基础上，进一步把握原文话语中的“交际线索”（Gutt 1991/2000：134），鉴赏原文语言、文体、写作手法等风格特征，体味出原文宏观意境效果。这一意境效果将会对他们的译文语言选择起到宏观层面的观照作用：它像一条红线观照着译文话语的语言风格特征，任何与该意境效果不和谐的语言选择都会影响译者传达原文话语的文体风格和写作风格。

5.7.4 产出翻译项目发起人或赞助人所预期的译文语用意境效果的能力

除了如何传达原文话语中作者的信息意图和交际意图，教师译者还需要指导学生译者在进行翻译项目时，要注意翻译项目发起人或者赞助人提出的翻译要旨及其所期待的译文语用意境效果，因为这一语用因素会对学生译者的译文选择起

到比较直接的影响和制约作用。他们做出译文语言选择时，需要在它的观照下，对作者的信息意图进行适当的整合甚至操纵，以满足项目发起人或者赞助人对译文话语所产生效果的期待。

当然，在译文选择的过程中，学生译者的心理一定会面临着冲突：一方面，传统的翻译教学目标要求他们把忠实传达原作的意义作为译者的神圣责任；另一方面，翻译项目发起人或者赞助人所设定的翻译要旨（Nord 1997b），以及其试图在译文读者身上产生的译文语用意境效果，有可能会影响或威胁到学生译者履行译者的责任。学生译者有可能会经历翻译职业道德操守与个人利益最大化之间的矛盾与冲突。双方博弈的结果就是，后者有可能占据上风，皆因"经济利益"使然。在这方面，我们需要指导学生译者学会如何在所预期的译文语用意境效果的观照下，对作者的信息意图做出某些取舍性重构，以获得近似于作者试图传达的原文宏观意境效果，从而有效地确保译文读者的认知和谐。

在此，我们需要指出的是：教师译者必须教导学生译者牢记在译文话语中所取舍的信息，应该让译文读者能够依靠自身的经历背景最大限度地填补其语用含义空白。学生译者要慎用这种间接语用翻译策略（Gutt 1991/2000），因为传统的翻译课堂的教学目标是培养学生成为忠实传达原作意义、具有翻译职业操守的优秀人才，要求他们在未来的工作生涯中，不要为了所谓的"经济利益"，忘记了自己的职业操守。

5.7.5　对现有翻译电子工具和媒介的实际操作能力

在翻译课堂上，我们除了培养学生译者的以上四种能力外，还要培养其对现有的翻译电子工具和媒介的实际操作能力，有意识地引导他们不仅要学会使用传统的普通词典和专业词典等双语词典，还要学会运用现代通信和信息技术发展给我们提供的现代电子工具，如电子词典、搜索引擎、电子百科全书、译文平行语料库，以及计算机辅助翻译技术等。熟练使用这些电子工具及媒介将会提高他们的翻译质量及翻译效率，这也是未来优秀译者必须具备的翻译能力之一。

5.7.6　与职业译者分享专业性原文话语翻译的交际能力

未来社会的发展需要高素质的翻译人才，他们必须具有熟练使用英汉两种语言文化的能力，同时必须具备某一特定学科的专业知识能力，只有把这些能力有效地结合在一起，才能成为适合 21 世纪社会经济发展的优秀翻译人才。但目前高校英语专业的翻译课堂教学中涉及的具体的专业性翻译很少，比如航空、医学、化工等方面的翻译，在这种情况下，我们可以尝试邀请一些专业性强的职业译者进入课堂，让学生译者与他们面对面交流，听他们分享其丰富的翻译实战经验，尤其是了解他们在涉及具体专业翻译难题时如何思维，以及如何选择适当的语用翻译策略，去攻克翻译难题。与职业译者分享专业性原文话语翻译的交际能力，会对学生毕业后走上工作岗位有着重要的引导和示范作用。

在翻译课堂教学中，教师译者的任务和职责是培养出具有高水平语用交际翻译能力、适合 21 世纪发展的高级翻译人才。他们需要具备很强的跨文化意识，能够以原文、译文两种认知语境中的认知方式和思维方式正确阐释作者的意图，采用灵活的语用翻译策略传达原文宏观意境效果，即在原文“宏观语境”①（李占喜 2007b：87）的观照下，原文话语在原文读者的大脑中所产生的作者试图传达的整体性语境（或者认知）效果。同时，他们还要传达翻译项目发起人或赞助人所预期的原文话语功能产生的译文语用意境效果。只有这样，他们才能尽到一个合格译者应尽的责任，同时也能满足客户的利益，进而使自身作为译者的利益得到最大化。教师译者、学生译者、职业译者、翻译活动发起人或赞助人等多种声音共存的翻译课堂教学，其实是一个充满变异、相互协商、相互顺应，以及交际各方认知趋向和谐的跨文化交际场景。

5.8 翻译课堂教学语境

翻译课堂教学语境不是教师译者根据教学大纲固定下来一成不变的，也不是他们按照课前准备的教案照本宣科预先设定的静态课堂语境。笔者认为，翻译课堂教学语境是教师译者与学生译者在充满变异性的协商对话、相互顺应的过程中动态生成的。

具体地讲，在教师译者多重身份主动介入，以及学生译者多重身份积极参与的情况下，他们发挥语用交际翻译能力，在翻译课堂教学的语篇释意交际过程中，调动现有的认知资源，不断地跨越认知接口障碍，认知处理与作者的交际意图相匹配的最佳关联，体味原文宏观意境效果。并且，在该最佳关联的引导下，学生

---

① 宏观语境即在语篇释意交际过程中，引导译者寻找与作者的交际意图相匹配的最佳关联之原文话语的语言或者非语言语境。参见李占喜. 2007b. 关联与顺应：翻译过程研究[M]. 北京：科学出版社，第 87 页.

译者在翻译课堂教学的语篇产出交际过程中，不断地进行译文语言选择，跨越认知接口障碍，传达作者的信息意图和交际意图。翻译课堂教学语境就是在确保译文读者认知和谐的过程中动态生成的。

在翻译课堂教学的跨文化交际过程中，学生译者往往会有意识或者无意识地按照自己所处认知语境中的认知思维方式，阐释作者的信息意图和交际意图；并按照同样的方式，在译文认知语境中的不同语言层面做出相应的语言选择。由于中西方跨文化差异的客观“介入”，学生译者本身有限的语言能力、文化能力、百科知识、审美素质等，以及对原文宏观意境效果的感悟能力等的主观介入，他们在阐释作者的意图和产出译文话语的过程中，在词汇、语法、句法、语义、语用等方面难免就会出现这样或者那样的认知障碍。

他们往往在找到的与作者的信息意图相匹配的最大关联的引导下，在译文认知语境中做出最大顺应性译文语言选择，译文话语或多或少会偏离作者的意图，这样，即使译文读者付出较多的推导努力，也很难体味到作者试图传达的宏观意境效果。为了对译文话语做出最佳顺应性选择，学生译者就需要继续依赖原文话语的词汇信息、逻辑信息、百科信息，做出语境假设，在找到的最大关联的基础上，继续与原文作者或者原文话语进行协商性心理对话，最终正确认知处理出与作者的交际意图相匹配的最佳关联，体味原文宏观意境效果。

然后，在译文认知语境中做出的最大顺应性译文选择的基础上，学生译者克服在译文语言表达上存在的不同层面的认知障碍，并在最佳关联的引导下，在译文认知语境不同的语言层面，有意识地做出译文语言选择，从不同的心理角度顺应译文读者。换言之，学生译者在译文选择时，需要考虑译文的社会文化语境、语言语境、译者的心理动机、译文读者的审美期待和接受能力、原文宏观意境效果、翻译项目发起人或赞助人所预期的译文语用意境效果等。

他们在这种课堂翻译临战状态下，需要教师译者以指导者、协调者、促进者、受咨询者等专业译者身份，主动介入翻译课堂教学的语篇释意交际过程和语篇产出交际过程。这个动态过程会随着教师译者指导下的学生译者不断地跨越不同层面的认知接口障碍的过程所呈现的不同认知语境，而出现具有变异性、协商性、顺应性的积极互动的跨文化交际课堂氛围。这个过程也是学生译者的认知思维方式不断受到教师作为职业译者的认知思维方式的直接影响，然后不断修正、不断调整、不断优化的一个动态过程。

学生译者在翻译课堂上，不仅要学会正确认知处理作者信息意图和交际意图的思维方式和认知方式，也要学会传达其意图的语言选择能力和语用翻译策略。更重要的是，让学生习得一个优秀译者将来应该具备的职业译者的语用交际翻译能力，这应该是翻译课堂教学的目标。除此之外，我们还需要提倡译者素养（李瑞林2011），从以下四个方面呼应《国家中长期教育改革和发展规划纲要（2010—2020年）》提出的教育教学改革方向：①注重培养学习者适应时代发展和个人发展的素质；②突出学习者的主体性，把学习变成一种人的自主性、能动性、独立性不断生成和发展的过程；③倡导探究式学习，培养学习者的问题意识、批判意识和创新意识；④构建多元学习环境，培养学习者的社会能力和兼容能力。只有这样，我们才能把学生译者培养成一个具有自主意识、独立翻译能力的21世纪合格的翻译人才。

5.9 教师译者与学生译者的主体身份：交互介入

翻译课堂教学是一个复杂的跨文化交际过程。它涉及教师译者、学生译者、原文作者、译文读者四者之间的互动关系。其中，教师译者在翻译教学中起着核心的指导作用。学生译者在翻译教学实践中处于主体地位。理解原文和用译文语言传达作者的意图的翻译活动都离不开学生译者的主观能动性。他们的主体性意识一直贯穿于翻译教学过程的始终。学生译者在翻译教学中充当什么样的角色，以及具有什么样的身份，无疑会关系到他们对原文话语的阐释与对译文话语的产出。对学生译者主体身份的探讨，必然会对翻译教学活动产生积极的影响。

5.9.1 教师译者的主体身份：学生译者主体身份的调动者

在翻译课堂教学的跨文化交际活动中，教师译者具有多重角色身份。无论是在翻译理论讲解方面，还是作为职业译者在翻译技巧的传授方面，他们都是指导者。另外，他们还要指导学生有效地利用现有的教学资源、多媒体工具，以及指导学生如何有效地利用其自身的认知资源，发挥其主体意识，参与翻译的跨文化交际活动。

作为翻译课堂讨论活动小组的促进者（group facilitator），教师译者的工作不是在传授知识（distributing knowledge），而是要引导学生构建具有他们自己见解的意义。教师译者需要发起课堂讨论，组织小组讨论，总结和阐述学生争论的观点，善于捕捉学生在讨论中迸发出来的独特见解，并及时对学生予以肯定，让全班学生译者聚焦于那些很有见解的课堂话语，启发和鼓励学生发表更多富有自己见解的发言。这样的小组讨论活动更具有实践意义。

在基于变革思想的翻译课堂中，教师译者担当的角色包括指导者、助手（assistant）、受咨询者（consultant）、良师益友（mentor）、促进者（facilitator）。他们的工作主要是创造复杂、自然、真实的翻译课堂学习环境，为学生协作性的翻译学习过程提供有效支持。在这样的课堂上，学习的特色是学生译者积极参与他们之间或者师生之间的协作学习，聚焦于情景嵌入式的真实翻译生活或现实项目的翻译学习研究，而不是记忆零碎的知识。这样，翻译学习也就成为学生译者接受教师译者指导的社会、文化体验的专题讨论会（Kiraly 2000：23）。

在翻译教学的整个活动中，教师译者始终处于向学生传达翻译理论和翻译技巧、传授自身翻译实战经验的核心地位。一方面，教师译者应该指导学生分析原文话语语言内因素中的词汇信息和逻辑信息，以便使其正确认知处理作者的明示内容；另一方面，他们也有责任为学生提供原文话语所承载的百科信息或者语言外信息，这样，可以使学生更好地认知处理与作者的交际意图相匹配的最佳关联。除此之外，教师译者还要从原文话语的主题思想、语言风格、作者口吻等多方面，指导学生在其大脑中体味原文宏观意境效果。教师译者要努力教会学生译者如何在原文话语的基础上，做出语境假设，正确解读出作者试图传达的最佳关联假设，体味出原文话语试图在原文读者身上产生的语境效果。教师译者更要教会学生如何跳出原文话语语法、句法结构，调动其现有或者潜在的认知资源，根据译文语言的表达习惯和思维方式，对作者的信息意图和交际意图重新进行排列组合，以便使译文话语文从句顺、行文流畅。只有这样，教师译者才能充分调动学生译者的积极性，使其以读者和研究者的身份理解原文话语，并以译文作者、再创造者和协调者的身份去再现原文话语。

作为学生顾问、咨询者，教师译者不要一味地充当“保姆”的角色，无论学生什么时候来咨询，都尽心尽力给予学生译者全面的指导。一个有眼光、具有超前意识的教师译者，不是直接给予学生想要的答案，而是引导他们在翻译过程中遇到问题时找到应遵循的思维路向，以及发现具有建设性的翻译技巧和语用翻译策略，具体地讲，主要包括以下方面：①怎样以作者的认知方式和思维方式认知处理其意图；②怎样以译文读者的认知方式和思维方式进行译文话语选择；③怎样在其大脑中体味原文宏观意境效果；④怎样有效地利用现代科学技术的翻译媒介或翻译电子工具等；⑤如何以换位思考的方式预测译文读者的认知语境及其审美期待和接受能力等；⑥怎样在选择译文语言时跨越因中西文化差异产生的认知接口方面的障碍，以便准确地传达作者的信息意图和交际意图等。

教师译者多重身份的主动介入，对学生译者的翻译认知活动起着十分积极的作用。教师译者是学生主体身份的激活者、有力调动者，使不同学生译者阐释作者意图和产出译文话语的翻译行为在与原文作者和意向读者的协商和顺应过程中，逐步有了一个明确的思维路向，即引导学生译者从不确定的思维状态中逐步摆脱出来，使其阐释作者意图和产出译文的翻译行为走向明晰化。教师译者主体身份和学生译者主体身份的交互作用，使翻译课堂教学成为充满变异、相互依存、协调行动、互为补充、协商互动、相互顺应，以及动态习得语用交际翻译能力的“工作坊”。

5.9.2 学生译者的主体身份：教师译者主体身份的落脚点

下面，我们来探讨在教师译者的主体身份的积极介入下，学生的多重主体身份在翻译教学过程中是如何参与学生译者与原文作者和译文读者之间的跨文化交际活动的。

5.9.2.1 学生译者的读者和研究者身份

在翻译课堂教学的语篇释意交际过程中，作为读者，学生译者在与原文作者进行跨文化心理对话的过程中，对其明晰传达的信息意图和交际意图、明示意义和隐含意义，必须进行正确的认知处理。这不仅需要他做出语境假设，寻找关联，按照作者的意向阐释其意图；而且还要根据原文的“交际线索”（Gutt 1991/2000），把握作品的艺术特色和语言风格，体味出原文宏观意境效果。除此之外，他们还要对作者的创作意图、作品的主题思想、时代背景等有清晰的了解。再者，对原文认知语境中的社会、历史、文化乃至风土人情等，他们都必须有所把握，因为这些是在其大脑中构建原文语篇宏观语境不可分割的重要组成部分。

作为研究者，学生译者不仅应该具有很强的英汉双语能力，而且还必须具有对原文作者及其作品进行研究的能力。他们对原作的理解和把握既包括对作者传达的信息意图和交际意图的把握，也包括对原文作者和原语读者之间的交际方式（风格）、作者的口吻，以及原作文字以外的相关认知语境知识的把握，这是一个优秀学生译者必须具备的审美素质。

（2）“I’ll teach you how to kiss a girl!”

“No,” said Sute, “I’ve graduated.”

a. “我来教你怎么同姑娘亲吻！”

“不，”舒特说，“我已毕业了。”

b. **“我来教教你怎么同姑娘亲吻！”**

“不用你教，”舒特说，“我早出师了。”（郑达华 1999：19）

c. **“我来教你怎么同姑娘亲吻！”**

“不用，”舒特说，“我早就是老手啦！”　　　　（笔者 译）

该例的宏观语境是，当男青年阿瑟（Arthur）看到自己的女友被舒特（Sute）抱着要强吻的时候，立即冲上去，以充满敌意和威胁的口气进行劝阻。学生译者理解原文话语时，会在与作者的跨文化心理对话中做出语境假设，即“我已经在怎样亲吻女孩方面毕业了，我有的是这方面的经验，用不着你来教我”，因此他们很容易找到最佳关联，即“舒特玩世不恭、油腔滑调”的原文宏观意境效果，这说明学生译者对原文作者的意图做出了最佳顺应性选择。

在最佳关联的引导下，学生译者的语言选择（2a）：“不，……我已毕业了”，是学生译者仅仅基于作者的信息意图做出的最大顺应性选择。学生译者以这种方式做出的译文选择，在其与汉语读者进行交际时，会使汉语读者感到这一译文不自然，有些生硬，不能很好地切合原文语境，会使汉语读者有些莫名其妙，产生误解，也不能在读者的大脑中产生相应的原文宏观意境效果。当我们询问学生译者为什么把“I’ve graduated”译为“我已毕业了”时，他们回复，在其大脑中，他们有基本一致的语境假设：在大学里，学生普遍有谈恋爱的经历，现在毕业了，如果再谈恋爱，那么在接吻方面肯定很有经验了。他们的语境假设是根据其自身的恋爱经历做出的，却不可避免地偏离了原文的宏观语境。

郑达华使用（2b）与汉语读者进行交际时，在译文读者的审美期待方面，做出了较好的顺应：“出师”两字一出口，就比较忠实地再现了舒特流里流气的语调，说明学生在最佳关联的引导下，限于自身的汉语表达水平，对译文话语做出了较好的顺应性选择。我们在课堂上提醒学生：“出师”的语体色彩偏于褒义，在此情境下，该词不太能逼真地再现 Sute 玩世不恭的丑态。我们继续启发和引导学生，让他们思考在选择出“我很有能耐”“我最棒”“是我的拿手好戏”等译文话语时，是否可以译为（2c）“我早就是老手啦”，他们表达了比较一致的认可。

在（2c）顺应汉语读者方面，笔者作为研究者的主体性意识调动了现有的认知资源，传达出 Sute 玩世不恭和油腔滑调的口吻，可能会在汉语读者的心理上再现出原文试图在英美读者身上产生的意境效果。这说明我们对译文话语做出了最佳顺应性选择，读者可以从中理解作者的信息意图和交际意图，并体味出原文宏观意境效果。

5.9.2.2 学生译者的作者、再创造者及协调者身份

学生译者不仅是原作的读者和研究者，而且还是译本的作者。在翻译课堂教学的语篇产出交际过程中，学生译者应该有意识地在译文认知语境中进行语言选择，以便确保他们所采用的翻译策略能够像原文作者那样，把作品中的明示和暗含传达给译文读者。通过他们的译文话语，译文读者能够像原文读者那样理解原作的明示和暗含。他们的译文必须能够激活译文读者大脑中的认知图式，使其在译文读者身上产生的反应与原文在原文读者身上产生的反应相似或者相同，这样，译文读者才能真正体味到原文宏观意境效果。

在翻译过程中，教师译者需要指导学生译者跳出原文话语语言层面语音、词汇、语义、语法、句法结构的束缚，在译文认知语境中有意识地进行语言选择，传达作者的信息意图和交际意图；还要引导学生欣赏原文话语的艺术特色，努力解读出其字里行间作者的口吻、态度等。尤其需要加强的教学环节是，教师译者教会学生译者如何体味原文话语在风格方面所传达的原文宏观意境效果。只有当学生译者既能够尽量保持与作者同样的心态和写作态度，又能够结合本民族的认知语境对作者的意图、交际线索、原文宏观意境效果进行再创造时，英美读者与汉语读者才能在宏观的文化层面上达到心灵上的契合与共鸣。要做到这一点，学生译者需要不断锤炼自己的翻译基本功，恐怕需要终生的努力方可达到这样的境界。

翻译教学是一个动态的跨文化交际过程。学生译者在译文认知语境中进行语言选择，寻求一种译文读者可以接受的表达手段，最终的语言选择必须遵循以译文读者为中心的认知和谐原则（李占喜 2007b：69）。他们站在这个动态交际过程的中央，受教师译者的启发和引导，在原文作者和译文读者之间起着协调者的作用（Hatim & Mason 1990）。这种协调是其不断跨越不同语言层面认知障碍，认知思维逐步趋向和谐的互动过程。他们要在两种认知语境中为双方协调出作者试图传达的最佳关联和体味出原文宏观意境效果。在协调的过程中，学生译者必须充

分考虑译文读者的阅读视野和接受能力。

（3）He said he was beaten by a group of teenagers who broke into his department and stole "my money, my electric fan, my radio, everything they wanted."（张经浩 1996：226）

a. 他说被一群年轻人殴打了，并且抢走了他的钱、电风扇、录音机等所有他们想要的东西。（CJS007）

b. 他说他被一群少年打了，他们闯进他的公寓，偷走了"我的钱、我的电风扇、我的收音机，所有他们想要的东西"。（BKX008）

c. **他说，他让一帮青少年打了一顿，他们闯进他的住所，抄走了他的钱，电扇，收音机，反正是想拿什么就拿什么。（张经浩 译）**

从学生译者的译文（3a）和（3b）中，我们可以看出：由于学生译者的读者和研究者主体身份的介入，他们不用花费太多的认知推导努力，便可以在原文话语及其语境假设的基础上，通过与作者的心理对话，找到最佳关联，对作者的交际意图做出最佳顺应性选择：作者通过他的话语表达对这群人抢东西时的无比愤慨之情。在该最佳关联的引导下，学生译者作为译文作者、再创造者和协调者，必须使用汉语语言把作者的愤慨之情所体现的原文宏观意境效果充分地表达出来，但事实上他们的译文语言选择仍有很大的提升空间。在课堂上，我们首先肯定学生译者的译文语言选择（3a）较好地传达了作者的信息意图，同时指出在传达该话语所隐含的作者的愤慨之情方面，汉语译文所表达的愤怒语气还远远不够。接下来，我们指出原文话语的语言表达风格：原文使用了间接引语和直接引语的交际线索（Gutt 1991/2000：160-166），前者是作者对被打情景的事后转述，而后者是作者对当时被打现场情景历历在目的描述。学生译者在进行译文语言选择时，应该对这些交际线索做出灵活处理，以传达出作者的愤怒口吻。

（3b）使用直接翻译策略，把原文的交际线索从语言形式上传达了出来，但遗憾的是，汉语读者阅读这一译文话语时会感到困惑。在课堂上，我们引导学生以潜在的译文读者的身份，不要看原文，仅仅看汉语译文去静心品读，判断是否可以清楚地分辨"他"和"我"是同一个人，结果几乎所有学生译者（全班总共31 人）都摇头做出回应："很难!"于是，我们适时指出，与（3a）相比，（3b）更难使读者在其大脑中构建出原文意义自然连贯的宏观语境。我们对学生译者的译文评价为：尽管他们较好地认知处理了作者的意图，但由于没有跳出原文话语句法结构、语法结构的束缚，在语法、语义、语用层面出现了认知被割裂的障碍，其译文选择只能是释义性相似于作者的信息意图，对作者的意图做出了不同的最大顺应性选择。

最后，我们向学生译者展示了张经浩先生的译文，即（3c），让他们鉴赏张先生在传达作者信息意图和交际意图、原文宏观意境效果时的语言表达功力，他们异口同声地表示钦佩和赞同，深感自身母语水平急需提高。（3c）是张先生在与作者的交际意图相匹配的最佳关联的引导下，在顺应汉语读者的过程中，对译文话语进行的最佳顺应性选择："闯进""抄走""反正是想拿什么就拿什么"把作者的愤慨之情淋漓尽致地表达了出来，使译文读者很好地体味到原文宏观意境效果，确保了译文读者的认知和谐，成功地达成了跨文化交际。

在翻译教学过程中，教师译者在传授翻译理论和翻译技巧，指导学生译者正确认知处理作者的信息意图和交际意图，并进行译文语言选择以传达其最佳关联假设，以及调动学生译者现有的认知资源并使其多重主体身份得到有效发挥等方面，起着核心的作用。学生译者与作者进行跨文化心理对话时，必须以读者和研究者的身份在原文话语明示的基础上，结合语境假设，认知处理出与作者的交际意图相匹配的最佳关联，抓住作者试图传达给原文读者的宏观意境效果，对作者的意图做出最佳顺应性选择。学生译者在与译文读者进行跨文化交际时，应该以作者、再创造者和协调者的身份，发挥自己的主体性意识，在最佳关联的引导下，在译文认知语境中对译文话语做出最佳顺应性选择，尽可能忠实地传达出作者的信息意图和交际意图。只有这样，在教师译者指导下的学生译者与原文作者和译文读者之间的跨文化交际才可能顺利实现。

5.10 翻译课堂教学的认知和谐原则

从教师的角度来讲，培养出具有深厚的英语语言文学、国际新闻传播、翻译学专业功底，比较宽广的英语国家知识与人文社会科学知识，以及出色的学习、思维、创造、合作与领导能力的国际型、通识型优秀人才，是他们义不容辞的责任。翻译专业教师应努力使毕业生在外交、国际经贸、对外文化交流、国际传播等领域具有竞争优势和可持续发展的潜力。为达此目标，他们必须遵循《高等学校英语专业英语教学大纲》对英语专业八级考试中翻译的测试要求：

> 能运用翻译的理论和技巧，将英美报刊上的文章以及文学原著译成汉语，或将我国报刊、杂志上的文章和一般文学作品译成英语，速度为每小时 250—300 个英文单词。译文要求忠实原意，语言流畅。能担任一般外事活动的口译。（高等学校外语专业教学指导委员会英语组 2000：10）

教师只有达到了这些目标，他们的教学态度和教学行为才会在认知上达到一致，他们的心理上才不会有压力，否则，他们的认知就会出现不和谐，原因有三：其一，他们没有成功履行一个教师应尽的职责，去面对来自学校教学管理者给予的行政干预的压力；其二，他们会面临一个教师应该具有的职业道德的拷问；其三，他们影响了学生习得翻译能力的极大热情。

在具体的翻译课堂教学中，教师译者自始至终要将“把学生培养成恪守职业道德、负责任的优秀译者”放在教学目标的首要位置。他们必须努力指导学生译者调动其现有的或者潜在的认知资源，去正确认知处理与作者的交际意图相匹配的最佳关联，体味出原文宏观意境效果；然后在最佳关联的引导下，指导学生译者在译文认知语境中进行语言选择，尽可能传达出作者的信息意图和交际意图，确保实现其认知和谐，从而与意向译文读者完成“理想的翻译跨文化交际”[①]。当学生译者在处理具有民族特色的文化意象时无法同时传达作者的信息意图和交际意图的情况下，教师译者可以指导他们在确保译文读者认知和谐的前提下，牺牲作者的信息意图，以传达出作者的交际意图，完成“妥协的翻译跨文化交际”[②]。在进行译文语言选择时，如果学生译者受到译文认知语境中的政治因素、意识形态、审美观念等方面的制约，教师译者也可以指导他们对作者的信息意图进行操纵性重构，以实现作者试图传达的在相关方面近似的语境效果，与意向读者完成“被操纵的翻译跨文化交际”[③]。只有这样，教师译者才真正履行了培养翻译人才的职责，他们的翻译教学行为和翻译教学态度才能够达到认知上的和谐一致，他们作为教师译者的职业道德和社会地位才能得到有效的保障，他们的教师形象才

---

① 译者成功地传达出作者的信息意图和交际意图，并且使二者与译文读者的审美期待和接受能力相吻合，即为“理想的翻译跨文化交际”。

② 在处理具有民族特色的文化意象时，译者牺牲了作者的信息意图，却成功地传达出作者的交际意图，这种间接语用翻译策略可以满足译文读者的审美期待和接受能力，即为“妥协的翻译跨文化交际”。

③ 在翻译过程中，由于受到译文认知语境中的政治因素、意识形态、审美观念等方面的制约，译者在其译文选择中对作者的信息意图进行操纵性重构，来迎合译文读者的审美期待和接受能力。我们把这种情况称为“被操纵的翻译跨文化交际”（李占喜 2017b：69-72）。

能受到全社会的认可与尊重，他们自身的利益才能得到最大化。

为了培养出合格的21世纪翻译人才，我们认为，教师译者的教学态度应该是：指导学生译者在尽可能充分地传达作者的意图，或者对其信息意图进行操纵性重构时，必须以确保译文读者的认知和谐为前提，从而把他们培养成为21世纪合格的、具有责任心的和恪守职业道德的优秀译者。教师译者的教学行为是：运用现有的教学资源，采用灵活有效的教学方法，努力激发学生译者的主体性意识，指导其不断地建构自身的语用交际翻译能力，不断地调整其认知方式和思维方式，成功跨越词汇、语法、句法、语义、语用等认知接口上的障碍，做出译文语言选择和采用适当的语用翻译策略，传达作者的信息意图和交际意图，来确保译文读者的认知和谐，促成其与原文作者和译文读者之间成功的跨文化交际。

学生译者的翻译态度和翻译行为应该与教师译者的教学态度和教学行为保持高度一致。只有这样，学生译者在教师译者的指导下，才能学到一个优秀译者应该具备的真本领，练就良好的语用交际翻译能力，在未来的求职场上立于不败之地。翻译课堂的教学目标、教学重点才能在学生译者的身上得到实实在在的实现。更为重要的是，无论是对于教师译者职责的履行，还是对于学生译者自身语用交际翻译能力的提高，以及对于意向译文读者的阅读需要而言，三方的利益均可以实现最大化的心理目标。

为此，我们尝试提出“翻译课堂教学的认知和谐原则”，具体如下：

> 基于翻译课程教学大纲的教学活动安排、教案撰写，以及课堂上学生之间、师生之间的讨论等一切教学活动必须聚焦于培养学生译者习得良好的语用交际翻译能力；把学生译者的认知思维方式调适到正确认知处理作者的信息意图和交际意图，并做出语言选择以确保译文读者认知和谐的思维路向上来；所有教学活动的最终目标必须使教师译者和学生译者的利益最大化，不会使双方产生心理上的压力。
>
> 在翻译课堂教学过程中，教师译者指导下的学生译者的语言选择和语用翻译策略必须聚焦于传达作者的意图，或者对其信息意图进行操纵，而不会使译文读者付出不必要的推导努力来获得作者试图传达的语境效果。并且，在学生译者操纵性重构作者的信息意图时，这些语言选择和翻译策略会产生与作者试图传达的相似的语境效果，以便迎合译文读者的审美期待和接受能力。

在教师译者一方，他们作为指导者、咨询者、促进者、协调者，首先需要调动一切教学资源，诸如多媒体媒介或者电子工具等，努力指导学生译者按照作者的认知思维方式，去阐释作者试图传达的语境假设及其原文宏观意境效果；然后，在学生正确认知处理出与作者的交际意图相匹配的最佳关联之后，指导其按照译文读者的认知思维方式，在译文认知语境中做出语言选择，传达出作者的意图，从而成功地完成学生译者和原文作者之间的跨文化交际。

在学生译者一方，在其与译文读者的交际中，他们意欲使自己的译文选择满足译文读者的认知和谐，使其在大脑中构建作者试图传达的语境假设所产生的原文宏观意境效果，这样就可以使他们的译文话语为读者所接受，从而使他们作为高水平译者的个人利益最大化。

在译文读者一方，他们在阅读译文话语，认知处理作者的信息意图和交际意图的过程中，会努力寻求在认知上的和谐，充分调动自己的认知资源，判断译文话语所产生的语境假设是否与他们的期盼相吻合。只有这一心理期盼得到满足，学生译者与译文读者的跨文化交际才能顺利实现。

作者产出原文话语，一方面期待原文读者经过其认知处理，会在心理上产生他们试图传达的语境效果；另一方面也期望其原文话语能够减少读者认知处理该话语所付出的推导努力（Sperber & Wilson 1986/1995：202），这样可以更方便地理解他们的信息意图和交际意图。

在教师译者的一方，他们要做的工作是：指导学生译者如何在其大脑中体味原文话语试图传达的语境效果，以及如何做出译文语言选择，以减少译文读者理解作者话语时所付出的推导努力。首先，他们要发挥学生译者在习得语用交际翻译能力方面的主体作用，让他们自行查阅与原文相关的百科信息，诸如原文话语的社会历史背景、原文的主题思想，以及把握体会作者的口吻、态度等。其次，在学生译者遇到认知障碍时，教师译者需要以课堂讨论的咨询者和促进者的身份，适时主动地介入学生译者阐释作者意图的认知过程，启发和引导他们在原文话语的词汇信息、逻辑信息、百科信息的基础上，按照作者的认知思维方式，做出语境假设，体味其试图传达的原文宏观意境效果。在学生译者一方，作为作者的“替身”、再创造者、协调者，他们的语言选择也需要在译文读者的心理上产生与原文读者类似的意境效果，从而达到其认知上的和谐，减少他们认知处理译文话语所付出的推导努力。

如果学生译者没有理解作者的交际意图，或者他们的语言选择不能很好地传达原文的宏观意境效果，以及不能满足译文读者的审美期待和接受能力，这将使交际双方的认知处于不和谐的状态。这种不和谐就会在教师译者和学生译者的心理上产生压力，使他们不得不想方设法减少或者去除这一心理压力。减少译文读者认知不和谐的主要途径是：教师译者必须指导学生译者认知处理出与作者的交际意图相匹配的最佳关联，并且做出适当的语言选择把其传达出来。理性的学生译者会有意识地进行语言选择，使他们的译文话语产生语境效果，并且不会使译文读者付出不必要的推导努力去体味作者试图传达的语境效果；也可以使译文读者体味出与学生译者对作者的信息意图操纵性重构而产生的近似于作者试图传达的语境效果。在操纵性重构作者的信息意图方面，教师译者要教导学生译者尽可能地忠实于作者的意图；在确实面临来自译文认知语境中的政治规约、意识形态、伦理观念等因素，以及受翻译项目发起人或者赞助人操纵所预期的译文语用意境效果的情况下，教师译者需要指导学生译者做出译文语言选择，传达出近似于作者试图传达的语境效果，把与原文话语的偏离程度降到最低程度，以确保译文读者的认知和谐。

我们需要指出的是：操纵性重构作者的信息意图，不应该成为翻译课堂教学中学生译者习得语用交际翻译能力的主要内容，而是作为补充性教学内容，因为尽可能充分地传达作者的信息意图和交际意图依然是翻译课堂教学的核心内容，也是把学生培养成具有翻译职业道德、负责任的译者的前提性教学目标。但是，操纵性重构作者的信息意图，传达出翻译项目发起人或赞助人所预期的译文语用意境效果，可以是学生译者在毕业后从事职业翻译时，出于满足并使其经济利益最大化考量的可选性语用翻译策略。

在认知处理作者的信息意图和交际意图的过程中，教师译者需要让学生译者明白其必须履行的相关推理责任，以确保译文读者的认知和谐。学生译者必须体会出作者的意图，亦即他们试图传达给读者哪些语境假设，以及其试图传达的原文宏观意境效果等。同时，学生译者还必须了解译文读者的认知语境，以及作者试图传达给原文读者的语境假设在译文读者的潜在语境中是否存在；如果存在，从中调出所需要的语境假设是否十分费力，以及推导努力和语境效果是否相称。而且教师译者还需要指导学生译者学会预测：受翻译项目发起人或者赞助人操纵所预期的译文语用意境效果，将在译文读者的脑海中产生怎样的反应，以及译文读者在认知处理译文话语时，所付出的推导努力与该译文所达到的语用意境效果是否相称等。

在与作者进行跨文化心理对话的过程中，教师译者指导下的学生译者努力寻找最佳关联，以体味原文宏观意境的过程，实际上是使自己的认知达到和谐的动态过程。学生译者要成功地传达作者的意图，首先必须正确阐释作者的信息意图和交际意图，否则，他们在心理上就会感到有压力，认知就会处于不和谐状态，心里可能会感到忐忑不安，苦苦思索如何才能按照作者的认知思维方式理解其试图传达的语境假设。要去除这种不安的心理状态，他们就不得不根据原文话语的词汇信息、逻辑信息、百科信息做出语境假设，继续阐释与作者的交际意图相匹配的最佳关联和体味作者试图传达的宏观意境效果。只有做好了这一步，学生译者的心理上才没有压力，其认知才能趋向和谐状态，这是他们的语言选择满足译文读者认知和谐的前提条件和认知基础。

为了确保译文读者的认知和谐，学生译者在产出译文话语时，应该把作者的信息意图和交际意图明确地传达给译文读者。他们必须根据其意向读者的审美期待和接受能力来决定自己的语言选择，还需要判断译文读者和原文读者可能共享哪些语境假设，以及共同具有哪些语言及文化背景信息。基于这些判断，学生译者可以决定如何把他们根据原文话语及其语境假设阐释的作者的明示和暗含传达出来。他们会调动其现有的认知资源做出语言选择，并考虑以下三方面的翻译情景。

1）译文读者的认知语境中存在作者试图传达的语境假设。对这种比较理想的、较容易的翻译情景，学生译者就可以思考如何同时传达出作者的信息意图和交际意图，其对原文的阐释和产出过程就不会付出过多的认知处理努力。

2）译文读者的认知语境中没有作者试图传达的语境假设。这种翻译情景需要学生译者付出较多的认知处理努力。由于跨文化差异的影响，学生译者不得不考虑如何牺牲作者的信息意图而传达出其交际意图，这个译文选择过程是受其传达原文文化意象或者原文宏观意境效果的心理动机所驱动的。

3）原文作者试图传达的语境假设可能会被学生译者操纵。这种翻译情景需要学生译者在很大程度上发挥自己的主体性意识。学生译者的译文选择如果受到译文认知语境中的政治因素、文化规约、意识形态等方面的操纵，以及受翻译项目发起人或者赞助人对其所预期的译文语用意境效果的操纵，他们就不得不考虑是否操纵作者的信息意图，对其进行某种程度的偏离和改变，以便迎合译文读者的审美期待和接受能力或者译文语用意境效果。学生译者之所以这么做，就是为了尽一切可能满足译文读者的认知和谐，使自己作为优秀译者的个人利益得到最大化。

有时，学生译者的译文选择没有在读者的心理上产生认知和谐时，他们就会感到心理上有压力。这种压力会促使他们不遗余力地做出合适的语言选择。为什么？这是因为，在学生译者的翻译行为背后，一般也存在着这样一个心理：他们要努力产出能够使他们的利益最大化的译文话语。他们的确希望自己的译文能够很好地传达出作者的信息意图和交际意图以及原文宏观意境效果，这样就可以获得译文读者的广泛认可，从而使自己在未来业界的信誉和经济利益达到最大化。

新的翻译课堂教学原则的提出，有一定的理论意义和实践意义。从理论上来讲，它给我们呈现出翻译课堂教学互动过程中教师译者指导学生译者认知心理过程的一个真实画面，可以帮助教师译者指导学生译者解决他们在履行传达作者意图的神圣职责与不得不操纵或改变其信息意图之间的心理冲突，以及缓解学生译者在该方面面临的心理压力，使我们对翻译课堂教学过程有一个新的认识，即翻译课堂教学是教师译者指导学生译者建构语用交际翻译能力，以努力确保译文读者认知和谐的动态心理过程。从实践上来讲，这一原则可以赋予学生译者更多的自由进行语言选择；促使其不断地进行语言选择，直到感觉其译文话语能够满足意向读者的审美期待和接受能力、原文宏观意境效果、翻译项目发起人或者赞助人所预期的译文语用意境效果。

5.11 本章小结

在本章，我们在关联理论、顺应理论的框架内，吸收社会心理学、社会建构主义翻译理论、功能翻译理论、“翻译过程的关联—顺应研究路向”、二语习得理论、界面理论等观点，尝试构建“翻译课堂教学的关联—顺应研究路向”：教师译者指导下的学生译者，是在对作者的信息意图和交际意图及相应的译文话语做出最大顺应性选择和（或者）最佳顺应性选择的互动过程中，完成与原文作者和译文读者之间的跨文化交际的；翻译课堂的教学目标是教师译者培养学生译者习得良好的语用交际翻译能力，而做出最佳顺应性选择是学生译者习得语用交际翻译能力的有效途径。笔者还提出“翻译课堂教学的认知和谐原则”，使人们认识到翻译教学是教师译者指导学生译者建构语用交际翻译能力，以努力确保译文读者认知和谐的动态心理过程。

第6章 翻译课堂教学的语篇释意交际过程

6.1 本章简介

在第5章，我们尝试构建了“翻译课堂教学的关联—顺应研究路向”，探讨在翻译课堂教学的语篇释意交际过程和语篇产出交际过程中共同存在的翻译课堂教学的动态性问题。本章的主要目的是探讨在翻译课堂教学的语篇释意交际过程中，受教师译者的启发指导，学生译者的大脑信息处理机制是如何阐释作者的信息意图和交际意图的。

我们将讨论五个方面的问题：学生译者在其大脑中如何认知处理作者的明示（6.2.1小节）、作者的强式交际和弱式交际（6.2.2小节）、作者的明示和暗含（6.2.3小节）、作者的风格（6.2.4小节），以及作者的程序性意义（6.2.5小节）。此外，我们还将为学生译者认知处理作者意图设定一个教学目标（6.2.6小节）。在此，我们需要强调一点：在翻译课堂教学的语篇产出交际过程中，学生译者在使他们的语言选择顺应译文读者之前，应该努力在翻译课堂教学的语篇释意交际过程中，不断地与作者进行跨文化心理对话时，依托原文话语的词汇信息、逻辑信息、百科信息，做出语境假设，对作者的信息意图和交际意图做出最佳顺应性选择。换言之，他们必须正确认知处理出与作者的交际意图相匹配的最佳关联，并体味出作者试图传达的原文宏观意境效果。

在本章，我们将试图探讨以下问题：①在阐释作者的信息意图和交际意图的过程中，为什么不同的学生译者，甚至同一个学生译者对同一个原文话语的释意过程会出现变异性的理解？②在理解原文话语的过程中，学生译者对作者的意图做出最大顺应性选择和最佳顺应性选择的背后心理动机是什么？③学生译者如何在教师译者启发引导的互动过程中，与作者进行协商性、顺应性的对话，跨越理解原文话语时存在的词汇、语法、句法、语义、语用等层面的认知接口障碍，找到与作者的交际意图相匹配的最佳关联？

6.2 翻译课堂教学：教师译者指导下的明示推理交际过程

我们认为，翻译课堂教学的语篇释意交际过程是一个在教师译者指导下，学生译者与作者之间的明示推理的交际过程（Sperber & Wilson 1986/1995：63）。作者产出的原文话语，作为明示刺激，传达出他们的信息意图和交际意图，使其在原文作者和学生译者之间互明，让学生译者明晰一系列语境假设。在与作者心理互动的过程中，学生译者将会在原文的词汇信息、逻辑信息和百科信息的基础上，推理与作者的交际意图相匹配的最佳关联，体味原文的宏观意境效果。

学生译者是否能够做出合适的尤其是正确的语境假设，一方面有赖于他们的认知语境，另一方面有赖于他们是否有很好的语用交际翻译能力，具体地讲，就是他们是否能够正确认知处理原文话语的语言内信息、语言外信息、原文的宏观语境、原文的宏观意境效果等。这方面能力的高低直接影响到他们对原文话语的认知加工过程。

在理解原文话语的过程中，学生译者对作者的意图做出最大顺应性选择和最佳顺应性选择背后的心理动机是，他们意欲正确认知处理与作者的交际意图相匹配的最佳关联和体味原文宏观意境效果，这是他们在翻译课堂教学的语篇产出交际过程中能够对译文话语做出最佳顺应性选择的认知基础，也是他们履行一名优秀译者正确充分阐释作者意图的职责的心理准备所产生的必然结果，还是其产出译文话语之前期望其译文话语得到译文读者认可与接受，使其利益最大化的心理使然。

但在具体的课堂翻译实践中，在理解原文话语的过程中，学生译者对作者的意图做出最大顺应性选择的心理原因常常在于：他们在其大脑中顺着自身的认知思维方式，做出了不合适的语境假设，却误以为是作者试图传达的语境假设中的某一个语用因素对其的理解过程起到了影响作用，结果导致他们对作者的意图做出不同的最大顺应性选择。其原因是，他们既没有从句子层面正确认知处理原文话语的词汇信息、逻辑信息、百科信息，又没有从篇章层面对原文话语做出正确的逻辑分析、艺术分析、主题分析、作者分析、读者分析等。学生译者对作者的意图做出最佳顺应性选择的心理原因在于：在其大脑中，他们循着作者的认知思维方式，做出了合适的语境假设，正确考虑作者试图传达的语境假设中的某一语用因素对其理解作者的信息意图和交际意图起到关键性、决定性的作用，从而对作者的意图做出最佳顺应性选择。

翻译过程中，文化差异无处不在，因而，翻译课堂教学的语篇释意交际过程会改变学生译者的认知语境。他们处于一个与作者完全不同的认知语境中。当作者使用原文话语与原文读者进行交际时，他们试图改变其意向读者的认知语境，期待他们的思维过程受到相应的影响。同理，作为作者的潜在读者中的一员，学生译者的认知语境也会不可避免地受到影响，甚至是改变。

（4）It was then my father decided to show that snake who was boss. He picked up the staff that was lying on the floor and gave the snake's powerful tail some sharp pokes. （杨莉藜 1997a：22）

a. 我爸爸决定给点颜色那条蛇瞧瞧，让它知道谁才是主人。他抓起一条躺在地上的那条蛇，在它有力的尾巴上狠狠地刺了几刀。（ZJL009）

b. 然后我爸爸决定让那条蛇看看谁才是主人。他拿起卧在地板上的棍子，接着在蛇那有力的尾巴上狠狠地插了几下。（ZJN010）

c. 之后我父亲决定展示给那条蛇看谁才是老大。他把躺在地上的棍子捡起来，然后给那条蛇有力量的尾巴一阵猛戳。（GZP011）

d. 话说那时，我爸觉得得让那蛇知道谁才是这屋的老大。他拎起盘在地板上的那家伙，随即就是几下猛掐。（LYF012）

e. 父亲被那条蛇惹火了，拾起地上的木棍，对着那乱晃的蛇尾狠狠地捅了几下。（XHX013）

f. 就那时候，我爸爸认为是该教训教训这条蛇了。他拿起地上的那个东西，然后猛地戳了蛇那舞动有力的尾巴好几下。（LGF014）

g. 我爸爸是在那个时候决定要让蛇知道谁才是不好惹的。他掀起躺在地上的木棍，猛地在蛇有力之尾上戳了好几个洞。（GYY015）

h. 就在那时候，我父亲决定让那条蛇尝尝他的厉害。他抓起那躺在

地上的东西，猛地在这条蛇强健的尾巴上戳了几下。（CJJ016）

i. 就在这时，父亲决意给蛇点颜色看看，他抄起地上的手杖，照着蛇急剧抖动的尾部就是一顿猛戳。（杨莉藜 译）

在翻译课堂教学的语篇释意交际过程中，作者产出了原文话语，向读者展示一系列明晰的语境假设，使其信息意图和交际意图在他们与读者之间互明，在（4）中，作者生动地描述了父亲十分生气地抄起棍子暴打蛇的情景，这也是原文呈现在读者脑海里的宏观语境。在认知处理与作者的交际意图相匹配的最佳关联的过程中，学生译者作为潜在读者，在原文话语的词汇信息、逻辑信息、百科信息的基础上，做出了具有变异性的语境假设，即（4a~4h），以及一个其他语境假设构成的可以用来阐释作者的信息意图和交际意图的语境假设集合{I}。

在这个集合中，由于中西语言文化的差异，以及学生译者不同的语用交际翻译能力的影响，他们在做出语境假设寻找关联时，在语法、句法、语用等认知接口方面出现了被割裂的现象，因而对作者的意图做出了不同的最大顺应性选择。这是因为，原文英语语言本身所具有的变异性、协商性、顺应性特征赋予学生译者的理解过程以更大的阐释空间。具体地讲，他们对 staff 做出了不同的释义，如“棍子、手杖、东西、家伙”；将 boss 变异性地理解为“老板、主人、老大”等；对父亲打蛇的动作（picked up the staff、gave…some sharp pokes）的变异性译文选择，反映出他们没有体味出作者试图传达的原文宏观意境效果。当他们与作者进行跨文化的心理对话，并做出语境假设进行协商时，由于最终影响他们对作者的信息意图做出最大顺应性选择的语用因素各不相同，其理解就产生了具有变异性的结果。在这个语境假设集合中，只有（4i）是原文作者试图传达的语境假设，也就是与其交际意图相匹配的最佳关联，只有以此为引导，学生译者才有可能对作者的交际意图和相应的译文话语做出最佳顺应性选择。

对（4a~4h）的理解，我们在课堂上引导学生，提问道：从常理上来说，父亲作为人有可能与蛇这个动物争做老大、主人或老板吗？学生一下子感到在阐释作者意图的过程中，他们中有些人猜错了原文的意思，过分发挥了自己的主体性意识，其大脑思维没有进行良好的运作，这就难免会在词汇、语义、语用层面出现认知障碍。同时，他们也意识到：把 staff 理解为“棍子、手杖、东西、家伙”等是没有抓住作者暴怒打蛇的宏观语境。我们启发学生：如果把 picked up 译成“抓起、拿起、拾起、捡起、拎起、掀起”等，是否可以逼真再现父亲十分生气时的打蛇动作？他们一下感到好像这些理解都不能达到预期的效果。我们进一步促使他们思考到底选择哪个汉语词。有个别同学说出“抄起”，一下子引起同学们的热烈讨论和一致赞同。对“gave the snake’s powerful tail some sharp pokes”的理解，笔者结合自己少年时打蛇的亲身经历，向学生讲述了蛇被打时的真实情景，帮助学生译者更好地理解这句话中所包含的作者的信息意图和交际意图，他们逐渐同意杨莉藜先生的理解和翻译。

在翻译课堂教学的语篇产出交际过程中，学生译者在译文话语构建成分的不同层面做出汉语语言选择时，在译文话语的认知接口方面依然存在着被割裂的现象，以及他们自身不同的语用交际翻译能力致使译文话语出现诸多的变异性的现象。具体地讲，(4a)译文在语法、句法认知接口上存在着被割裂现象，导致“给点颜色那条蛇瞧瞧”在汉语表达上存在语法错误和句子不通顺的情况；整个译文所产生的认知图式存在着在语用认知接口方面被割裂的现象，原因是不符合常见的打蛇场景。(4b)存在着语义和语用认知接口方面被割裂的现象，导致译文“爸爸决定让那条蛇看看谁才是主人”“卧在地板上的棍子”显得滑稽可笑：蛇这样的动物怎么可能和父亲争当家庭的主人呢？（4c）存在着语义和语用接口被割裂的现象，致使学生译者把 boss 译成“老大”；“他把躺在地上的棍子捡起来”不能够传达出父亲动怒打蛇的原文宏观意境效果。(4d)的译文选择与(4c)类似，但后者的最后一句“给那条蛇有力量的尾巴一阵猛戳”传达了与作者的交际意图相匹配的最佳关联。(4e)同样存在着在语义、语用认知接口方面被割裂的现象：“父亲被那条蛇惹火了”偏离了作者的信息意图和交际意图。(4f)中“他拿起地上的那个东西”反映出学生译者在进行译文语言选择时，在语义和语用认知接口方面存在被割裂的现象，因为“东西”的指称不明，也没有很好地再现父亲动怒打蛇的动作。(4g)的译文话语有些离谱，因为学生译者在选择译文时，在语义、语法、语用认知接口方面存在着被割裂的现象，“他掀起躺在地上的木棍”在表达上不符合汉语语法，“猛地在蛇有力之尾上戳了好几个洞”更不能体现出打蛇的真实效果，因为在蛇的细小尾巴急剧抖动的情况下，人极难在其尾巴上戳个洞，更不用说是在父亲动怒的时刻，他想做到这一点是不可能的。(4h)中“抓起那躺在地上的东西，猛地在这条蛇强健的尾巴上戳了几下”，显示出学生译者在语法和语用认知接口上存在着被割裂的现象。(4i)克服了译者在阐释作者意图时可能会存在的语法、句法、语义、语用等认知接口方面的障碍，正确地认知处理出与作者的交际意图相匹配的最佳关联和原文宏观意境效果，在进行译文选择时很好地跨越了在这些认知接口方面的障碍，因为“决意给蛇点颜色看看”“抄起……手杖，照着……就是一顿猛戳”可以准确形象地再现父亲当时动怒打蛇的情景。

6.2.1 作者的明示与学生译者的心理互动

在本书中，我们把学生译者视为跨文化的交际者。从关联理论的视角来看，作者和教师译者指导下的学生译者分别担当了说话人与听话人的角色。从作者一方来看，翻译课堂教学的语篇释意交际过程是一个明示的交际过程。作者把他的信息意图明白地传达给原文读者。从他的信息意图中，学生译者可以了解原作的历史背景及作者的认知语境、人生经历、知识结构、文化素养等，还可以了解原文的文学传统、风俗习惯、历史观、世界观等。作者也相信其信息意图对于学生译者而言足够关联，他的原文话语值得学生译者在大脑中进行认知处理，以获得相应的语境效果，并阐释出他的交际意图。

在翻译课堂教学的语篇释意交际过程中，作者的明示并不是很重要，因为一旦作者完成了自己的作品，对其意图的阐释就落在了作品的意向读者身上。与作者相关的一切信息，包括他的审美观、情感、创作目的等都会随之消失。阐释原文话语的意义有赖于读者大脑的认知处理。但由于中西方语言与文化的差异，以及学生译者语用交际翻译能力的差异等因素的影响，学生译者对原文话语的阐释和推理常常会在词汇、语法、句法、语义、语用等认知接口上存在不同的障碍，而呈现出诸多形式的变异性结果。这种结果的出现，一方面是受原文语言自身的变异性、协商性、顺应性特征的语言内在因素之影响，因为这些特征给学生译者的理解带来了诸多理解上的不确定性，所以，译者出现不同于作者试图传达的语境假设的理解在所难免；但另一方面，在更多的情况下，这是学生译者的语用交际翻译能力没有得到有效发挥造成的，因为他们能力的局限性使其选择原文话语的词义、句义时出现不妥甚至错误的理解，或者是他们对原文语言外的背景信息了解不够或者一无所知造成的不恰当的阐释。

如果我们从学生译者一方来看，翻译课堂教学的语篇释意交际过程是一个推理的过程。在阐释作者的信息意图和交际意图的过程中，教师译者指导下的学生译者的推理过程起着十分重要的作用。学生译者需要依托作者的明示所传达的语境假设，认知推理作者试图传达的暗含或者“言外之意”“弦外之音”。学生译者与作者之间的交际是否成功，关键在于他们是否能够认知处理出与作者的交际意图相匹配的最佳关联，以及是否能够体味出原文宏观意境效果。能够使学生译者与作者进行交际的认知处理机制是，他们具有从原文话语及其语境假设中进行语用推理的能力。作者试图传达的原文话语的阐释性意义在很大程度上与原文语境相关联。翻译课堂教学的语篇释意交际过程中的语境[①]，以笔者的观点来看，是学生译者在与作者进行心理对话的过程中，基于原文话语的词汇信息、逻辑信息、百科信息，寻找关联，跨越不同层面的认知障碍，并在其大脑中不断显现的语境假设中动态生成的。这个语境是在教师译者的启发与引导下，学生译者的思维不断调整的动态过程。在对话中，学生译者从原文的明示话语及其语境假设中，推理出与作者的交际意图相匹配的最佳关联。如果学生译者找到的是一个不合适的甚至错误的语境假设，那就可能会导致跨文化交际的失败。

（5）"Got your license on you?" Howard asks. "Take it for a spin."

"No," he says. Then, "yeah, okay, I think I will. Thanks. Thank you both, it's beautiful. It is terrific."　（杨莉藜 1997a：39）

a. "带上你的证件了吗？"霍华德问道。"带上它出去兜一圈。"

"没带，"他说。接着又说，"好的，我想我会带上的。谢谢，所有的都要感谢你，这真是太好了，非常棒。"　（BHL003）

b. "有驾照吧？有的话我们来兜一圈。"霍华德说。

"不了，"他跟着答道。"我想我以后再来吧。谢谢，谢谢你们两位，这里太漂亮，太美妙啦。"　（ZTT017）

c. 霍华德说："带上驾照了吗？带上去兜兜风吧。"

他说："还是算了吧。"过了一会儿，他又说："好吧，我应该会的，谢谢，谢谢你俩，这真是个好提议！"　（ZWL018）

d. Howard 说："有没有带上你的执照以防不时之需啊？"

他说："没有啊。"过了一会他又说："但我想我还把它带上，谢谢你的提醒啊，真是太好了！"　（HYQ019）

e. "我可以看一下你的证件吗？"霍华德问道："我只想得到一些信息。"

"不，"他答道，可过了一会儿又说，"是的，我想我可以让你看。谢谢，谢谢你们。真漂亮，真神奇。"　（CDN020）

---

① Sperber 和 Wilson（1986/1995）认为，语境是心理结构体，即听话人在其大脑中关于现实世界的语境假设。正是这些语境假设而不是现实世界的真实状态影响着听话人对话语的理解。

f. “你有驾照吗？”霍华德问。“去试试车吧。”

“我不想去”。顿了顿又说：“嗯，去也成，谢谢两位，真是辆好车，棒极了！” （杨莉藜 译）

这个对话的宏观语境是年轻人驾车出去兜风的情景。作者把他的信息意图——带着驾照，开着漂亮的车去兜风，以及兜风时的特爽感受明确地传达给了学生译者。从作者的角度来看，这是一个明示的过程，但从学生译者的角度来看，他们必须依赖这则对话的词汇信息、逻辑信息、百科信息，做出合适的语境假设，寻找关联，所以这又是一个推理过程。在推理的过程中，由于对于 spin 一词的变异性阐释，学生译者在认知处理代词 it 和省略句时，在词汇、句法以及语用方面存在的认知被割裂现象导致他们对原文话语做出了具有变异性的阐释。

在翻译教学的语篇释意交际过程中，我们引导学生如下：在原文对话中，spin 的正确释义应该为“a short ride in a car for pleasure”（Hornby 2009：1938），他们应该勤查《牛津高阶英汉双解词典》。回答中的第一个代词 it 指代 car，这是根据 spin 这个词的英文释义得出的；第二个代词 it 指代 spin，这是基于该词的英文定义推理得到的。然后，我们进一步启发指导学生根据上下文将原文省略的文字内容补充完整。于是，他们意识到这段话正确的认知处理过程应该是“No, (I won't take it for a spin)…I think I will (take it for a spin)…(The car) is beautiful. (The spin) is terrific”。这一阐释过程是在学生译者与作者的跨文化心理互动过程中实现的。

从五位学生译者的译文来看，其翻译课堂教学的语篇释意交际过程中的语境是基于原文的词汇信息、逻辑信息、百科信息，以及寻找与 licence、spin、it 等词的关联过程中动态生成的。（5a~5d）比较接近作者试图传达的语境，对其信息意图和交际意图做出了最大顺应性选择。（5e）对原文话语做出了错误的语境假设。（5f）说明译者正确认知处理出与作者的交际意图相匹配的最佳关联，并对作者的意图进行了最佳顺应性选择。

在翻译课堂教学的语篇产出交际过程中，（5a）选择“证件”显示出该学生译者使用了一个概念宽泛的词，但结合译文语言的上下文，这一翻译还不至于引起读者的误解。“没带”说明他在理解原文话语时在句法层面出现了认知接口被割裂的现象，没有做出与 No 之后的省略句有关的语境假设，这样便出现了逻辑上的偏移现象，导致后面的内容“好的，我想我会带上的”不可避免地偏离了作者试图传达的语境假设。“这真是太好了，非常棒”表明学生译者没有辨别清楚 it 的所指内容，导致她的译文语言选择过多地发挥了自己的想象力，让汉语读者有一种不知所云的感觉。该学生译者在翻译时，在她认知处理基于作者的信息意图的最大关联的引导下，对译文语言做出了最大顺应性选择。（5b）总体上语言选择较好，只是最后一句"这里太漂亮，太美妙啦"，没有循着作者的认知思维方式，寻找与其交际意图相匹配的最佳关联，只是大概依赖上下文的语境传达作者的意图；同样，其译文也不能使汉语读者认知处理原文话语的语义连贯。在（5c）中，学生译者的"还是算了吧"，是"我不想去"的委婉表达语，说明她对作者的交际意图做出了最佳顺应性选择，但最后一句"这真是个好提议"完全错误地阐释了作者的信息意图和交际意图，是译文中的败笔。（5d）的译文语言选择比（5c）更显得有较大的随意性，这说明他在找出作者传达的最大关联时，过分发挥了自己的想象力，因而没有对作者试图传达的语境假设做出最佳顺应性选择。（5e）反映该学生对作者的信息意图和交际意图做出的最大顺应性选择中大多数都是错误的，在其指导下，她的译文语言选择自然也是错误的。（5f）显示译者正确认知处理了与作者的交际意图相匹配的最佳关联，理解了年轻人相约兜风时的快乐情景，体味出了原文宏观意境效果，对作者的意图做出了最佳顺应性选择，并在最佳关联的引导下，较好地跨越了译文在词汇、句法、语用层面的认知障碍，对译文语言做出了最佳顺应性选择，确保了译文读者的认知和谐，成功实现了教师译者指导下的学生译者与原文作者和译文读者之间的跨文化交际。

对于作者的明示话语所传达的信息意图和交际意图，学生译者在做出语境假设及寻找关联的过程中，要努力欣赏和体味出作者在原文话语字里行间里试图传达的语气、口吻、心情、态度等。但是学生译者由于自身语用交际翻译能力不足，因此常常只是解读出了作者的原文话语的字面意思所表示的信息意图，而对于含有作者的语气、口吻、心情、态度的交际意图有时把握不到位。在翻译时，教师译者需要指导学生译者采取直接翻译策略，把作者的这些隐含内容同样再现于译文话语的字里行间。具有主观能动性的译文读者能够依据原文话语，发挥自己的主体性意识，做出合适的语用推理，进而获得原文作者的"言外之意""弦外之音"和原文宏观意境效果。

（6）I must go back, <u>for</u> my father has been ill for almost a month. <u>None</u> is with him, <u>Poor old man</u>!　　（杨莉藜 1997a：25）

a. 我必须回去。我可怜的老父亲已经病了快一个月了。<u>他没有什么</u>

生活来源。可怜的老人。 （YWJ021）

b. 我必须回去，父亲已经卧病将近一个月了。他已经是一无所有了，真是可怜的人啊！ （WXF022）

c. 我必须回去了，因为我爸爸几乎已经病了一个月。他什么也没有了，可怜的老人。 （ZQY023）

d. 我必须回家，因为我父亲已经生病快一个月了。他现在一无所有，可怜的老男人。 （HXX024）

e. 我必须回去。因为我父亲已经病了近一个月。他很可怜，病的时候竟没有一个人在他身旁照料着。 （HWJ025）

f. 我一定要回去了，因为我爸爸病了一个多月了，又没有人在他身边。好可怜的一个老人家啊！ （HYY026）

g. 我一定要回去了，为了我那可怜的、无可依靠的、已卧病将近一个月的父亲！ （ZJH027）

h. **我必须回去，父亲病了快一个月了，没有人照看他，怪可怜的**！

（笔者 译）

这个例子的宏观语境是说话人年迈的父亲病了，儿女不在身边，但他又急需人照顾。这句话字里行间透露出说话人对父亲的内疚和怜爱心情，这也是作者试图传达的原文宏观意境效果。在翻译课堂教学的语篇释意交际过程中，学生译者不用花费太多的推导努力，便可以认知处理出与作者的交际意图相匹配的最佳关联，即说话人表达了他作为子女有责任和义务去照顾年迈父亲的绵绵亲情。

我们在课堂上启发引导学生译者如下：（6a~6d）显示四位学生译者对作者的意图做出了最大顺应性选择，他们的理解在词汇、句法、语用的层面出现了认知接口被割裂的现象。这是因为代词 none 是用来指人的，而用来指物的否定不定代词是 nothing。对 none 的错误解读导致学生对原文话语"None is with him"出现了错误的阐释。这说明他们对这个代词进行阐释时，其思维没有进行良好的运作。接下来，我们肯定了（6e~6f）基本是根据作者试图传达的语境假设做出的，这两位学生的思维运作状况较好。最后我们指出，在（6g）中，该学生理解原文话语时，在语法、句法、词汇层面出现了认知接口被割裂的现象，因为 for 既可以表示原因，也可以表示动作的对象或者目的，但在该原文话语中，for 在语法层面的句法功能是作为对前半部分句子内容的解释性、补充性的阐述。由此分析可以得知：该学生译者对作者的意图做出了最大顺应性选择。

在翻译课堂教学的语篇产出交际过程中，（6a~6b）的译文语言选择顺应了汉语重意合的语言语境，把 for 表示的原因隐含在了字里行间。（6c~6f）照搬了原文的句子结构，生硬套译，使译文语言读起来不够自然流畅。对于“None is with him”的译文选择，在（6b~6d）中，三位学生译者依据找到的与作者信息意图相关的最大关联，对译文话语做出了最大顺应选择，这将会导致与汉语读者跨文化交际的失败，因为译文话语错误地传达了作者的信息意图和交际意图。（6e）和（6f）都依据最佳关联对译文语言做出了最佳顺应性选择。

对于“Poor old man”的翻译，由于学生译者汉语表达功底欠缺，他们的译文选择也呈现出变异性。（6a）、（6c）、（6g）的译文选择为“可怜的老人”和“可怜的、无依无靠的……父亲”，在表达对年迈父亲的内疚和怜爱亲情方面稍欠火候。（6b）中的“真是可怜的人啊”和（6f）中的“好可怜的一个老人家啊”虽在这方面有所提高，但给读者的感觉好像不是亲生子女表露感情的自然温馨的话语，也没有很好地传达出原文宏观意境效果。（6d）中的“可怜的老男人”更是离谱过分，是对父亲不敬的语言。（6h）跨越了译文语言选择时出现的在词汇、语法、句法、语用等层面的认知障碍，译文话语考虑了汉语重意合的特点，使用“没有人照看他，怪可怜的”，传达出了说话人对年迈父亲的绵绵怜爱情意，很好地再现了原文宏观意境效果，确保了译文读者的认知和谐，成功实现了跨文化交际。

在翻译课堂教学的语篇释意交际过程中，由于不同认知语境之间的文化差异，学生译者并非总能正确认知处理作者试图传达的信息意图和交际意图。其原因在于他们往往会按照自己的认知能力和喜好来阐释作者的意图。他们的阐释过程不仅受到其阅读习惯的制约，而且也受到了他们所处的认知语境所影响的认知思维方式的制约。学生译者往往会自动地或者有意识地按照自己的认知思维方式阐释作者的意图。而且，他们常常会以同样或近似的方式做出译文选择。这样，他们就不可避免地会出现文化误读现象。另外一个原因是，学生译者在认知处理作者的意图时，没有成功跨越语法、句法、语义、语用等层面的认知接口障碍，因此做出了不合适的语境假设。

（7）At 15 Mary was a tall girl <u>with strong legs, creamy skin, and hair pulled back straight and wound in a coil at the nape of her neck</u>.

（杨莉藜 1997b：20）

a. 玛丽 15 岁时个子就已经很高了，那时的她有着健壮的双腿、光滑细腻的皮肤，还有那直发齐梳至脑后，盘在脖颈上。（ZJH027）

b. 十五岁时玛丽就已经长成一个高个儿的姑娘了：她双腿强健，肤如凝脂，一头秀发梳于脑后并挽在后颈上。（HYH028）

c. 玛丽十五岁时已经长得很高了，两腿粗壮，皮肤白皙，头发向后直梳，在脑后挽了个髻。（杨莉藜 译）

在翻译课堂教学的语篇释意交际过程中，我们指出：学生译者没有按照作者的思维方式认知处理作者的信息意图和交际意图，这显然受到中西方对美女的审美观点不同的影响。在她们寻找关联的过程中，在其脑海里浮现的是东方美女的形象。在汉语文化认知语境中，虽然随着时代的变迁，不同的时代对美女评判标准发生了某些变化，但中国传统美女的标准[①]是：饱满的瓜子脸，眉毛细长如弯弯的新月，四肢和手指纤巧，皮肤细腻，白里泛红；古语中有“手如柔荑，肤如凝脂，领如蝤蛴，齿如瓠犀，螓首蛾兮，巧笑倩兮，美目盼兮”（《诗经·卫风·硕人》）的精美描述。这导致学生对作者的意图做出了最大顺应性选择。对于“at the nape of her neck”的理解，我们要求学生查阅《牛津高阶英汉双解字典》中的释义：“nape: the back of the neck”（Hornby 2009：1329）。另外，关于盘头方式的理解，学生由于平时极少接触这样的发型，很难找出与过去分词分句“wound in a coil at the nape of her neck”中作者的交际意图相匹配的最佳关联。接下来，我们利用一些图示讲解了古代甚至近代女性不同的盘头方法，学生才对此有了比较清晰的认识。

在翻译课堂教学的语篇产出交际过程中，在最佳关联假设的引导下，学生的语言选择（7a）中的“光滑细腻的皮肤”和（7b）中的“肤如凝脂”是学生译者对作者的信息意图做出的最大顺应性选择，这可能会使不熟悉西方美女形象的汉语读者认为东西方美女的形象是一样的，译文会导致学生译者与原文作者和译文读者的跨文化交际不够顺畅。另外，（7a）中的“那直发齐梳至脑后，盘在脖颈上”和（7b）中的“一头秀发梳于脑后并挽在后颈上”，顺应了汉语的社会文化语境，即受到传统中国妇女盘头风俗的影响，但学生译者对作者的意图做出的最大顺应性选择以及相应的译文话语显示出不合常理的盘头方式。这说明学生译者在阐释作者的意图时，在词汇、语义和语用层面出现了认知被割裂的现象，因而导致译

① 东西方的审美. http://ishare.iask.sina.com.cn/f/ovPKmmZIEM.html[2020-8-31].

文话语让人感到不可思议。（7c）比较好地再现了西方美女形象，如椭圆形的脸、平滑的额头、笔直挺起的鼻梁、扁桃形的眼睛、微微鼓起的衬衫，从而改变了读者的认知语境，确保了译文读者的认知和谐，达成译者与作者和读者之间的跨文化交际。

根据笔者的翻译经验，我们认为，翻译课堂教学的语篇释意交际过程一般会经历以下四个步骤。

其一，在教师译者的启发引导下，学生译者认知处理原文话语时，在其大脑中逐渐建立起原文的"宏观语境"①，对作者的信息意图和交际意图进行语义表征，在其大脑中呈现出原文话语的心理画面，以便对原文话语形成整体轮廓式的图景。

其二，学生译者应该在其大脑构建的宏观语境和原文的语境假设中，不断跨越认知接口障碍，去寻找与作者的交际意图相匹配的最佳关联，对作者的意图做出正确的阐释。

其三，在分析原文话语的"交际线索"的过程中，学生译者需要有意识地在其大脑中储存和记忆原文的语言特征和文体风格特征，品味出原文宏观意境效果。

其四，学生译者应领悟翻译项目的发起人或者赞助人所设定的翻译要旨，并在理解原文话语的过程中，有意识地确定哪些内容是翻译要旨期望学生译者必须传达出来的作者的信息意图和交际意图，以及传达出什么样的译文语用意境效果等。

原文中的交际线索不仅能反映出作者的交际意图，而且也能反映出作者的交际风格及其产生的意境效果。学生译者会得益于作者有意识构建的宏观语境。如果学生译者对原文话语做出不恰当的阐释，就会与宏观语境中的某一语境假设不一致，这说明学生译者的理解过程产生了认知被割裂的现象，出现了认知障碍，其思维运作过程没有良好运行。

6.2.2　作者的强式交际和弱式交际与学生译者的心理互动

翻译课堂教学是教师译者指导下的学生译者与作者之间进行强式交际与弱式交际相结合的跨文化交际过程（李占喜 2007b）。在强式交际（Sperber & Wilson 1986/1995：60）情况下，作者会清晰预测教师译者指导下的学生译者在理解他的意图时，会朝哪个方向去思考，他能预测到他的意向读者的大脑信息处理机制将

① "宏观语境"即在语篇释意交际过程中，能够引导译者寻找出与作者的交际意图相匹配的最佳关联之语言语境或者非语言语境。参见：李占喜. 2007b. 关联与顺应：翻译过程研究（英文）. 北京：科学出版社：87.

会如何认知加工他所产出的原文话语。这种强式交际形式能够使学生译者把作者的话语明示内容所承载的意图，聚焦到某一特定的语境假设上。这些原文话语不会花费学生译者太多的认知推导努力，他们就能比较容易地抓住作者的交际意图。在这种跨文化交际过程中，教师译者所要做的工作主要是指导学生译者如何在最佳关联的引导下，跨越不同的认知接口障碍，进行译文语言选择，以更好地传达原文宏观意境效果。就强式交际而言，作者给出的思维路向较为清晰可见，一般不会产生变异性的阐释，所以，学生译者能比较容易地对作者的信息意图和交际意图做出最佳顺应性选择，从而取得与作者成功的跨文化交际。

（8）In Africa I met a boy, who was crying as if his heart would break and said, when I spoke to him, that he was hungry because he had had no food for two days. （转引自张新红“课堂教案”）

a. 我在非洲遇见过一名哭得撕心裂肺的小男孩，前去探求原因后得知他已经挨饿整整两天了。 （CJJ029）

b. 我在非洲遇到一个男孩，当我跟他说话时，他撕心裂肺地哭喊着说他很饿，因为他已经两天没吃过东西了。 （CSL030）

c. 我在非洲遇到一个哭得很伤心的男孩，当我问他时，他告诉我他很饿，已经两天没吃东西了。 （LYR031）

d. 在非洲，我遇到一个小孩，他哭得伤心极了，我问他，他说他饿，有两天没有吃饭了。 （笔者 译）

在这个例子中，在翻译课堂教学的语篇释意交际过程中，我们引导学生译者：作者能够预测到读者理解难句“crying as if his heart would break”时其大脑思维的运作走向，读者肯定会认知推理出小男孩因为十分饥饿，所以心里很难受，表现出很伤心的样子。学生译者几乎不用花费多少推导努力，便可以认知处理出与作者的交际意图相匹配的最佳关联：孩子因为很饿，哭得伤心极了。他们都对作者的信息意图和交际意图做出了最佳顺应性选择。

但在翻译课堂教学的语篇产出交际过程中，学生译者在译文语言选择时出现了句法、词汇和语用方面认知接口被割裂的现象。我们引导学生如何拆分这个长句：第一，拆分句子。这个长句可以拆分为四段：“In Africa I met a boy, // who was crying / as if his heart would break // and said, / when I spoke to him, / that he was hungry // because he had had no food for two days.”第二，分析句子的结构。①句子的主干结构是：主语+谓语过去式+宾语（I met a boy…）。②crying 后面是状语从句“as if his heart would break”。③“when I spoke to him”是介于动词 said 和宾语从句“that he was hungry”之间的插入状语成分。④难点部分“crying as if his heart would break”应译为“哭得伤心极了”。

我们这样分析点评学生的译文话语：（8a）和（8b）使用“撕心裂肺”来形容孩子的伤心程度，有点太过了，因为该汉语成语一般用以形容极度伤心，使用这个成语来描述孩子因饥饿而哭泣，是不合适的。（8c）较贴近原文作者试图传达的语境假设。总体上来讲，在整个句子的处理方面，学生译者没有跳出原文语法和句子结构的束缚，只是亦步亦趋地比照原文进行翻译，使汉语句子行文不够自然流畅。

接下来，我们引导学生把切分过的原文话语的七个短句部分，分别译成七个汉语短句，然后启发他们忘掉原文英语句子结构，按照汉语的行文措辞方式和逻辑思维，重新排列这些汉语短句。我们还提示学生译者注意汉语句子重意合的特点，尽可能隐去 who、as if、when、that、because 等话语标记语（discourse markers）。经过不断的协商修改，我们最终得出了译文（8d），使学生一步一步地跳出原文语法和句法结构的束缚，较好地跨越了词汇、语法、句法等认知接口的障碍，成功地传达出原文宏观意境效果，确保了译文读者的认知和谐，顺利实现了跨文化交际。

在弱式交际情况下，作者产出的原文话语不够明晰，使用形象表达的话语与读者进行交际时，作者能够期待的仅仅是把译者的思维引向某一思维方向。一般情况下，学生译者会在其大脑中表征一个大致近似但却不完全相同的语境假设，与作者的信息意图的部分内容相一致。作者的这种弱式交际的话语往往会激发读者丰富的想象力，让学生译者在原文的字里行间辨别出作者的弱式交际话语，通过认知推理方式渐进地体味原文话语的意境效果。在弱式交际过程中，由于学生译者本身的语用交际翻译能力的局限性，教师译者要有意识地追踪和把握学生的思维走向，适时提醒学生查阅相关文化背景信息，把他们的思维运作调整到作者试图传达的语境假设上，这样就可以减少学生译者在提取一系列作者的弱隐含过程中所要付出的认知推导努力。

如果作者的原文话语含有文化承载语（culturally-loaded expressions），在学生认知处理该明示刺激过程中，往往会激活学生译者大脑中的认知图式。他们的认知推理能力能够填补作者的信息意图和交际意图之间的释义空白。在与作者的跨文化心理对话过程中，弱式交际话语将会在学生译者认知处理过程中产生更多的意境效果。如果该话语在原文认知语境和译文认知语境中具有相同或者类似的语境假设，那么他们付出的推导努力则相对较少，很容易抓住与作者的交际意图相匹配的最佳关联。在两个不同的认知语境中，相同或近似的经历和百科知识很容易调动译者现有或者潜在的认知资源，而且作者的弱式交际话语，像在原文读者身上引起的反应一样，能够激活学生译者大脑中的认知图式，产生相应的原文宏观意境效果。

但是，如果原文中的弱式交际话语含有独特的认知图式，那么在理解的过程中，由于跨文化的差异，学生译者应该遵照作者的认知思维方式，做出语境假设，对其交际意图做出最佳顺应性选择。原文的词汇信息、逻辑信息、百科信息及其语境假设，在学生译者的大脑思维中得到激活，使其做出最佳顺应性选择的过程得以顺利进行。由于此类弱式交际的独特性，寻找最佳关联需要学生译者付出较多的推导努力。不同的学生译者由于不同的语用交际翻译能力等方面的差异，会在他们的大脑中提取一系列语境假设、语用预设、语用隐含等。有鉴于此，教师译者需要帮助学生译者根据原文的宏观语境，结合话语本身，寻找关联，把与作者的信息意图的最大顺应性选择有关的变异性语境假设，逐步收窄并聚焦到与作者的交际意图相匹配的最佳关联上，教会他们如何循着作者的认知思维方式去把握其意图的思维路向。只有这样，他们的思维运作才会步入正确的轨道，才能对作者的信息意图和交际意图做出最佳顺应性选择。

（9）I don't really know anything about you, because you and I are as different as chalk and cheese.（杨莉藜 1997a：16）

a. 我根本一点都不了解你，因为你我之间有着本质的不同。（HSB031）

b. 我真的完全不了解你，我们是截然不同的两种人。（WXX032）

c. 我对你知之甚少，鉴于我们的性格相差甚远。（ZJR033）

d. 我真的一点也不了解你，因为你我有着天壤之别。（HSF034）

e. 我对你一点也不了解。我们两个简直是风马牛不相及。（YWJ035）

f. 我真的不了解你，就像白土跟奶酪一样毫不相同。（HXX024）

g. 说实在的，你这号人我一点也拿不准。咱们不是一路人，就跟白土和奶酪不是一码事一样。（杨莉藜 译）

在翻译课堂教学的语篇释意交际过程中，我们这样引导学生译者：作者产出“as different as chalk and cheese”这一弱式交际话语，译者会在其大脑中表征出一个大致近似但却不完全相同的语境假设，如（9a~9f），与作者信息意图的部分内容相一致。作者使用这些形象的话语来激发读者丰富的想象力。对于学生译者来讲，他们需要在其大脑中提取诸如此类语境假设：①cheese（奶酪）是可以吃的食物，而 chalk（白土）不能食用，这两种东西有本质上的区别；②“as different as chalk and cheese”是一个西方文化意象，其意思是“essentially unlike”，即“根本不同、实质不同”等。在课堂上，我们要求学生查阅《牛津高阶英汉双解词典》，了解英语惯用语“chalk and cheese”的释义：“(*BrE*) If two people or things are like chalk and cheese or as different as chalk and cheese, they are completely different from each other 截然不同；天壤之别.”（Hornby 2009：313）这样，他们的思维将会逐步收窄到“我和你虽表面相似，但实则本质不同”这个语境假设上，从而认知处理出与作者的交际意图相匹配的最佳关联，还可以体味出原文口语化的语言风格以及讽刺的口吻等。除了（9f）对作者的意图做出了最佳顺应性选择外，其他译文话语均对作者的意图做出了最大顺应性选择。

在翻译课堂教学的语篇产出交际过程中，（9a~9c）采用间接语用翻译策略，舍弃了原文话语的文化意象，虽然降低了汉语读者对译文话语的认知处理努力，但却使他们失去了解和欣赏该文化意象的机会。不过，我们需要指出的是：对于 cheese 和 chalk，中西方的认知语境中存在着相同或者近似的语境假设，在这种情况下，学生译者应该尽可能地采用直接性翻译策略对其予以传达。（9d）和（9e）试图采用直接翻译策略，却把汉语文化意象加入进来，这是我们在教学中不提倡的，因为汉语读者作为“异域文化”的主动接受者，有接受西方文化意象的心理准备。（9g）采用直接语用翻译策略，很好地再现了作者的信息意图和交际意图，以及原文口语化的语言风格特征和讽刺的口吻，确保了译文读者的认知和谐，达成了跨文化交际。

6.2.3 作者的明示和暗含与学生译者的心理互动

作者以明晰的交际方式或者以隐含的方式产出原文话语，其明示和暗含共同组成了原文语篇。学生译者在其大脑中认知处理原文话语的过程中，需要构建出原文的明示和暗含试图传达的阐释性意义（Gutt 1991/2000：233）。明示是由原文语言编码和从语境推理所得的概念意义相结合而产生的；从原文语境、原文话语的命题形式、原文话语所表达的命题态度、原文话语的所有明示信息就可以推导出来。在推理过程中，学生译者依赖的语境因素越少，说明原文话语的明示程度越高，学生译者就越容易在大脑中进行认知处理，也就越容易阐释作者的信息意图和交际意图；反过来，如果学生译者在教师译者的启发和引导下，还需要花费较大的推导努力在其大脑中激活较少的语境因素，说明作者话语的明示程度较低。

（10）There is a mixture of the tiger and the ape in the character of a Frenchman. （杨莉藜 1997a：19）

a. 法国男人拥有着老虎和猿的混合特性。（ZJH027）

b. 法国男人的性格里兼有老虎的果敢与猿猴的狂躁。（HSF034）

c. 法国人具有老虎的凶猛和猿猴的敏捷的性格。（HWJ025）

d. 如狼似猿（虎）是法国人的本性。（CJL036）

e. **虎恶狐狡，兼而有之，这就是法国人的性格。（杨莉藜 译）**

在翻译课堂教学的语篇释意交际过程中，学生译者依赖在其大脑中被激活的“老虎”和“猿”两种动物的认知图式，不用花费太多的认知推导努力构建语境，便可以找到原文作者试图传达的语境假设。但是，他们在认知处理作者意图的过程中，在有关 tiger 和 ape 的语义和语用层面出现了认知接口被割裂的情况，导致他们对作者的信息意图做出了不同的最大顺应性选择。（10a）说明学生译者仅仅理解了原文话语的语义，并未理解出作者试图传达的语境假设：法国人的性格既有老虎般的残忍，又有猿般的狡猾。（10b）中的“老虎的果敢与猿猴的狂躁”，显示出该学生译者对这两种动物的性格做出了与其百科信息不同的解读，这说明她过分发挥了自己的主体性意识，这是其查阅相关文献的语用交际翻译能力的缺失所造成的。（10c）中的“老虎的凶猛和猿猴的敏捷的性格”，虽然比（10b）中的理解进步了一点，但仍然没有认知处理出与作者的交际意图相匹配的最佳关联。（10d）中的“如狼似猿（虎）”套用了汉语文化意象，表明该学生译者按照中国人的认知思维方式，而不是按照作者的认知思维方式去理解法国人的性格。另外，（10a~10d）都没有认真地查阅有关 ape 的百科信息，也没有把握好原文文雅优美的语言风格特征。在课堂上，对于上面所提及的两个动物文化意象的蕴含意义，我们建议他们参考杨莉藜（1997a：19）编著的《英汉互译教程（上册）》，可知“老虎”代表“凶恶、凶残”，“猿”代表“狡猾”。

在翻译课堂教学的语篇产出交际过程中，学生译者在各自找到的最大关联的引导下，在译文话语构建成分的不同语言层面对译文话语做出了最大顺应性选择，来传达作者的信息意图。（10a）采用了过分的直接翻译策略，译文选择不能使汉语读者理解法国人的性格特征，只是译出了原文话语的信息意图，没有翻译出其交际意图（或者文化蕴含）。（10b~10c）错误再现了作者的信息意图和交际意图。（10d）套用汉语文化意象“如狼似虎”，意为“像狼和虎一样凶狠，比喻非常凶暴残忍”，这虽然与作者的部分信息意图相匹配，但“猿”在汉语里没有“狡猾”这个文化内涵。这种套用反而会增大汉语读者的认知推导努力，因而影响译文读者的认知和谐。（10e）正确认知处理了与作者的交际意图相匹配的最佳关联，克服了译文表达在语义和语用层面出现的认知障碍，并同时注意了原文话语文雅优美的语言风格特征，让中国读者真正理解法国人的性格特点，达成与作者和译文读者之间的跨文化交际。

下面，我们将探讨学生译者如何在教师译者的指导下，依赖关联原则的引导，根据作者明确预测的原文话语将如何引导读者取得最佳关联的思维路向，在大脑中加工处理原文话语的暗含意义。

暗含是作者试图传达给学生译者的语境假设或者语境隐含。作者意欲使他的原文话语对于学生译者而言是明晰的、相关联的。教师译者作为课堂翻译活动的组织者，要尽可能鼓励和引导学生译者从其大脑记忆中提取原文暗含话语的隐含性前提，或者通过拓展其认知图式来构建该语用前提。这些隐含性前提会引导学生译者得出与关联原则相一致的理解，并且它们是交际双方明晰的、在其大脑中最容易提取的内容。学生译者可以从原文明示信息及其语境中推理出来作者的原文话语所产生的隐含性结论。学生译者之所以能够辨别这些隐含性结论为暗含，是因为作者一定会期待译者有能力认知推理他的暗含或者部分暗含。这一推理过程是建立在作者使他的原文话语与其意向读者互明与相关联的基础之上的。隐含性前提和隐含性结论都是在学生译者的认知处理过程中与关联原则相一致的阐释性内容，因此它们都是可以被辨别的。

在学生译者认知处理作者暗含的过程中，由于他们语用交际翻译能力有待提高，教师译者需要指导学生如何把自己的认知思维调节到最佳状态，以及如何依据关联原则跨越认知接口方面的障碍，在大脑中提取作者原文话语字里行间存在的隐含性前提或者隐含性结论。

（11）Lee Kuan-yew contemplates retiring with a hand on the helm.

（何刚强 1998：80）

a. 李光耀决定退休后继续从政。（ZJY023）

b. 李光耀想着即使退休后也要时刻关心政坛。 （LMD037）

c. 李光耀考虑着退位后仍垂帘听政。 （ZZC038）

d. 李光耀打算退位而依然听政。 **（何刚强 译）**

在认知处理原文话语的过程中，学生译者做出语境假设，寻找关联，对于“with a hand on the helm”（一只手掌舵）的理解，出现了变异性的阐释。在课堂上，我们指出，他们理解不当的原因在于以下几点。①没有很好地把握该成语的文化蕴含，即“居于掌权或领导地位”。②没有认真查阅与李光耀有关的百科信息[①]：“李光耀……新加坡华人……为新加坡前任总理，曾任国务资政以及内阁资政。为新加坡的独立及崛起做出卓越贡献，被誉为‘新加坡国父’。李光耀不仅是新加坡的开国元老之一，也是现今新加坡政坛极具影响力的人物之一。2011 年 5 月 14 日，李光耀宣布退出新加坡内阁，标志一个时代的终结。”所以，他们只是对作者的信息意图做出了不同的最大顺应性选择；换言之，由于他们在语用交际翻译能力以及查阅相关文献的能力方面的差异，学生译者忽略了有关李光耀的百科信息，只是找到了与作者的信息意图相匹配的最大关联。

作者意欲使他的原文话语对于学生译者是明晰的、相关联的。学生译者需要从其大脑记忆中提取隐含性前提，或者通过拓展其认知图式来构建该前提：

大前提：船舵掌握着轮船航行的方向。

小前提：①开船者将手放在船舵上，可以控制航船行进的方向；②李光耀辞去总理职务后，他的一只手放在船舵（国家、企业等的机要部门）上。

推论：李光耀辞去总理职务后，他的执政理念和治国建议将会对新加坡政府在领导国家发展方向方面发挥举足轻重的作用。

在翻译课堂教学的语篇产出交际过程中，学生译者应该尽最大努力翻译出这一推论的强式隐含。（11a）试图顺应汉语社会文化语境，但在语义和语用层面出现了认知接口被割裂的现象，因为在新加坡政府行政体制中不允许一个官员在退休后继续从政。在这里，retire 一词的意思应该是“withdraw from one’s position”，即退位。（11a）和（11b）除了对 retire 一词的语言选择不合适外，总体上传达出了作者的信息意图和交际意图，但语言表达有点太汉语口语化，没有切合原文的语言风格特征。（11c）使用“垂帘听政”一词，加入了汉语的文化意象，于是我们让学生译者查阅汉语工具书，确定该词在汉语认知语境中具有的丰富的社会文

① 参见 http://baike.haosou.com/doc/7591746-7865841.html[2015-02-11].

化背景信息："垂帘：太后或皇后临朝听政，殿上用帘子遮隔。听：治理。指太后临朝管理国家政事。《旧唐书·高宗纪下》：'时帝风疹不能听朝，政事皆决于天后，自诛上官仪后，上每视朝，天后垂帘于御座后，政事大小皆预闻之，内外称为'二圣'。宋无名氏《新编五代史平话·周史上》：'翌日，郭威帅百官请太后临朝，垂帘听政。'《元史·阿沙不花传》：'先人者胜，后人者败。后一垂帘听政，我等皆受制于人矣，不若先事而起。'"（刘万国、侯文富 2002：171）在译后回访中，该学生译者称她在翻译时，脑海中呈现出清朝慈禧太后垂帘听政的情景，说明她的译文语言选择在语义和语用层面出现了认知被割裂的现象。（11d）克服了语义和语用认知层面上的障碍，对作者的信息意图和交际意图做出了最佳顺应性选择，达成了跨文化交际。

作者产出的原文话语的暗含所表达的隐含之力方面有强弱之分。如果作者的信息意图使某一特定语境假设的互明程度越高，这一语境假设被传达的效果就会越强。强式暗含能够有效促使学生译者积极调动其认知资源，主动认知推导作者试图传达的暗含意义，而不是被动提供那些隐含性前提和隐含性结论。如果原文暗含促使学生译者认知处理的心理驱动力越强，他们从作者的语境假设中进行选择的可能范围就会越大，暗含的程度就会越弱（Sperber & Wilson 1986/1995：199）。

（12）It's a wise father that knows his child.

（William Shakespeare，*The Merchant of Venice*）

a. 知子莫若父。（CDN020）

b. 懂自己孩子的父亲是明智的。（HWX005）

c. 聪明的父亲都清楚自己孩子的脾气。（HXL039）

d. 明智的父亲是了解自己的孩子的。（YZW040）

e. 这是一个连自己的孩子都不了解的父亲。（ZJH027）

f. 他是个明白事理、理解儿女的父亲。（ZXM041）

g. 他是一个开明的父亲，处处理解自己的孩子。（ZKD042）

h. **再聪明的父亲也未必了解自己的孩子。（笔者 译）**

在翻译课堂教学的语篇释意交际过程中，学生译者不用花费太多的推导努力，便可以依据原文的词汇信息和语言外自身与父亲的相处经历，找到与作者的信息意图相匹配的最大关联，并对该意图做出最大顺应性选择，如（12a~12g）。在翻译课堂教学中，我们反问学生："根据你们父子（女）之间的亲身经历，聪明的父亲真的在各个方面都很了解你吗？你们是否真的搞懂了这个谚语式的句子结构？”于是，他们开始重新审视自己的译文话语，在不同的程度上感到自己在阐释作者意图的过程中出现了不合常识的逻辑偏差，因而在语义和语用的层面出现了认知被割裂的障碍。

其实，原文话语是作者意欲传达给读者的一个强式隐含，它促使学生译者有效地进行认知处理，而不是被动地接受那些隐含性前提和隐含性结论。这种促使他们认知处理的心理驱动力越弱，也就是说从作者的语境假设中进行选择的可能范围较小，暗含的程度就越强。从句法结构上来讲，原文话语是一个谚语式的句子结构“It is...that…”，而并非是一个分裂（强调）句型，也不是一个关系分句。在课堂上，我们询问学生是否在学习“英国文学”课程时见过这个谚语式的句子“It’s a wise father that knows his child.”，不少同学感到茫然。我们结合《威尼斯商人》（*The Merchant of Venice*）这部作品，给学生以适当的引导。

剧本中该句的发话人是亲生父亲没能认出来、想要跟父亲开开玩笑的儿子，其身份是放高利贷的商人夏洛克的仆人，在剧中扮演的是小丑的角色；原语语篇的目标受众（受话人）是置身于原语文化、熟悉其习语典故的英语读者，在剧中则是眼睛几乎看不见的父亲；“话题”是父亲在向人（他自己的儿子）打听到夏洛克家的路以及他儿子的情况；作者在借剧中人之口套用、活用英语谚语“It is a wise child that knows his own father.”。在原文认知语境中，因为它是一个英语谚语的形式套用，故可不将其作为一般强调句理解。在词汇层面上，该句中的 know 一词语义双关，既可指一般的“知道”，又含有“了解”之意。

（12a）与作者试图传达的最佳关联假设“再聪明的父亲也未必了解自己的孩子”相去甚远，这说明该学生译者理解原文话语时，在句法、语用、社会语言层面出现了认知接口被割裂的现象；另外，她还按照中国人的认知思维方式理解原文话语，因为在汉语认知语境中，人们常说：“知子莫若父。”我们引导（12b~12d）的三位学生译者进行逆向思维：不懂得自己儿子的父亲就是不明智（聪明）的？不清楚自己孩子脾气的父亲就不聪明？学生很快明白了自己阐释的暗含之意（或者言外之意）不符合正常的思维逻辑，这也说明他们的理解在句法和语用层面出现了认知接口被割裂的现象。（12e~12g）中，学生译者误把原文的句子结构认知处理为主句为主系表结构，内嵌了一个关系分句“…that knows his child”，这说明他们的理解在语法结构和句法关系层面出现了认知接口被割裂的现象。（12h）正确认知处理出与作者的交际意图相匹配的最佳关联，成功跨越在语法、句法和语用层面出现的认知障碍，对作者的交际意图做出了最佳顺应性选择，达成与作者之间的跨文化心理对话。

除了原文的强式暗含话语，作者有时还产出弱式暗含话语。原文话语的一系列弱式隐含性前提或隐含性结论会促使学生译者使用与其相关的语境假设集合中的某一个子集进行推理，并视之为作者大脑中的部分语境假设。在这种情况下，教师译者需要条分缕析地启发引导学生译者解读作者产出的弱式隐含话语，鼓励和支持学生充分发挥他们各自的主体性意识，认知处理作者试图传达的一系列充满变异性、协商性和顺应性的语境假设。对于处于不同认知语境中的学生译者而言，原文话语的暗含越弱，他们就越不容易确定和把握作者写作时其思维是如何运作的。即使身处相同的认知语境中，不同的学生译者对作者的弱式隐含的认知处理，由于其不同的语用交际翻译能力的介入，在其到大脑中也会呈现出不同的心理画面。对于他们心目中的意向译文读者而言，情况也是如此。译文话语的交际目的不是完全复制原作思想，而是提高交际者双方认知语境的互明度。

（13）打起黄莺儿，莫叫枝上啼，
啼时惊妾梦，不得到辽西。（金昌绪，《春怨》）

a. Drive the Orioles away,
All their music from the trees…
When she dreamed that she went to Liao-si
To join him there, they wakened her.
（Bynner 译，转引自吕叔湘 2002：282）

b. For their songs awake me
From dreaming of my dear
Far off on the frontier.（许渊冲 2006：135-136）

在翻译课堂教学的语篇释意交际过程中，我们启发引导学生译者把握这首诗的宏观语境：作者所处的唐朝（618~907 年），战火纷飞，诗人借用女性在闺房中对边关丈夫的期盼，表达她们对战争的厌恶和对和平的渴望。在这首诗歌里，作者把他的弱隐含“辽西”明示给读者，并相信他们会理解女主人公对在边关服役的丈夫的思念之情。于是，学生译者找到了与作者的交际意图相匹配的最佳关联，即“主人公害怕黄莺惊扰了她的美梦，因为梦中她正前往边关去看望丈夫”，并体味出了原文的宏观意境效果。

我们引导学生欣赏原诗的风格特征，除了使用汉诗的押韵方法，作者还使用了“倒叙”的手法，并相信译者能够正确认知处理原文的文体特征，该特征可以视为阐释作者意欲传达的语境假设的交际线索。诗的最后一行给出了答案，但还是留下了一连串的疑问：为什么闺房中的女人做梦要去辽西？那儿有她的亲戚吗？为什么她要离乡背井去那里呢？于是，一系列的弱式隐含性的前提或隐含性结论，促使学生译者像两位著名翻译家一样使用某些语境假设，并且它们同样存在于作者的大脑之中。学生译者对他们提供的这些语境假设是否会反映其思想并不太确信，那么，这些问题就会因此产生一系列弱式隐含，从而在学生译者的认知处理过程中产生意境效果。

6.2.4 作者的风格与学生译者的心理互动

作者的风格，是作者的创作个性与具体话语语境假设固化的相对稳定的整体话语特色，它是主体与对象、内容与形式的特定融合，是一个作者的创作趋于成熟、其作品达到较高艺术造诣的标志。作者的风格主要指作者自身和其作品的风格，既是作者独特的艺术创造力稳定的标志，又是其语言和文体成熟的体现。风格既涉及作者的创作个性和言语形式，也与时代、民族、地域文化有关系。认知处理作者的风格对于学生译者而言是一个很大的挑战，需要发挥其语用交际翻译能力，调动其所具有的语言知识、文化知识、原文背景信息等，也需要其审美素质的“介入”。教师译者需要指导学生译者从原文语言、原文题旨、时代背景等各个方面，来认知处理作者的语言风格或者写作风格。

从认知语用学的观点来看，作者会对作为潜在读者的学生译者的认知能力和认知资源做出预测，这会体现在他的交际方式中，尤其是反映在他选择哪些明示内容以及哪些暗含内容上。作者意欲传达最佳关联，与读者认知处理话语明示相比，他会把读者只需要付出较少认知推导努力就可以理解的信息使用暗含的语言手段予以表达。作者暗含的信息越多，说明他与读者之间共享语境假设的互明程度越高。作者需要选择某种语言形式来传达他的信息意图和交际意图，并且他选择的形式能够透视出他对读者认知资源和推导能力的预测情况。

呈现作者的风格的另一个维向是，他的风格对学生译者寻找关联过程制约、引导的程度存在差异。Gutt（1991/2000：134）认为，保留原文风格特征的重点不在于保留其内在价值，而在于这些特征提供了“交际线索”，比如原文话语中采用的对仗型句法结构、原文话语特色的语音结构、拟声词等，这些线索有助于引导学生译者阐释出作者试图传达的意向信息和原文宏观意境效果。

Sperber 和 Wilson（1986/1995：222）给意境效果的定义为：意境效果是指话语通过一系列的弱隐含获得最大程度的关联性而产生的特异效果。这种意境效果不会在当前认知语境中增加一个明晰性很强的新假设，而只会或多或少地增加许多弱式隐含的明晰度。换句话来说，意境效果产生的是一种主观审美效果。如果原文话语具有一定的意境效果，那么它能够达到的是情感上的共鸣。

把握意境效果，需要学生译者具有较强的语用交际翻译能力，更需要他们具有较高的审美素质和审美情趣。在翻译课堂教学的跨文化交际过程中，教师译者需要指导学生译者有意识地在寻找关联提取一系列弱式隐含的过程中把握和体会原文的意境效果。文体特征的差异在于译者寻找关联的方式不同。风格之所以不同，是因为它所依赖的原文话语产生的意境效果正如同它依赖的作者传达的暗含程度的大小，以及原文明示话语使用信息前景化、背景化的不同方式所引起的美感效果。一般来讲，潜在暗含的范围越广，学生译者在大脑中对其构建语境假设时付出的认知推导努力就越大，暗含产生的意境效果就越大，其传达的艺术效果也就越大。

由于学生译者的语用交际翻译能力有限，因此他们在认知处理原文话语所承载的作者的信息意图和交际意图时，经常会在词汇、句法、语法、语义、语用等方面出现认知接口的障碍。所以，教师译者需要不断地指导其如何跨越这些障碍，达成与原文作者和意向读者之间的跨文化交际。从整个语篇角度认知处理原文话语的风格特征时，由于学生不能很好地从认知层面多个角度进行综合解读，因此他们往往把握不好作者的语言风格以及原文话语篇章结构特征。在这种情况下，教师译者的职责就需要在学生难以完成与作者和译文读者成功跨文化交际的时候，适时地指导他们如何综合分析所涉及的认知层面，对原文的风格特征在其大脑中做出正确的加工处理，以便按照作者试图传达的语境假设和交际线索体味出原文宏观意境效果。这种体味过程具体如下：教师译者在学生译者对篇章产生不同理解时，不断地对其给予明确指导，把他们的大脑信息处理机制调适到作者写作时的一个具有变异性、协商性、顺应性的思维运作状态的动态心理过程。

我们认为，教师译者应该一方面指导学生译者认知处理作者的语言风格和写作风格，另一方面要提醒他们特别注意作者传达的“交际线索”，因为这些线索能很好地透视出作者独具一格的作品思想内容的表达方式，并可能在他们寻找关联的过程中产生共鸣互动的意境效果。所有这些为学生译者再现原文的交际风格提供了重要的参考信息，以便他们在译文认知语境中进行语言选择，以更好地传达作者的意图及其相应的原文宏观意境效果。另外，教师译者还要指导学生认知处理好原文话语的文本功能，并在译文话语中予以成功再现，以实现翻译项目发起人、委托人或者赞助人所预期的译文语用意境效果，顺利达成与意向读者的跨文化交际。

在翻译课堂教学中，教师译者指导学生译者成功认知处理原文宏观意境效果，对于他们在译文认知语境中在宏观层面进行译文选择，以传达作者的信息意图和交际意图，有着十分重要的观照作用。其原因是：对作者意图的传达和对原文话语整体文体风格的艺术再现，是产出高质量译文话语语篇不可分割的重要组成部分。所以，在翻译课堂教学的语篇释意交际过程中，教师译者要指导学生译者学会从不同的认知层面，对原文话语进行深入的语言分析、逻辑分析、艺术分析、主题分析、社会背景分析、交际线索分析等。只有这样，他们才能从整个原文语篇层面把握作者的语言风格和文体特征，进而体味出原文的宏观意境效果。这将会对翻译课堂教学的语篇产出交际过程中学生译者的语言选择起到宏观的观照作用。任何偏离于原文宏观意境效果的译文选择都可能会影响到作者信息意图和交际意图的充分传达，从而也会影响到译文读者的认知和谐，导致学生译者与原文作者和译文读者之间跨文化交际不能有效地实现。

（14）If the government can set aside some spot for an elk to be an elk without being bothered, or a fish to be a fish without getting hooked, or a buffalo to be a buffalo without being shot down, there ought to be some place in their American country where a Negro can be a Negro without being Jim Crow.（张经浩 1996：232）

a. 如果政府能够留出一些空间，让麋鹿能够不受打扰地做麋鹿，或者让鱼做一条不会被钓的鱼，或者让水牛可以免受射杀，那在美国应该有一些地方可以让黑人可以做不被蔑视的黑人。（ZJH027）

b. 假如政府能腾出一些空间给麋鹿，让它不被烦扰；给鱼，让它不被捕捞；给水牛，让它不被击倒；那在美国国土上也一定会有某些地方可以留给黑人，让他们不再是受人歧视的黑人。（HXX024）

c. 如果政府能够在不打扰麋鹿生活的情况下为其寻得栖息之地，或者在不把鱼钓出河流的情况下使鱼有其容身之所，或者在不必猎杀的前提下让蝴蝶有安置之处，那么在美国就应该存在着这么一个地方使黑人能够在不成为吉姆·克罗（贬抑黑人的称号和黑人遭受种族隔离的代名词）的前提下成为黑人。（HMQ043）

d. 既然政府可以为了让麋鹿免受骚扰，为了让鱼类不被捕获，为了让水牛不被猎杀而划出一些特定的区域来保护它们，那么也应该在美国这片土地上让出一个地方给黑人们。在那里，他们能活出自己而不受到歧视。（LDH044）

e. 既然政府可以为麋鹿辟一块土地让它们免于侵扰，为鱼类寻一泓清水使它们远离吊钩，或是为水牛筑一面围墙使它们摆脱火药的威胁，那么美国就应有一方土地让黑人不再生活在种族歧视之中。（YHY045）

f. **既然政府能划出块地方，让麋鹿过麋鹿的生活而不受人侵扰，让鱼儿过鱼儿的生活而不被人捕捞，让水牛过水牛的生活而不遭人射杀，那么，我们美国就应该有个地盘，让黑人过黑人的生活而不受歧视。**

（张经浩 译）

这个例子的宏观语境是美国 20 世纪六七十年代存在的歧视黑人、实施种族隔离政策的社会历史背景。在翻译课堂教学的语篇释意交际过程中，我们启发引导学生：作者产出弱式隐含话语“Jim Crow”，说明他能把学生译者的思维走向引到某一思维方向。这一弱式交际形式，能够使译者从原文话语的明示内容所体现的作者意图中，把他的思维收窄到某一信息点上，即作者强烈反对美国政府给予黑人不平等的社会地位，并对其肆意剥夺黑人权利的做法表示极大的愤慨。

在学生译者一方，有关“Jim Crow”的百科信息将激活他们大脑中的认知图式：“吉姆·克罗（Jim Crow）是美国剧作家 T. D. 赖斯（T. D. Rice）1828 年创作剧目中一个黑人角色的名字，后来逐渐变成贬抑黑人的称号和黑人遭受种族隔离的代名词。19 世纪 70 年代初到 1965 年，美国特别是南部诸州通过一系列法律，在公共场所对非洲裔美国人和其他有色人种施行种族隔离制，剥夺非洲裔美国人选举权等权利。这些法律被称为‘吉姆·克罗法’（Jim Crow Laws）。20 世纪 50 年代以后，美国通过一些禁止种族隔离和种族歧视的联邦立法，黑人在形式上获得选举权、被选举权和人身自由等权利。但仍有不少民权组织指责，种族歧视在美国根深蒂固，美国国内种族歧视现象迄今仍相当严重。”[①]对于原文话语，学生

① 吉姆·克罗法. http://news.sina.com.cn/w/2008-07-31/040414243701s.shtml[2015-01-12].

译者需要花费较大的推导努力，才能正确认知处理出与作者的交际意图相匹配的最佳关联，即作者强烈要求美国政府给予黑人应有的生存权利。这一最佳关联也是作者试图明晰给学生的交际意图。

在翻译课堂上，我们引导学生译者如何认知处理原文宏观意境效果，让其思考作者在这段话语中使用了哪些修辞手法，他们经过一定的推导努力很快说出答案：排比、重复、借代、省略。但他们漏掉了一个“对比”的修辞手法。这些修辞手法其实就是作者提供给读者的交际线索。然后，我们询问学生译者是否体味出作者使用这些交际线索试图达到的原文宏观意境效果。他们付出了比较多的认知推导努力后说出：作者是在表达对美国政府的不满，以及对黑人处于社会底层饱受歧视的状况充满同情等。我们进一步启发学生应该从这些修辞手法的艺术效果上，体味出作者滔滔不绝地质疑和谴责美国政府歧视黑人的排山倒海的气势，尤其是在字里行间流露出的对美国政府对待动物的态度和对待黑人的态度的强烈对比效果，更加增加了作者演说时的磅礴气势以及严密的逻辑思维的强大力量，达到使美国政府理屈词穷、无言辩解、无言以对的原文宏观意境效果，这也是作者试图通过传达最佳关联意欲达到的意境效果。

在翻译课堂教学的语篇产出交际过程中，我们指导学生译者要努力传达出原文话语的全部修辞格（交际线索），以及原文简洁凝练、语言铿锵、掷地有声、逻辑思维严密的风格特征。（14a）和（14b）都使用直接翻译策略，传译出几乎所有的修辞格，但把话语标记语 if 译为“如果（假如）……那……”，降低了演讲人使用严密的“前提—推论”思维逻辑所产生的谴责美国政府歧视黑人的行为，以理服人、掷地有声的原文宏观意境效果。另外，（14a）的译文话语行文很不流畅，不是地道的中文，很难传达出原文话语的意境效果；（14b）的汉语表达比较好地注意了原文的排比修辞格，语言表达简洁有力。

（14c）的译文话语显示该学生译者对作者的意图做出最大顺应性选择，但有不少误读的地方，说明她在寻找关联的过程中，没有循着作者的认知思维方式，因而导致其思维没有良好运作；最后一句对译文做出最佳顺应性选择，但译文句子过长，读起来很绕口、啰嗦，不能很好地传达原文宏观意境效果。（14d）没有很好地处理原文几个并列递进句子的关系，没有理清原文在语法、句法层面的逻辑关系，出现了认知接口被割裂的现象。不过，值得肯定的是：该学生使用“既然……那么……”这一汉语话语标记，比较有力地传达出作者“前提—推论”的思维逻辑。（14e）是学生译者较为成功的译文话语，但仍有不足的地方，例如，应该再现出原文话语中被省略的重复修辞格，以增强论辩的语言表达力度和感染力。

（14f）顺应汉语的语言语境和社会文化语境，语言简洁、行文流畅地传达出演讲人使用的所有修辞格，对最后一句的原文文化意象“Jim Crow”采用间接翻译策略，虽然牺牲了其信息意图，但传达出其交际意图，从某种程度上来说，虽然降低了译文读者的认知推导努力，但是加强了汉语语言演讲气势的节奏感和力度感。尤其是译者使用“既然……那么……”这一话语标记语，传达出作者思维逻辑严密的原文宏观意境效果。该译文成功地跨越在语法、句法、语用层面的认知接口障碍，达成学生译者与作者之间的跨文化交际。我们认为，有必要采用加脚注的翻译技巧处理“Jim Crow”这一文化意象，对其文化内涵“贬抑黑人的称号和黑人遭受种族隔离的代名词”做出必要的补充说明，以满足汉语读者的审美期待和接受能力。

6.2.5　作者的程序性意义与学生译者的心理互动

在前面四节（6.2.1~6.2.4 小节）里，我们主要讨论了教师译者指导下的学生译者对作者的概念性意义的认知处理过程。下面，我们来探讨学生译者如何对作者的程序性意义做出阐释。原文作者在原文语篇中使用话语标记语这种显性语言表达手段，来标示原文话语句与句之间或者段落与段落之间明晰的逻辑关系，这会对学生译者的认知推理过程起到一定的制约作用。比如，原文话语中使用 because，学生译者就很容易沿着作者的思维路向，不用花费推导努力，就能理解出前后因果关系的最佳关联；原文话语使用 but 或者 however，学生译者也不难理解前后句之间转折、对比的语义关系等。所以，话语标记语在某种程度上不仅减少学生译者认知处理原文话语逻辑关系时需要付出的推导努力，而且也增大作者使用话语标记语所产生的语境效果。

话语标记语具有的核心意义是程序性的，而不是概念性的。学生译者需要在教师译者的指导下，有意识地在原文话语的概念性语境和宏观语境的协商中，认知处理其所表示的逻辑意义。在作者一方，他以明晰的方式，使用话语标记语，来制约作为他的潜在读者的学生译者如何正确认知处理他的原文话语。也就是说，“话语标记语的核心意义应该是，它有助于原文话语的语义表征，而语义表征将会从语境的角度对话语做出阐释”（Redeker 1991：1164）。

话语标记语除了具有编码程序性意义的功能外，还可以用来标示话语之间的逻辑关系，在引导学生译者如何阐释话语的连贯性方面，话语标记语会起到较为明确的引导作用。而且，在学生认知处理原文语篇的某一个特定话语时，在其相邻的话语与交际情景之间的连贯性方面，话语标记语有助于这一阐释过程的有效展开。

在认知处理作者的话语时，教师译者需要指导学生译者做出一系列的语境假设，顺着话语标记所显示的逻辑思维路向，去寻找与作者试图传达的语境效果相匹配的最佳关联。这样，他们就无须花费不必要的推导努力来获得作者的意图，然后就可以抓住原文话语成分之间的逻辑关系。再者，这些逻辑线索对学生译者构建原文话语的宏观语境起着很重要的作用。因而，学生译者对原文不合理的阐释就会降低到最低程度，与作者之间的跨文化交际就更容易成功实现。

我们再来看（14）。在翻译课堂教学的语篇产出交际过程中，我们需要启发和引导学生如何利用汉语话语标记语传达作者在演讲过程中逻辑思维严密的“前提—推论”语用技巧。在汉语语言中，“既然”用来“表示推断因果关系，用在复句的前一分句，引出推论所依据的前提或理由，而且这个理由对听说双方来说都是已知事实。后一分句说出推论的结果。在后一分句的主语前，多用关联副词‘就’、‘便’、‘也’等，也可以用连词‘那么’”（刘月华等 2001：337-338）。

（14a~14c）使用直接翻译策略，把话语标记语 if 译为“如果（假如）……那（么）……”，降低了作者使用严密的“前提—推论”思维逻辑所产生的谴责美国政府歧视黑人，以理服人、掷地有声的原文宏观意境效果。因为他们这样使用话语标记语只是翻译出了原文话语中的条件句式，没有正确认知处理字里行间隐含的语用前提。（14d~14e）比较有力地传达出作者“前提—推论”的思维逻辑。（14f）使用了“既然……那么……”这一话语标记语，传达出了演讲人思维逻辑严密的原文宏观意境效果。

言语交际涉及为推理提供原料的自然编码过程，从该观点可以看出：自然语言可能不仅仅编码概念性内容，而且为推理加工概念性内容进行指令编码。语言交际的推理性质也说明语言表达可能会服务于其他目的，而不是服务于从语言角度编码的意义（Blakemore 1987，2002）。词汇语用学方面的研究揭示了编码概念性意义的词汇便属于此类情况。编码程序性意义的词汇项目（lexical items），如时、体、情态（modality）和言据性（evidentiality）等标记语也是一样的情况，它们长篇累牍般地被用来获得不同的认知效果；名词短语形态学（noun phrase morphology）可以作为辅助效果（side effects）诱发推理过程（Blakemore 1987，2002）。

从概念性编码与程序性编码之间的差异是人类交际的“明示—推论”模式的基

本区别这一理论假设出发，Unger（2011）提出研究“明示—推论”关系的一个新的维向：非语言编码的语言标识（non-linguistically-encoded linguistic indications），即使用语言表达获得对不同于其编码的概念意义的阐释（interpretation）的认知效果（Escandell-Vidal et al. 2011：xxx-xxxi）。

在目前中国高校交际英语教学法盛行的年代，“淡化语法”似乎成了一个所谓的“时尚”，结果导致了大学生，无论是英语专业还是非英语专业的学生，在英文写作中的语法错误比比皆是，英语口语的状况则更加糟糕。英语交际教学法产生的这一负面效果，越来越引起外语界专家学者的普遍忧虑。有专家学者提出在英语学习方面还应该培养学生的“听、说、读、写、译”之外的第六种能力，即“语法能力”（grammaring），但这个术语很难用一个汉语词语来译。

在时、体、情态和言据性等标记语的认知处理方面，学生译者应注意英汉两种语言存在着明显的差异：英语借助谓语动词不同的显性语言形式，表示一个动作发生的时间和所处的状态；汉语谓语动词没有屈折性词素的变化形式，要和时间状语或者时间副词一起来表示动作发生的时间和所处的状态。对于教师译者而言，在翻译课堂教学的语篇释意交际过程中，要注意指导学生，从英语语法的角度深入理解英语长句，把作者表达的思想主次关系梳理清楚，比如英语的时、体形式，如何在没有明显时间状语的情况下，确定不同谓语动词发生的先后顺序；要帮助学生译者成功跨越在阐释原文话语过程中在语法、语用等认知接口方面出现的障碍，以便他们能够正确认知处理与作者的交际意图相匹配的最佳关联。

（15）It was on one of these occasions that I met the Cartwrights. I was staying with a man named Gaze who was head of the police and he came into the billiard-room, where I was sitting, and asked me if I would make up a four at a bridge-table. （张新红，李明 2003：33）

a. 我就是在其中一个情景遇到过 Cartwrights。我和一个叫 Gaze 的警察头待在一起，他走进我坐的那间台球室，问我能否在连起的桌上一杆进四球。 （OCJ046）

b. 我就是在这样的情况下和卡特赖特一家见面的。我一直跟一个叫盖兹的男人住在一起，他是警察们的头儿。他走进我坐着的台球室，问我是否愿意组四人一队玩桥牌。 （YXX047）

c. 正是在类似这样的场合中我遇到了卡特赖特一家。那时我和一个叫 Gaze 的男人待在一起，他是警长。他走进我坐的那间台球房，问我是否愿意凑上四缺一的那一份一起打桥牌。（WYC048）

d. **就是在一次这样的场合，我遇到了卡特赖特一家。当时我住在警察局长盖兹家里。那天我在台球室里坐着，盖兹进来问我想不想打桥牌，他们三缺一。（古今明 译）**

在翻译课堂教学的语篇释意交际过程中，我们指导学生译者：在没有明显时间状语的情况下如何判断多个谓语动词发生的时间先后顺序。首先他们要确定原文话语的基点时态，然后再对比其他动词时态与基点时态发生的时间先后情况。于是，他们很快确定了原文话语中谓语动词的基点时态是一般过去式（was、met、came），其他谓语动词是与基点时态相参照同时且正在进行（was staying、was sitting）或者即将发生的动作（would make）。即使英语语言没有明确的时间状语，单靠谓语动词的屈折形式也可以表示出动作发生的时间先后顺序（这也是一种显性的线性关系）。

在翻译课堂教学的语篇产出交际过程中，我们指导学生译者产出汉语译文话语时，要考虑“语法增词”的翻译技巧，来处理汉语需要时间状语的语言差异，具体地讲就是增加汉语语法无法表达的时态虚词（如“正、在、着、了、过”）或时间短语（如“过去、现在、将来、那天、当时、到目前、一直”）等。（15a~15b）对作者的意图做出了最大顺应性选择，但这两位学生阐释作者意图的过程显得有些凌乱，没有依据谓语动词的屈折形式理清原文动词发生的时间先后顺序，致使他们的译文语言选择在线性排列方面读起来颇不舒畅。这也说明两位学生译者在理解原文时，在语法、句法和语用层面出现了认知接口被割裂的现象。（15c）使用了“那时”，说明该学生译者在认知处理原文谓语动词表达的时间顺序方面的思维稍微清晰一些。（15d）很好地认知处理了原文话语谓语动词表示动作的先后时间关系，有意识地使用时间副词“了、当时、那天、着”等，以及考虑了 would 有表示“意愿”的情态用法，清楚地表达了时间上的线性关系，跨越了在语法、句法、语用层面的认知障碍，使汉语读者明白事件发展的脉络关系，达成与原文作者和译文读者之间的跨文化交际。

6.2.6 最佳关联及原文宏观意境效果：学生译者认知处理作者意图的目标

在翻译课堂教学中，要达到教师指导下的学生译者、原文作者、译文读者之间成功的跨文化交际，学生译者需要在主要交际情境（primary communication situation）下，结合作者产出的原文话语及其试图传达的语境假设，寻找出与作者的交际意图相匹配的最佳关联，体味出原文宏观意境效果。但是他们在次要交际情景（secondary communication situation）下，在阐释原文话语的过程时，由于自身的语用交际翻译能力有限——阐释原文话语和产出译文话语的语言内、语言外能力有所欠缺；在对原文话语进行语法、句法、语义、语用、心理语言及社会语言进行分析时，存在着认知接口被割裂的现象——他们往往没有依赖作者试图传达的语境假设去认知处理作者的信息意图和交际意图。在这种情况下，他们就可能会误读作者试图传达的语用意义。

我们认为，产生这种误读的语用机理在于：在与作者的心理互动过程中，学生译者常常会循着自己的认知思维方式，自动地寻找最大关联，这会影响到学生译者的翻译认知行为，因而他们会对作者的信息意图做出不同的最大顺应性选择。

笔者认为，在认知处理作者话语的过程中，依赖原文话语的词汇信息、逻辑信息、百科信息得到的最大关联，学生译者对原文可能会有不同的阐释，这是由于他们在认知接口存在障碍的情况下，对作者的信息意图做出了不同的最大顺应性选择，这样有时会导致学生译者与原文作者之间的跨文化交际失败。其理由是，学生译者没有根据作者试图传达的语境假设去认知处理作者的意图。这是他们在次要交际情景下，对原文话语做出不正确阐释的深层次心理动因。

在翻译课堂教学中，教师译者要指导学生译者在对作者的信息意图做出最大顺应性选择的基础上，不断地跨越认知接口障碍，在主要交际情景下，根据作者试图传达的语境假设，找到与作者的交际意图相匹配的最佳关联，体味出原文语境效果。只有这样，他们才能对作者的意图做出最佳顺应性选择，才能较好地进行译文语言选择，有意识地确保译文读者的认知和谐，也才能使他们与其意向读者之间的跨文化交际得以顺利实现。

教师译者还需要指导学生译者在找到最佳关联的基础上，进一步把握原文话语中的交际线索，鉴赏原文语言、文体、写作手法等风格特征，体味出原文宏观意境效果。这是学生译者再现原文话语风格特征的前提条件。这一意境效果将会对他们的译文语言选择起到宏观层面的观照作用：它像一条红线观照着译文话语的语言风格特征，任何与该意境效果不和谐的语言选择都会影响到对原文话语文体格和写作风格的传达。

（16）我们相信，经过有关方面的共同努力，博鳌亚洲论坛一定能够办成以企业为主体、以务实合作为核心、以共同发展为目标的区域合作与对话的重要平台。（吴邦国 2007）①

a. We believe that Boao Forum for Asia Annual Conference surely can be formed as the important platform of regional cooperation and dialogue by taking business enterprise as the corpus, practical cooperation as the core and common development as the objective. （HWX005）

b. We believe, that under the joint effort of parties concerned, BFA must be able to become an important platform which is enterprise-oriented, practical-corporation-focused and joint-development-targeted on territorial corporation and conversation. （BHL002）

c. We believe that Boao Forum for Asia must become an important platform, which takes coperations as the body, pragmatic cooperation as the core, and co-development as the goal, for region cooperation and dialog. （CJJ011）

d. We believe that through the mutual efforts of the relevant aspects, Boao Forum for Asia must be able to become an important platform for regional cooperation and interlocution with the business community as the main body, practical cooperation as the core and mutual development as the goal. （ZJH027）

e. We are confident that through our concerted efforts, the Boao Forum will grow into an important regional platform of dialogue for promoting business cooperation and common development in Asia.②

在翻译课堂教学的语篇释意交际过程中，对于“相信”一词的理解，学生译者在做出语境假设寻找关联时，几乎不用付出推导努力，就能找到与作者的信息意图相匹配的最大关联，因而做出相同的最大顺应性选择。在翻译课堂教学的语

① 吴邦国：开创亚洲和平合作和谐新局面——在博鳌亚洲论坛 2007 年年会开幕式上的主旨演讲. https://www.fmprc.gov.cn/ce/cein/chn/zgbd/t313046.htm [2020-02-03].

② Wu Bangguo. 2007. Advance Peace, Cooperation and Harmany in Asia—Keynote Speech at the Opening Ceremony of the Annual Conference 2007 of the Boao Forum for Asia. http://www.docin.com/p-305182052.html[2015-02-13].

篇产出交际过程中，在该最大关联的引导下，他们对译文语言做出了同样的最大顺应性选择 believe（笔者所教的 7 个教学班的 215 名学生全部这样翻译）。这说明学生译者的思维运作是按照自己的认知思维方式进行的，即根据在其大脑中提取的该词的汉语释义“相信”来理解演讲人的信息意图，但该词不能够传达出与演讲人的交际意图相匹配的最佳关联。

我们在翻译课堂教学上指导学生：对于汉译英，一定要根据权威词典的英文释义进行译文语言选择。在该例子中，believe 的意思为“to feel certain that sth is true or that sb is telling you the truth”（Hornby 2009：166）。把这个英文解释放在“吴邦国作为中国领导人意在展示我国政府对举办具有国际意义的经济论坛有充分的自信”这样的宏观语境中，显然是不符合逻辑的。这说明学生译者在认知处理演讲人的交际意图时，其大脑信息处理机制没有进行良好的运作，在阐释作者意图的过程中，出现了在词汇层面和语用层面上认知接口被割裂的现象。在我们的启发指导下，不少学生很快就抓住了与演讲人的交际意图相匹配的最佳关联，并对其做出了最佳顺应性选择，即“我们（中国政府）很自信……”。在该最佳关联的引导下，他们在译文话语构建成分的词汇层面做出了最佳顺应性的译文语言选择“be confident”，跨越了在词汇层面和语用层面出现的认知接口障碍，很好地传达了演讲人的交际意图，传达出中国政府对举办博鳌亚洲论坛具有充分的自信和很强的能力的原文宏观意境效果，从而满足了译文读者的认知和谐。

对于原文话语中“以企业为主体、以务实合作为核心、以共同发展为目标”的认知处理，学生译者不用花费太多的推导努力，就可以抓住作者的信息意图并做出了最大顺应性选择，但他们并没有真正体味出与演讲者的交际意图相匹配的最佳关联，即“中国政府有信心把博鳌亚洲论坛办成促进亚洲经济合作共同发展的一个对话平台”。在翻译课堂教学的语篇产出交际过程中，他们采用了直接语用翻译策略传达出演讲者的信息意图，产出的译文话语在语法结构上显示出变异性，（16a）使用“by＋现在分词”的介词短语结构，把原文的定语转换成方式状语，显示其译文话语在语法和语用方面出现了认知接口被割裂的现象；（16b~16c）采用了关系分句形式，几乎是字对字地传达作者的信息意图；（16d）使用“for...”介词短语作定语，但其译文选择存在着语法、句法和语用认知接口被割裂的现象。（16e）中的“for promoting business cooperation and common development in Asia”显示译者在最佳关联的引导下，采用的间接（隐化）语用翻译策略，成功跨越译文选择时在语法、句法、语义、语用方面的认知接口障碍，使英美读者体味出中国政府举办博鳌亚洲论坛的宗旨所传达的原文宏观意境效果，从而确保译文读者的认知和谐，达成与英美读者的跨文化交际。

6.3 本章小结

在本章中，我们探讨了翻译课堂教学的语篇释意交际过程中的动态性，也就是说，在教师译者的指导下，学生译者正确认知处理与作者的交际意图相匹配的最佳关联和原文宏观意境效果时，其大脑信息处理机制是如何运作的。我们比较详细地讨论了学生译者如何认知处理作者的明说、强式交际和弱式交际、明示和暗含、文体特征和程序性意义，以达成与作者的跨文化交际。然后，我们为学生译者正确认知处理作者的意图确定目标：找到与作者的交际意图相匹配的最佳关联，以及体味出原文宏观意境效果。我们还进一步探讨了在翻译课堂互动教学中，教师译者指导下的学生译者对作者的意图做出最大顺应性选择和最佳顺应性选择是如何互动运行的。

经过演绎论证结合译例分析，我们得出以下结论。

1）在阐释作者的意图时，对于同一原文话语，学生译者，甚至是同一学生译者，之所以对作者的意图做出具有变异性的最大顺应性选择，原因在于：一方面，原文语言的变异性、协商性和顺应性特征为学生的认知处理过程提供了较大的自由空间；另一方面，学生由于受其语用交际翻译能力的限制，常常在词汇、语法、句法、语义、语用等不同层面出现认知接口被割裂的现象。

2）在理解原文话语的过程中，学生译者对作者的意图做出最大顺应性选择和最佳顺应性选择背后的心理动机是：他们意欲正确阐释与作者的交际意图相匹配的最佳关联和把握原文的宏观意境效果，这是学生认为一个优秀译者应当正确充分阐释作者的意图的心理所带来的必然结果，也是其产出译文话语之前，期望他们的译文语言选择得到目的语读者的认可与接受，使其利益最大化的愿望使然。但在具体的翻译实践中，在理解原文话语的过程中，学生译者对作者的意图做出最大顺应性选择的心理原因在于：他们在自己的大脑中顺着自身的认知思维方式，做出了不合适的语境假设。学生译者对作者的意图做出最佳顺应性选择的心理原因在于：学生在其大脑中，循着作者的认知思维方式，做出了合适的语境假设，从而对作者的意图做出最佳顺应性选择。

3）学生译者应该在教师译者启发引导的互动过程中，依托原文话语的词汇信息、逻辑信息、百科信息，做出语境假设，寻找关联，循着原文作者的认知思维方式，与其进行协商性、顺应性的对话，跨越理解时存在的词汇、语法、句法、语义、语用等方面的认知接口障碍，找到与作者的交际意图相匹配的最佳关联和体味出原文宏观意境效果。这是翻译课堂教学的语篇释意交际过程要达到的认知目标，为翻译课堂教学的语篇产出交际过程中的译文语言选择打下一个良好的认知基础。

在下一章，我们将探讨在找到与作者的交际意图相匹配的最佳关联，以及体味出原文宏观意境效果之后，教师译者指导下的学生译者出于不同的心理动机，使其译文选择顺应于译文读者时，其大脑信息处理机制是如何运作的。

第7章 翻译课堂教学的语篇产出交际过程

7.1 本章简介

在第 2 章，我们指出：国内外学者很少探讨翻译课堂上教师译者如何指导学生译者把其思维状态逐步调整到良好状态，不断地跨越在词汇、语法、句法、语义、语用等认知接口方面的障碍，与原文作者和译文读者达成跨文化交际。在第 4 章，我们探讨了学生译者在翻译课堂教学的语篇释意交际过程中和语篇产出交际过程中，其大脑信息处理机制是如何运作的，涉及他们思维运作动态性的共性方面的问题，具体地讲，就是他们是如何认知处理与作者的交际意图相匹配的最佳关联和体味出原文宏观意境效果，以及在最佳关联的引导下，在译文认知语境中进行语言选择时，是如何传达作者的信息意图和交际意图，并跨越认知接口障碍，以完成跨文化交际的。

在第 5 章，我们探讨了在翻译课堂教学的语篇释意交际过程中，学生译者在阐释作者的信息意图和交际意图时涉及的方方面面的问题，剖析教师译者如何指导学生译者不断地调整其思维运作以达到良好状态，并在启发引导他们的互动过程中，使其与作者进行协商性、顺应性的跨文化心理对话，跨越理解原文话语时存在的认知接口障碍，找到与作者的交际意图相匹配的最佳关联和体味出原文宏观意境效果等。

在此，我们需要强调的是：在翻译课堂教学的语篇释意交际过程中，在教师译者的指导下，学生译者应该正确认知处理出与作者的交际意图相匹配的最佳关联和体味出原文的宏观意境效果。这是在翻译课堂教学的语篇产出交际过程中，他们从不同的心理方面使其语言选择顺应译文读者，达成跨文化交际的语用前提条件。

在本章，我们将要探讨：在教师译者的指导下，学生译者如何在译文认知语境中进行语言选择。我们将集中讨论以下三个方面。

1）学生译者找到与作者的信息意图相匹配的最大关联，选择译文话语时，对其做出的最大顺应性选择为什么会出现诸多的变异性？在这种情况下，他们在词汇、语法、句法、语义、语用等哪个认知接口层面出现了障碍？他们对译文话语进行最大顺应性选择背后的心理动机是什么？

2）学生译者正确认知处理出与作者的交际意图相匹配的最佳关联和体味出原文宏观意境效果，并对其意图做出最佳顺应性选择之后，他们的译文话语为什么依然呈现出变异性？这种变异性背后的心理动机是什么？

3）教师译者应该如何指导学生译者按照译文读者的认知思维方式，不断地跨越认知接口障碍，达成与原文作者和译文读者之间的跨文化交际？

7.2　学生译者译文选择：跨越认知接口障碍的动态顺应过程

我们认为，在找到最佳关联和体味出原文宏观意境效果之后，学生译者将会在教师译者的指导下，以最佳关联为引导，以在其大脑中构建的原文宏观语境、原文宏观意境效果为观照，有意识地在译文话语构建成分的不同层面进行语言选择，不断地跨越认知接口障碍，顺应译文读者的认知和谐，传达作者的信息意图和交际意图。他们需要按照译文读者的认知思维方式，在做出译文语言选择的过程中，考虑译文语言内部（结构）因素，或者译文语言外部因素（Verschueren 1999：55-56），与原文作者和译文读者之间进行不断的协商。这种选择发生在译文话语构建成分的不同层面，学生需要不断地克服在词汇、语法、句法、语义、语用等认知接口方面存在的障碍，做出最佳顺应性译文语言选择，以完成与译文读者之间的跨文化交际。

在翻译课堂的互动教学中，原文语言和译文语言本身所具有的变异性、协商性、顺应性特征是学生译者做出译文选择，从不同的心理方面顺应译文读者的语言内部的认知基础。不同学生译者自身所具有的语用交际翻译能力将影响和制约着课堂上充满变异性、协商性、顺应性的教学气氛与教学活动，这是翻译教学互动过程的驱动性力量。教师译者作为指导者、咨询者、促进者，在教学大纲、教学计划、教学目标、教学重点的观照下，适时主动“介入”，指导和参与学生译者的译文话语产出过程，引导他们把思维逐步调整至良好的运作状态，使他们不断跨越认知接口障碍，达成与原文作者和译文读者之间的跨文化交际。其中教师译者的切身翻译实践经验起着明确的引导示范作用。潜在的译文话语接受者的审美期待和接受能力、翻译项目的发起人或者赞助人所预期的译文话语的语用意境效果，将制约教师译者如何调动现有的教学资源，灵活采用不同的教学方法，指导学生译者做出最佳顺应性译文语言选择，以确保译文读者的认知和谐的动态过程。学生译者充分正确地传达作者的信息意图和交际意图及原文宏观意境效果，是教师译者的翻译教学目标在学生译者身上转化为高水平翻译技能的核心环节和最终归宿。

在充满变异性、协商性、顺应性的翻译课堂教学中，学生译者的语言选择将涉及译文话语产出的以下方面：①他们会在译文语言结构的语音、词汇、短语、分句、句子、超语句等层面同时或者几乎同时做出合适的选择。②学生译者不仅选择译文的语言形式，而且还要选择合适的语用翻译策略。③这些选择过程是在教师译者的指导下有意识地进行的，由于他们需要不断地调整自己的思维状态，因而他们的译文语言选择和翻译策略就会呈现出不同的语用意识程度。④学生译者理解和表达作者意图的过程常常相互依赖、交错进行，很难在二者之间有一个明显的界限。所以，译文语言选择既发生在其对原文话语的阐释过程中，也发生在译文话语的产出过程中。在这两个过程中的最佳顺应性选择，对于作者交际意图的成功阐释、学生译者的译文选择和跨文化交际的顺利进行，都是同等重要的。⑤课堂翻译教学过程一旦开始，无论学生译者进行的语言选择是否能够满足交际的需要，他们都必须做出选择。⑥由于中西认知语境中不同的文化差异，译文选择通常不会是完全等效的。学生译者需要按照教师译者课堂上的具体指导，不断地纠正和调整自己的思维路向，把自己的大脑信息处理机制调试到良好运作状态，以很好地配合教师译者，从而使自己成功跨越认知接口上的障碍，达成与原文作者和译文读者之间的跨文化交际。

翻译课堂教学的语篇产出交际过程，是教师译者指导学生译者，在最佳关联的引导下，以及在原文宏观意境效果的观照下，在译文认知语境话语构建成分的不同层面，不断地跨越译文话语在词汇、语法、句法、语义、语用等方面的认知障碍，进行译文语言选择，满足译文读者认知和谐的动态顺应交际过程。由于学生译者不同的语用交际翻译能力方面的差异，他们产出的译文话语会呈现出变异性的特点。他们做出译文语言选择时，需要在译文认知语境中的社会文化语境、语言语境与译文语言结构成分之间不断地进行相互的动态顺应，以协商的方式做出最佳顺应性的译文语言选择，传达出作者的交际意图和原文宏观意境效果。这个过程也是学生译者不断地进行具有变异性、协商性、顺应性的译文语言选择，以确保译文读者认知和谐的动态心理过程。传达作者的意图或者对其信息意图进行操纵，都必须以确保译文读者的认知和谐为前提。同时，学生译者会从不同的心理角度顺应译文读者，即他们会考虑译文认知语境中的社会文化语境、语言语境、译者的心理动机、译文读者的审美期待和接受能力、原文宏观意境效果、翻译项目发起人或者赞助人所预期的译文语用意境效果等。只有这样，他们才能对译文语言做出最佳顺应性选择，传达出原文作者试图传达的意图和意境效果；教师译者指导下的学生译者、原文作者、译文读者之间的跨文化交际也才能够顺利实现。

7.2.1　译文语境关系驱动与学生译者的语言选择

在翻译课堂教学的跨文化交际过程中，在教师译者的指导下，学生译者对作者的信息意图和交际意图及其相应的译文语言选择，要么做出最大顺应性选择，要么做出最佳顺应性选择，皆因原文语言和译文语言都具有“顺应性”特征，所以，“顺应性”这个概念可以用来解释学生译者在译文选择过程中的翻译行为。教师译者不断地启发和引导学生译者调整思维运作状态，跨越认知接口障碍，最终做出的译文语言选择到底与什么相互顺应？他们如何考虑译文语境关系，并对译文语言做出最佳顺应性选择，来传达作者的信息意图和交际意图？换言之，促使教师译者指导下的学生译者做出的译文语言选择和语用翻译策略选择及（或者）影响这些选择的语境关系是什么？翻译课堂教学译文语境关系，指的是译文认知语境中的社会文化语境、语言语境、译者的心理动机、译文读者的审美期待和接受能力、原文宏观意境效果、翻译项目发起人或者赞助人所预期的译文语用意境效果等。译文语境关系的顺应，指的是学生译者在产出译文话语的过程中，其大脑信息处理机制对这些语用因素进行很好的认知处理，以便对译文语言做出最佳顺应性选择，从而确保译文读者的认知和谐，达成与原文作者和译文读者之间的跨文化交际。

翻译课堂教学的语篇产出交际过程的语境是：在教师译者的指导下，学生译者在传达作者的信息意图和交际意图时，在译文认知语境中，使其思维运作在译文语境关系和译文语言结构关系之间不断进行调整，对目的语言做出最佳顺应性选择。学生译者的选择由与作者的交际意图相匹配的最佳关联来引导，以原文宏观意境效果为观照，同时，学生要考虑原文的宏观语境。语境关系中的所有成分，是在学生译者与原文作者和译文读者之间的跨文化交际过程中，被其大脑的认知处理活动所激活的。这些语境成分也是学生译者在教师译者的指导下，不断跨越认知接口障碍，在对译文语言做出最大顺应性选择的基础上，继续与译文读者进行协商，进而对其做出最佳顺应性选择，以确保译文读者的认知和谐为前提的教学互动过程中，被其大脑的认知处理活动所激活的。

7.2.1.1 译文社会文化语境驱动与学生译者的语言选择

在这一小节，我们将探讨：译文认知语境中的社会文化语境如何制约学生译者的语言选择。社会文化语境可以视为透视具有某一认知语境特色的社会规约和文化遗产的语用参数，诸如历史文化背景、风俗习惯、宗教信仰、审美观念、意识形态等制约因素。当今，中西方跨文化交流不断加快，不断深入。在不同的思想观念的碰撞磨合中，跨文化差异会逐渐缩小。在数字化时代、大数据时代，虽然不同文化之间会不可避免地出现排斥，发生碰撞，甚至产生冲突，但不同文化逐步趋同是社会历史发展的必然趋势。即便如此，这些社会文化制约因素还是会给学生译者的译文语言选择带来很大的挑战，也会对学生译者的语言选择起着直接甚至决定性的作用。

下面，我们来详细探讨这些语用制约因素如何影响和制约学生译者的译文选择。

独特的历史文化常常具有一定的民族特色，经过千百年的历史积淀，固化为一个民族特有的历史符号，体现在丰富的历史典故、固定成语、民俗谚语等语言形式中。它们的翻译常常受到译文语言内部因素的制约（比如在译文认知语境中没有对等语），同时也受到译文语言外部因素的制约，这些因素包括社会文化语境、译者的心理动机、译文读者的审美期待和接受能力、原文宏观意境效果、翻译项目发起人或者赞助人所预期的译文语用意境效果等。学生译者必须调动其现有的（或者潜在的）认知资源，首先要理解这些历史典故的明示信息和文化蕴含，然后要认真考虑原文认知语境与译文认知语境之间的跨文化差异，考虑自己翻译时的心理动机，最后选择合适的语用翻译策略予以传达。

我们回头看（1）（5.5.2 小节）。在翻译课堂教学的语篇释意交际过程中，学生译者在做出语境假设，寻找关联时，需要花费较多的推导努力，认知处理出与作者的交际意图相匹配的最佳关联，因为“to cure the king’s evil by his touch”这一独特文化意象所承载的百科信息很难激活他们大脑中的认知图式：这是指中世纪英国的一种风俗，那时，英国人相信瘰疬（即现代医学中的淋巴结结核病）这种病只要经国王的手一触摸就能立马治愈，“king’s evil”是瘰疬的雅称。在阐释作者的信息意图和交际意图时，由于学生译者对该不定式分句在语法、句法、语用等认知接口方面的理解存在着被割裂的障碍，因此做出了具有变异性的不合适语境假设：（1a~1e）认为国王有瘰疬或者罪恶感。（1f）出现不同的理解：美国佬消除了国王心中的疑虑。很显然，这些语境假设是学生译者循着自己的认知思维方式做出的，是他们依据原文话语的词汇信息、逻辑信息，认知处理作者的意图时，找到的不同的最大关联，这说明他们对作者的信息意图做出了最大顺应性选择。

在翻译课堂教学的语篇产出交际过程中，在这些不同的最大关联的引导下，学生译者在译文话语构建成分的句法层面做出语言选择时，自然也会出现对译文语言进行不同的最大顺应性选择。在课堂教学中，我们给学生译者讲解了有关“to cure the king’s evil by his touch”的文化典故，他们顿时发现自己做出了不合适的语境假设。我们进一步要求学生依据该典故所承载的百科信息，继续与原文作者进行心理对话，他们因此协商性地选择出了语境假设（1g）。我们适时指出虽然他们做出了合适的语境假设，其思维运作处于良好状态，但他们在译文选择的过程中，又出现了在语法、句法和语用认知接口方面被割裂的现象，因为译文话语“用触诊给国王治病事宜”，承接上文，省略了主语“国王”，一旦补充出来，又出现了逻辑矛盾：（国王）“用触诊给国王治病事宜”。我们为学生译者进一步分析了原文话语的语法和句法关系：由 and 连接的两个不定式分句“to confer about army appointments”与“to cure the king’s evil by his touch”，是国王会见杨基佬的两个目的，并指出：其译文话语中的逻辑矛盾，是由于没有理清原文的语法和句法结构。至此，学生终于明白过来，并正确认知处理出与作者的交际意图相匹配的最佳关联，对作者的意图做出了最佳顺应性选择。然后，在该最佳关联的引导下，对译文话语做出最佳顺应性选择（1h），确保了汉语读者的认知和谐，成功地完成与原文作者和译文读者之间的跨文化交际。

（17）Home is home, be it ever so homely. （章振邦 1995：255）

a. 不论家多么简朴，家还是家。（CJJ029）

b. 金窝银窝不如自己的狗窝。（CLY030）

c. 走南闯北还是自己的家好。（ZSX011）

d. **家虽不佳仍是家** **（笔者 译）**

在翻译教学的语篇阐释交际过程中，不用教师译者做过多的解释，学生译者也能够很容易地理解这句英文谚语所包含的作者的信息意图和交际意图。在翻译课堂教学的语篇产出交际过程中，笔者让学生译者试着翻译一下。（17a~17c）是绝大多数学生的选择，这是他们在中国文化的认知语境与英美文化的认知语境中，在语言层面的顺应性动态选择中得到的译文，也是他们对作者的意图做出最大顺应性选择的结果。不过，（17a）没有翻译出作者试图表达的对家的珍惜之情；（17b）加入了汉语的一些文化意象，如“金窝银窝、狗窝”等；（17c）从语言风格上来看，好像是正式文体与通俗语言的混合使用。

遗憾的是，他们的译文选择都没有注意到该句话在语音层面上的特点：home、home、homely 三个词有相同的音韵。笔者在教学过程中，启发学生体味该句话具有的谚语式的语言风格，并考虑怎样传达这三个词的音韵。从语言风格方面来讲，考虑到原文音韵特点，学生译者要顺应汉语音韵的特点，尽可能地传递原文在音韵上的美感。我们给学生讲解了一个考虑译文音韵的优秀译例：在美国竞选州长的过程中，一位参选人采取了各种各样的卑鄙手段拉选票，有一位新闻记者在报纸中对其可耻的行为进行评论时用了这样一句话：“What a candid candidate!”有一位译者给出了这样的译文：“真是一个脸皮还不算太厚的候选人！”该译文充分顾及话语中的音韵效果，很好地传达了记者辛辣讽刺的语言风格。受这个例子的启发，顺应于汉语的认知语境，我们给出学生译者“家虽不佳仍是家”的参考译文，这样对家的感觉尽显在字里行间。再者，因为中国人和西方人对“家”的文化意象及心理感觉具有相同或者相似的语境假设，所以我们认为没有必要加入汉语特有的文化意象。

7.2.1.2 译文语言的语境驱动与学生译者的语言选择

在本小节，我们将探讨译文认知语境中的语言语境，诸如语境衔接关系、互文性关系和线性序列关系等，是如何制约学生译者在课堂翻译过程中的译文语言选择的。

1. 语境衔接关系驱动与学生译者的语言选择

语篇本身构成一种维度，语言选择通过回指前述语篇、自指或向后续语言语境投射等方式，锚定于这一维度之中（Verschueren 1999：104）。衔接常被用来指示语篇内部的显性关系，明确标示句与句、段与段之间的逻辑关系。在翻译课堂的语篇阐释交际过程中，同处于原文认知语境中，作者常常省去与原文读者共有的语境假设，这丝毫不会影响他们之间的成功交际。但是，由于中西方文化差异，这些语境假设却未必会存在于译文读者的认知语境中，所以，即便有时付出较多的推导努力，他们也很难理解作者所表达的连贯的概念意义。

在翻译课堂教学的语篇产出交际过程中，如果学生译者采用直接语用翻译策略传达作者的信息意图和交际意图，译文话语中的语境衔接就不会很容易地在他们的大脑中显现出来，这样就会影响到学生译者与译文读者之间成功地进行跨文化交际。为了确保读者的认知和谐，学生译者不得不尝试其他语用翻译策略，诸如增加脚注、在译文中进行解释等，增加原文作者省去的语境假设，以实现作者的概念性意义在译文语言选择中的语境自然衔接。

就语境衔接而言，学生译者必须考虑如何使用衔接手段来实现译文话语的语境衔接关系。为了更好地传达出与作者的交际意图相匹配的最佳关联，教师译者需要指导学生译者在译文认知语境中，选择适当的衔接手段再现原文话语上下文的逻辑关系，这样可以确保作者的概念性意义和程序性意义达到很好的整合，从而在译文话语中形成一个篇章结构清晰严密、逻辑关系自然的译文语境衔接画面，传达出作者试图传达的原文宏观意境效果。

（18）17 世纪后期至 18 世纪末，是中国清代的鼎盛时期，史称“康乾盛世”。那个时期，中国的工业产量位居世界前列。但正是在这个时候，欧洲诸国先后开始了近代资产阶级革命和产业革命，社会生产力迅速发展，后来居上。而中国当时的统治者对这一历史性大变革却茫然无知，仍沉迷于盲目自大之中，视西方科学技术为“奇技淫巧”。“康乾盛世”之后的 100 多年，中国的发展大大落后了，国际地位急剧衰落，沦为半殖民地，备受外强欺侮。　　（温家宝 2007）[①]

a. The peak of China's Qing Dynasty, which was called the Kang and

① 温家宝. 只有开放兼容，国家才能富强——在新加坡国立大学的演讲（2007 年 11 月 19 日）. http://www.gov.cn/ldhd/2007-11/19/content_809807.htm [2020-02-03].

Qian Dynasty's Heyday in history, was from the late 17th century to the end of 18th century. In that period, China's industry output was among the best in the world. Meanwhile, European countries had begun modern bourgeois and industrial revolutions, which led social productive forces to develop rapidly, and surpassed China. Meanwhile, knowing nothing about the great historic revolution, China's then rulers were arrogant and considered western science and technology as strange wares. One hundred years after the Kang and Qian Dynasty's Heyday, China's development lagged far behind and the international status declined dramatically. As a result, China was reduced to a semi-colonial country and suffered a lot from foreign invasion. （ZSX011）

b. The period between the late 17th century and the end of the 18th century, known as the heyday during the reign of Emperors Kangxi and Qianlong, is the flourishing age of the Qing Dynasty. At that time, China's industrial output was in a leading position around the world. It was, however, during this period that European countries successively embarked on Modern Capitalist Revolution and Industrial Revolution and subsequently surpassed China with the rapid development of social productive forces. Ignorant of this historic transformation, the Chinese rulers at that time still indulged in superiority and regarded Western science and technology as "clever and useless". In the 100 years or more after Emperors Kangxi and Qianlong's reign, China was left far behind in development and with its international status plummeted, and it became a semi-colonial country being insulted by foreign powers. （HWX005）

c. The period from the late seventeenth century to the end of the eighteenth century, historically called as the Kang and Qian Dynasty's Heyday, is the golden age of Chinese Qing Dynasty. During that period, China's industrial production was among the largest in the world. Meanwhile, European countries successively initiated modern bourgeois revolution and industrial revolution, from which their social productive forces took a great leap, caught up with and even surpassed that of China. However, at that time, the Chinese rulers were totally ignorant of this historical change, still indulged in blind arrogance and considered western science and technology as diabolic tricks and wicked craft. In the following one hundred years after the Kang and Qian Dynasty's Heyday, China was lagging far behind; its international status fell rapidly and it became a semi-colonized country under relentless bullies from foreign invaders. (LYR049)

d. **The Qing Dynasty reached its apex in the period between late 17th century and the end of the 18th century, noted for unprecedented peace and prosperity during the reign of Emperors Kangxi and Qianlong. At that time, China was a leading industrial producer in the world. It was, however, during this period that European countries embarked on the path of modern capitalist revolution and the Industrial Revolution. They unleashed productive forces and overlook China. The Chinese rulers at that time, ignorant of this historical transformation, continued to indulge in complacency. They dismissed Western science and technology as "clever but useless". In the 100 years and more after Emperors Kangxi and Qianlong's reign, China was left far behind in development and its international standing plummeted and it became a semi-colonial country subjected to humiliation by foreign powers.** **(参考译文)**[①]

这个例子的宏观语境是：温家宝总理 2007 年 11 月 19 日在新加坡国立大学就中国开放战略发表演讲《只有开放兼容，国家才能富强》。在翻译课堂教学的语篇释意交际过程中，学生译者不用花费太多的认知推导努力，便可以正确阐释出原文话语的概念性意义和程序性意义，不难理解演讲者的信息意图和交际意图。其中有一个难点是汉语成语"奇技淫巧"的理解问题，(18a)中的"strange wares"、(18b)中的"as 'clever and useless'"和(18c)中的"as diabolic tricks and wicked craft"，显示出学生译者只是对作者的信息意图在译文话语中做出了最大顺应性选择。

在翻译课堂教学的语篇产出交际过程中，我们指导学生译者平时要加强汉语文化修养，这样在翻译汉语成语时，才有可能对其做出正确的阐释。我们建议学生在遇到不理解的成语或谚语时，不要望文生义、盲目乱猜，而要勤查汉语工具书，才能理解"这些词语的文化内涵。在汉语认知语境中，"奇淫技巧，又称奇技

① http://www.doc88.com/p-7008969335147.html[2020-9-1].

淫巧，指专取悦于人而毫无意义的奇异技巧或者制品，如《书经·泰誓下》：'郊社不修，宗庙不享，作奇技淫巧，以悦妇人。'清·李宝嘉《官场现形记》第四十六回：'臣是天朝的大臣，应按照国家的制度办事。什么火车、轮船，走得虽快，总不外乎奇技淫巧'"（刘万国、侯文富 2002：925）。对于"奇技淫巧"的翻译，我们可以查阅到变异性的译文话语："diabolic tricks and wicked craft; clever contrivance and specious skills"（吴光华 2004：3556）

由于英汉语篇差异，汉语重"意合"，较少使用话语标记语或衔接手段。在这个例子中，温家宝总理使用了"那个时期、但、先后、仍"等，有助于让听众比较容易地分辨出前后汉语话语的逻辑关系，也有助于他传达其概念性意义所承载的信息意图和交际意图，达到全文语篇逻辑思维自然展开、一气呵成的原文宏观意境效果。由于英语重视"形合"的语言特征，较多地使用话语标记语或衔接手段，明确标示出英文语篇中句与句之间的逻辑关系。所以，在产出译文话语时，学生译者就不得不增添一些原文话语省去的话语标记语，如 which、as、"it was…that…"、meanwhile、and、after 等，以显示译文话语前后句之间的逻辑关系。我们指出：从学生的译文话语中可以看出，其使用英语话语标记语再现作者的程序性意义，较好地对译文话语做出了最佳顺应性选择。但是，在再现作者的概念性意义方面，比较突出的问题是在词汇、句法、语法、语用等层面出现了认知接口被割裂的现象，具体表现在：对英文句子的主句处理得不好，反映出学生在翻译课堂教学的语篇产出交际过程中，没有很好地理清如何选择表达作者主要信息意图和交际意图的句子作为产出英语译文话语时的主句结构。

在课堂上，我们进一步指导学生译者根据演讲人要传达的主要"信息点"，对原文话语做出如下的断句：

> 17 世纪后期至 18 世纪末，是中国清代的鼎盛时期，史称"康乾盛世"。//那个时期，中国的工业产量位居世界前列。//但正是在这个时候，欧洲诸国先后开始了近代资产阶级革命和产业革命，//社会生产力迅速发展，后来居上。//而中国当时的统治者对这一历史性大变革却茫然无知，仍沉迷于盲目自大之中，//视西方科学技术为"奇技淫巧"。//"康乾盛世"之后的 100 多年，中国的发展大大落后了，国际地位急剧衰落，沦为半殖民地，备受外强欺侮。

然后，学生译者根据这样的切分，为每一个被切出的句子选择一个英语译文的主句结构，其他汉语成分可以采用三种非限定形式（不定式、现在分词、过去分词）、关系分句和介词短语等处理成修饰成分或者从句等。像参考译文那样把原文话语分译成六个英文句子，采用合适的英语话语标记语，如“noted for”“at that time”“it was, however, …that…”“at that time”“as”“in the 100 years and more after…”“and”，以便跨越产出译文时在认知接口上存在的障碍，确保译文读者认知和谐，顺利实现与原文作者和译文读者之间的跨文化交际。

2. 互文性语境关系驱动与学生译者的语言选择

在翻译课堂教学中，教师译者要指导学生译者，培养其对互文性（de Beaugrande & Dressler 1981：182-208）话语的敏感性，教会他们善于利用作者提供的互文性线索，在语篇释意交际过程中，尽快收窄他们的思维，聚焦在互文性话语的语用隐含上，这样他们会付出较少的认知推导努力，依据原文话语的词汇信息、逻辑信息、百科信息，做出语境假设，寻找关联，填补作者的信息意图和交际意图之间的含意空白，进而找到与作者的交际意图相匹配的最佳关联，从而体味出作者试图传达的原文宏观意境效果。

在翻译课堂教学的语篇产出交际过程中，在选择译文语言以传达作者的意图时，学生译者要尽可能发挥译文认知语境中相同或者近似的互文性话语的作用。教师译者要指导学生译者判断有关互文性话语的语境假设是否在译文认知语境中存在，以及原文读者和译文读者是否共享相同或者相似的认知心理图式。如果这一假设存在，他们便可以使用直接翻译策略，实现互文语境的连贯性；否则，他们可以尝试其他间接翻译策略，提供作者试图传达的相关互文性语境假设，以便减少译文读者理解互文性译文话语时所付出的认知推导努力，增强其所产生的语境效果，从而满足他们的认知和谐。

在翻译教学中，我们选择下面这个例子，让学生译者欣赏著名翻译家许渊冲先生是如何很好地利用互文性语境线索，成功传达诗人的信息意图和交际意图的。

（19）枕前发尽千般愿，<u>要休且待青山烂</u>。
水面上秤锤浮，<u>直待黄河彻底枯</u>。　　（佚名，《菩萨蛮》）

On the pillow we make a thousand vows, and say
<u>Our love will last unless green mountains rot away</u>,
On the water can float a lump of lead,
<u>The Yellow River dries up to the very bed</u>.（许渊冲 2012：13）

在翻译课堂教学的语篇释意交际过程中，我们让学生译者认知处理原文话语，他们没有花费太多的推导努力，像许渊冲先生一样，很快就找到与原文诗歌的画线部分所传达的诗人的交际意图相匹配的最佳关联，即这两句话语表达妻子对丈夫忠贞不渝的爱。

在翻译课堂教学的语篇产出交际过程中，我们让学生分析许先生为什么采用直接语用翻译策略？让他们从英美读者的角度，换位思考其译文话语是否很好地传达了诗人的信息意图和交际意图？对于第一个问题，学生讲不出充足的理由。对于第二个问题，大部分学生译者的答案是肯定的，少部分认为未必。在这种情况下，我们指出：在最佳关联的引导下，许渊冲在西方认知语境中做出了语言选择。他的译文话语很好地使诗人的意图与西方读者的审美期盼相吻合。这说明，有关“忠贞不渝的爱情”的互文性语言语境对他的译文语言选择起到了决定性的作用，因为“海枯石烂”这一文化意象同样存在于西方的认知语境中。

请看下面 18 世纪苏格兰著名农民诗人 Robert Burns 的这首爱情诗。

And I will luve thee still, my dear,
Till a'the seas gang dry.
Till a'the seas gang dry, my dear,
And the rocks melt wi'the sun
I will love thee still, my dear,
While the sands o'life shall run.

（Robert Burns，“A red red rose”）

我永远爱你，亲爱的，
一直到四海枯竭。
直到四海枯竭，亲爱的，
直到太阳把岩石消熔，
我会永远爱你，亲爱的，
只要生命无穷。

（袁可嘉 译，转引自南建翀 2008：43）

我们引导学生回忆“英国文学”课上学到的这首优美诗歌，他们很快意识到：英语中也有类似的语言表达忠贞的爱情，这种相同的认知是许渊冲采用直接翻译策略时很可能考虑的一个具有决定性的语用因素。他循着中西方认知语境所共享之语言语境中的互文性维向，即中西方读者有相似的关于爱情的认知心理图式，做出协商性的语言选择。这一图式有助于他实现其语言选择中在语境方面的连贯性；在顺应英美读者的过程中，他不仅考虑到了原文和译文认知语境中的互文语境，而且也考虑到了读者的审美期待。

从该例的分析中，学生译者真正感受到了互文性语境关系在译者的译文语言和语用翻译策略选择方面所起到的决定性作用，这将会对他们在翻译实践中大脑信息处理机制的良好运作产生潜移默化的影响。

3. 线性序列语境关系驱动与学生译者的语言选择

在翻译课堂教学中，教师译者要向学生译者明确：语言的组成成分之间的线性序列关系在语言语境中具有重要意义；正确处理好译文语言在词汇、句法等方面的线性序列关系，是在最佳关联的引导下，做出译文语言选择，传达作者的信息意图和交际意图，实现译文读者认知和谐的关键所在。

但是，学生译者由于语用交际翻译能力的欠缺，因此常常在词汇、句法、语用等认知接口方面存在着障碍；他们即使在正确认知处理与作者的交际意图相匹配的最佳关联的引导下，在译文话语的词汇、句法结构布局的线性序列方面，有时也难免会出现这样或者那样的问题。在这种情况下，教师译者需要指导学生译者如何在正确掌握语法、句法相关理论知识的基础上，按照译文读者的认知思维方式，对译文话语的词汇、句法结构做出正确的调整，比如译文语言句子结构的词序问题、新信息和旧信息在句子中的位置摆放问题、前后语句的逻辑关系问题等。要让学生译者明白：只有按照目的语的语言规范布局译文语篇，译文话语才能言从句顺、行文流畅，才能够有效地减少读者阅读译文话语时所付出的认知推导努力，同时增大相应的语境效果，从而有效确保译文读者的认知和谐，达成跨文化交际。

（20）刚才，阿罗约（Macapagal Arroyo）总统、阿齐兹（Shaukat Aziz）总理、比尔·盖茨（Bill Gates）先生分别作了精彩的演讲。下面，我就这个主题谈点看法，与大家一起交流。（吴邦国 2007）[①]

a. Just now President Macapagal Arroyo, Prime Minister Shaukat Aziz and Mr. Bill Gates have given [?] magnificent speeches individually. Now I

① 吴邦国. 开创亚洲和平合作和谐新局面——在博鳌亚洲论坛 2007 年年会开幕式上的主旨演讲（2007 年 4 月 21 日）. http://www.gov.cn/ldhd/2007-04/21/content_591128.htm [2020-02-03].

will have some viewpoints to share and communicate with you for this topic. （ZJH027）

b. Just now, President Macapagal Arroyo, Prime Minister Shaukat Aziz and Mr Bill Gates give us [?] wonderful speeches separately. Now I would like to talk about my points of view on the theme and exchang ideas with everybody here. （HYH028）

c. Just now, President Macapagal Arroyo, Premier Shaukat Aziz, Mr. Bill Gates have made [?] their wonderful speech individually. Next, I will share my opinions upon this subject with all of you. （HXX024）

d. Just now, President Macapagal Arroyo, Premier Shaukat Aziz and Mr. Bill Gates have delivered their wonderful speeches. Next, let me exchange my view with you on this theme. （CJJ029）

e. **I have listened with keen interest to the excellent speeches made by_President Macapagal Arroyo, Prime Minister Shaukat Aziz and Mr. Bill Gates. Now I would like to share with you my views on this topic.**

[*Bejing Review* 2007，（20）]

原文话语的宏观语境是：2007 年吴邦国作为中国政府领导人，在博鳌亚洲论坛上发表主旨演讲《开创亚洲和平合作和谐新局面——在博鳌亚洲论坛 2007 年年会开幕式上的主旨演讲》。该话语是其演讲时的开场白。在翻译课堂教学的语篇释意交际过程中，学生译者不难认知处理出演讲人的信息意图和交际意图，也不难找到他试图传达的最佳关联——先是简要回顾，肯定赞扬前面国外政要精彩的演讲内容，然后很谦逊地表达出他下面将代表中国政府发表对当前经济发展的观点；学生还能够理解原文中文话语内容是按照演讲日程安排的出场顺序的线性关系排列的，并综合起来体味出原文宏观意境效果。

在翻译课堂教学的语篇产出交际过程中，在最佳关联的引导下，学生译者要在译文话语构建成分的句法层面和超语句层面做出英语语言选择，来传达演讲人的信息意图和交际意图。从学生译文话语可以看出，我们指出，他们的语言选择出现了不同程度的认知层面被割裂的现象。绝大多数的学生译者（2010 级英语专业翻译方向 3 个班级 91 人中有 87 人）把“刚才”翻译为 just now；该时间状语与现在完成体搭配；“接下来”的译文是 then、next、“now, I will…”和“let me…”；

“分别”的译文是 individually、separately。这显示出他们没有传达好作为中国政府代表的吴邦国所要体现的谦逊大度的大国风范，没有站在国家领导人现场演讲的宏观语境中选择他们的译文话语，在选择英语译文时也没有很好地注意英语句子的线性序列关系，以及英语句子旧信息和新信息的分布规律，因而在译文语言选择时，在词汇、语法、句法、语用层面出现了认知接口被割裂的现象。

在翻译课堂教学中，我们提醒学生译者要注意思考和留意这些方面的问题，他们随即就注意到对于他们的英语表达水平而言本不应犯的语言错误。我们启发引导他们以听众的身份，想象在博鳌亚洲论坛现场聆听吴邦国演讲的情景，可以用现在时间作为演讲过程中的基点时态，然后以此作为时间参照点，灵活利用时态。例如，现在完成体“I have listened...”可以隐去“刚才”这个表达过去的时间状语；使用过去分词定语“...made by President Macapagal Arroyo, Prime Minister Shaukat Aziz and Mr. Bill Gates”可以把“分别”隐含在译文话语的字里行间；在演讲的现场，吴邦国所说的“下面”的交际意图是指“现在”，应该译为 now。(20e)很好地克服了学生译者在译文选择时出现的认知障碍问题，设身处地地站在演讲人的角度，传达其信息意图和交际意图，文体正式，语言规范，言从句顺，行文流畅，传达出原文宏观意境效果，确保英美读者的认知和谐，成功实现与演讲人和译文读者之间的跨文化交际。

7.2.1.3　心理动机驱动与学生译者的语言选择

在翻译课堂教学中，作为站在跨文化交际中心的交际者，学生译者在选择译文语言顺应译文读者时，会受到他们的心理动机的驱使，试图把原文话语中的文化意象、翻译项目发起人或者赞助人所预期的译文语用意境效果等，传达到译文认知语境中，这会对他们的译文语言选择和语用翻译策略的运用产生直接影响。在传达原文文化意象方面，教师译者应该鼓励学生忠实于作者的信息意图；教育他们要做一个有责任心的优秀译者，不要一味地迎合译文认知语境中的文化意象。自从鸦片战争以来，西学东渐，在汉译英方面，我们过多地考虑到西方读者的接受能力，常采用间接语用翻译策略，使用西方的文化意象代替中国的一些独具特色的文化意象。这样做的负面效果有两种：一种是让西方读者失去了解具有中国特色的文化的机会；另一种是译者没有尽到应该尽可能忠实于作者的信息意图的神圣职责。教师译者需要指导学生译者尽可能采用直接语用翻译策略，要让他们相信：当前，中西方跨文化交际的日益频繁，不同民族之间的相互沟通越来越多，不同文化之间的差异也会在文化融合的过程中逐渐缩小；作为译文话语的主动接受者，读者会自主介入对原文文化意象的认知处理；随着阅读视野的不断扩大，他们对于文化意象的理解过程不会像译者想象的那么漫长（李占喜 2006）。当然，教师译者也可指导学生译者：如果觉得采用直接翻译策略可能会使译文读者很难理解，他们可以尝试增加脚注、在译文话语中加入解释、与间接语用翻译策略相结合等翻译技巧，以减少译文读者理解作者的信息意图和交际意图时所付出的认知推导努力，这必将有助于实现其认知和谐。

7.2.1.4 译文读者的审美期待和接受能力驱动与学生译者的语言选择

在翻译课堂教学中，译文读者的审美期待和接受能力是学生译者在进行语言选择以传达作者意图的过程中，必须考虑的一个不可缺少的语用制约因素。因为他们在教师译者的指导下，跨越了在词汇、语法、句法、语义、语用等方面存在的认知接口障碍，产出的译文话语面临着是否被译文读者认可和接受的问题，这直接关系到他们将来作为职业译者的声誉，也直接关系着他们的个人（经济）利益最大化的问题。所以，教师译者需要指导学生译者在动手翻译之前，必须对其产出译文话语的意向读者的认知资源、审美期待、接受能力进行正确的预测和评估。如果译文读者比较熟悉原文作者的信息意图和交际意图及其相关的语境假设，双方的阅读视界趋于融合，他们在认知处理其意图的过程中付出的推导努力就会相对较少。在这种翻译情境下，学生译者就可以采用直接语用翻译策略再现原文话语所透视的连贯性的思维画面。他们的语言选择必须在确保传达作者的信息意图和交际意图的前提下，认真考虑使自己的译文语言选择顺应于译文读者的审美期待和接受能力，这是他们成功完成与原文作者和读者之间的跨文化交际的有力保证。

由于学生译者在语用交际翻译能力方面存在差异，他们对译文读者的认知资源、审美期待和接受能力有可能做出不同的预测，这自然会导致他们在选择顺应译文读者的语言时，其译文话语会呈现出各自不同的变异性、协商性和顺应性特征。对这些方面的合适预测与评估，可以使学生译者能够以高度灵活的原则和语用翻译策略进行目的语言选择，以满足译文读者的认知和谐。

译文读者一般具有理解和接受异域文化的心理准备，有一定的审美情趣和接受能力，他们是译文话语的真正接受者。所以，他们在阅读和欣赏译文话语时具有较强的主体性意识。译文读者通过认知处理学生译者产出的译文话语给予的明示刺激，调动他们现有的认知资源，做出语境假设，寻找关联，有意识地解读原文话语的明示与暗含。他们也会有意识或者无意识地发挥他们的语用推理能力，填补原文话语字里行间里的语意空白，进而体味出作者试图传达的原文宏观意境效果，从而在其大脑中产生阅读译文话语的愉悦感。这样，他们的审美期待和接受能力就能得到满足，进而达到认知上的和谐。

（21）By the time I crossed the threshold of the White House, I had been shaped by my family upbringing, education, religious faith and all that I had learned before—as the daughter of a staunch conservative father and a more liberal mother, a student activist, an advocate for children, a lawyer, Bill's wife and Chelsea's mom. （Hillary Clinton，*Living History*）

a. 在我穿过白宫的大门之前，我的个人性格已经定型了。家庭的成长环境、学校的教育、宗教的信仰，还有我之前所学到的一切东西，这些所有的一切，都教会了我如何作为一个保守党一员的父亲的女儿、一个开明的母亲的女儿、一个学生活动的组织者、一名儿童权利的拥护者、一名律师、Bill 的妻子和 Chelsea 的母亲。 （HYH028）

b. 当我跨过白宫门槛的时候，我是被我的家教、教育、宗教信仰和我之前所学到的一切所定型——作为一名坚定的保守派父亲和一名更自由的母亲的女儿，作为一名学生运动的积极分子，作为一位关注儿童的倡导者，作为一名律师，以及作为 Bill 的妻子、Chelsea 的母亲。 （ZJH027）

c. 从我穿过白宫的大门起，我在家庭期望、教育、宗教信仰、所有我曾经学习的一切——作为父亲的女儿，作为一个思想更开放的母亲的女儿，作为一个学生积极分子，作为孩子的母亲，作为一名律师，作为 Bill 的妻子，作为 Chelsea 的母亲——中重新塑造了自己。 （CJL036）

d. 我跨入白宫的门栏时，已经被我的家庭教养、学校教育、宗教信仰所塑造。此外，无论是十分保守的父亲，还是较为开明的母亲，或是我学生活动分子的经历，促进儿童权益的活动，无论是律师的职业，还是为妻为母的身份，都影响过我。

（叶子南 译，希拉里 · 克林顿 2005：90）

首先，在翻译课堂教学的语篇释意交际过程中，除了指导学生译者正确认知处理作者的信息意图和交际意图之外，我们还有意识地指导学生结合希拉里的家庭背景、从政经历来了解她的人生轨迹，体味她撰写个人传记时的内心感慨，感受她的内心世界——她的家庭教育、与父母亲不同的政治倾向、大学教育、社会活动经历、律师职业等无不对她步入美国政坛产生了深刻影响——以及无限感慨的原文宏观意境效果。其次，我们还指导学生细心品味原文话语中个人传记的写作特点：①采用叙述与说明的表达方式，适当议论抒情；②以时间或人物为序；③以事实为根据；等等。另外，我们还指导学生要把握传记的文体特征：①真实性（感情真诚坦率），注意理解文学性传记中的“艺术真实”（虚构符合人物性格的再创造）；②通俗性，表达简明易懂，语言简明平实或者生动活泼，富有文学色彩；③褒贬鲜明，作者的感情倾向鲜明等。最后，更重要的是，学生要预测汉语读者在阅读和欣赏名人传记时的心理期待和接受能力。

在翻译课堂教学的语篇产出交际过程中，我们指导学生译者：一方面，要传达好作者的信息意图和交际意图；另一方面，在选择译文话语时，要很好地传达出原文语篇的文体特征，以及考虑汉语读者的审美期待和接受能力。为达此目的，要使用汉语平实、简明、易懂、文雅的语言；同时兼顾希拉里写个人传记时的心路历程和颇有感慨的内心世界。（21a~21c）的译文话语显得过于平淡，汉语口语化倾向过重，没有很好地传达出原文基于真实经历的文雅优美的传记文体特征，也就不可能传达好希拉里写传记时无限感慨的心理感受。这说明他们的译文话语选择在语义和语用层面出现了认知接口被割裂的现象。（21d）充分传达出了作者的信息意图和交际意图，并很好地再现了原文话语的语言平实、简明易懂、文雅优美的特征，满足了读者阅读名人传记的审美期待和接受能力，成功跨越语义和语用层面的认知障碍，确保汉语读者的认知和谐，达成与原文作者和译文读者之间的跨文化交际。

7.2.1.5 原文宏观意境效果驱动与学生译者的语言选择

在翻译课堂教学中，我们经常可以看到这样一个现象：学生在做出译文语言选择传达作者的信息意图和交际意图方面，往往做得比较好，但是在传达原文话语中的交际线索、文体特征、原文宏观意境效果方面，往往比较欠缺，总是给人一种他们心有余而力不足的感觉：他们具有对该意境效果的体味欣赏能力，但没有足够的产出能力对其进行艺术再现。其主要原因在于他们的译文语言功底有待提高。所以，在翻译教学中，教师译者需要指导学生译者努力获得有关译文语言的文体学理论知识；利用优秀翻译大家的译本进行示范，精心点评学生译者与翻译大家之间存在的明显差距，以便提高学生对优秀译作的批评和鉴赏能力。

我们要告诫他们在译文认知语境话语构建成分的不同层面做出语言选择，尽最大努力顺应原文宏观意境效果，这是他们产出优秀译作必备的重要条件。在其大脑信息处理机制运作时，要让该意境效果对译文话语的文体特征和谋篇布局起到一个宏观层面的观照作用。要把对原作的语言分析、逻辑分析、艺术分析、主题分析、读者分析、作者分析的内容结果，切实落实到译文话语的产出上去。只有这样，他们的译文话语才能做到言从句顺、行文流畅，以便更好地在教师译者的指导下达成与原文作者和译文读者之间的跨文化交际；也只有这样，他们才能多出翻译精品，成为一个有良好翻译职业操守的优秀译者，将来为我国的翻译事业做出重要的贡献。

（22）I have read your book. I thought you an old man.

a. 我看了你的书，我曾经认为你是个老人。（CJL036）

b. 我读了你的书，你是一个年纪很大的人。（ZJY050）

c. 我读了你的书，我认为你是一个经历丰富的人。（WYC048）

d. 我看了你的书，你是一个饱经沧桑的人。（LYR049）

e. **我读了您的书，没想到您这么年轻。（李明 译）**

该例子选自李明自编的《基础笔译教案》，其宏观语境是：说话人读了作者（听话人）写的书，当面表示钦佩和惊讶之情。从绝大多数同学的课堂反应来看，在翻译课堂教学的语篇释意交际过程中，他们只是对原文作者的信息意图做出了最大顺应性选择，没有对说话人的交际意图“当面表达对作者的钦佩和惊讶之情”做出最佳顺应性选择。这说明他们在认知处理最佳关联的过程中，在语法和语用方面出现了认知接口被割裂的现象。

在翻译课堂教学的语篇产出交际过程中，在最大关联的引导下，学生译者对译文话语做出了诸如（22a~22d）的最大顺应性译文语言选择，没有很好地传达出说话人的钦佩和惊讶之情所要产生的原文宏观意境效果。（22a）简单直译，（22b）平淡无味，（22c）和（22d）过多地发挥了自己的想象力，加入了原文话语中本来没有的会话含意。

在课堂上，我们指出学生的译文话语没有对作者的交际意图做出最佳顺应性选择，原因在于其没有正确认知处理讲话人在字里行间隐含的钦佩惊讶之情。我们反问学生：“如果你们是一本书的作者，当我以读者的身份使用你们的译文当面讲出这些话时，你们是否会感到心理上有一种被读者尊重的愉悦之情？”他们当场纷纷摇头表示没有。他们随即意识到在理解和表达的过程中其思维没有很好地运作，因而，在译文选择过程中，就很难使原文宏观意境效果在其大脑信息处理机制运作时起到一个宏观的观照作用，进而在语法和语用方面产生了认知障碍。（22d）则较好地跨越了认知接口被割裂的障碍，传达出说话人意欲表达的原文宏观意境效果，使作者感受到被尊重的自豪感，成功达成了与讲话人和汉语读者的跨文化交际。

7.2.1.6 翻译项目发起人或赞助人预期的译文语用意境效果驱动与学生译者的语言选择

在翻译课堂教学中，教师译者还需要指导学生译者在进行翻译项目时，要注意翻译项目发起人或赞助人提出的翻译要旨（Nord 1997b：30）及其所期待的译文语用意境效果，因为这一语用因素会对学生译者的译文选择起到比较直接的影响和制约作用。他们做出译文语言选择时，需要在其大脑中以预期的译文语用意境效果为观照，对作者的信息意图进行适当的删减、整合甚至操纵，以满足项目发起人或者赞助人对译文话语所产生的效果的期待。

在译文认知语境中进行语言选择时，学生译者必须注意译文话语的语内连贯和语际连贯（Nord 1997b：31-33）。他们在最佳关联的引导下产出的译文话语必须能让读者接受，并且在译文认知语境以及在译文交际环境中有意义；原文话语与译文话语之间应该存在语际连贯。只有这样，他们的语言选择才会使读者不用付出不必要的认知推导努力，便可获得翻译项目发起人或者赞助人所期待的译文语用意境效果，进而使双方的（经济）利益达到最大化。

当然，在译文选择的过程中，他们的心理一定会面临着冲突：一方面，传统的翻译教学目标要求他们把忠实传达原作的意义作为译者的神圣责任；另一方面，翻译项目发起人或者赞助人所设定的翻译要旨，试图在译文读者身上必须产生的译文语用意境效果，可能会影响到他们履行译者的责任。学生译者可能会经历一场翻译职业道德操守与个人利益最大化之间的矛盾与冲突。双方博弈的结果是，后者可能要占据上风，皆因经济利益使然。在这方面，我们需要指导学生译者学会如何在所预期的译文语用意境效果的观照下，对作者的信息意图做出某些取舍性重构，以获得近似于作者试图传达的原文宏观意境效果的译文，从而有效地确保译文读者的认知和谐。

在此，我们需要指出的是：教师译者必须教导学生译者对作者的信息意图进行取舍性重构，要让他们牢记在译文话语中所取舍的信息，必须让译文读者依靠自身的经历背景能够最大限度地填补其语用含意空白。要慎用这种间接语用翻译策略，因为传统的翻译课堂教学的目标是培养学生成为忠实传达原作意义、具有翻译职业操守的优秀人才，让他们在未来的工作生涯中，不要为了所谓的“经济利益”，忘记了自己的职业操守。

（23）每年的两届（广州）交易会，把全国几乎所有的外贸公司和出口商品集中起来，统一到广州展出、成交，减少了我们到国外推销的支出，外商也可只派少数人到会选购，不必花大人力到我各口岸寻找生意，节省了买卖双方的费用，深受国外经营各种商品的中小客商的欢迎。

（李明 2007：6）

a. Canton Fair, held twice a year, collects almost all the foreign trade corporations and exporting products for exhibitions as well as dealings in Guangzhou. It decreases the payout to sell abroad and reduces human resources used to search for business by foreign businessmen's sending few buyers here. This benefit that both sides could save more money has been very popular among medium and small foreign traders selling various products. （ZJH027）

b. The semi annual (Canton) fair gathers almost all the foreign trade companies and export commodities nationwide, allowing concentrated exhibition and deal. It enjoys great favor among small and medium traveling traders abroad handling all kinds of goods for it allows both buyers and sellers save their cost. It allows us reduce the expenditure for foreign selling. And the foreign merchants can send several persons to choose and purchase instead of dispatching many people to all the ports of our country for business opportunity. （CJL036）

c. China Import and Export Fair (The Canton Fair) is held biannually. The fair is composed of almost all China's foreign trade corporations with export goods in Guangzhou for exhibition and transaction, and enjoyed great popularity among the small- and medium-size enterprises overseas. The fair benefits both the sellers and the buyers by reducing costs. For the sellers, the fair reduces sales promotional expenditures abroad, while for the buyers, they only need to send a small of stuff to purchase goods in the fair instead of spending a large manpower in ports for seeking businesses. （CLY030）

d. Each term of Guangzhou Export Commodities Fair, centralizing almost all foreign trade companies and export goods to Guangzhou for display and deals, reduces our marketing expenses abroad and avoids foreign investors' searching for business in our ports hardly by sending a few employees come and choose and buy. Canton Fair saves the costs for the sellers and the buyers. Therefore, it is welcomed by the medium and small investors that operate all kinds of goods overseas. （CYJ028）

e. During the two sessions of Canto Fair every year, almost all the foreign trade companies and export goods in this country are gathered together for exhibitions and transactions in Guangzhou, through which our expenses of going abroad for promotion are reduced; for foreign businessmen, they only need to send a few staff for procurement and no longer have to pay high labor costs to hunt for business opportunities through our ports. The Canto Fair helps both the buyers and the sellers to reduce their costs and is widely welcomed by businessmen who run small- and medium-size enterprises in different products at home and abroad. （LYR049）

f. The biannual Canton Fair, featuring in saving the cost between the buyers and sellers, is well received by the businessmen of small and medium companies selling varied products. It reduces our expenditure of overseas promotion by bringing almost all foreign trade companies in China and their export products together for exhibition and transactions here in Guangzhou. Foreign businessmen can send just a few representatives here for selective purchasing instead of sending many to our ports looking for business. （HWX005）

g. **The biannual Guangzhou fair is attended by almost all foreign trade companies in China and presents a great number of export commodities to buyers from abroad. Lots of business transactions are**

concluded at the fair. As sellers and buyers can all gather in a place to conduct trade talks, the fair apparently saves sellers and buyers much time and expenses. This explains why the Guangzhou fair has all along been welcomed by overseas traders. （李明 2007：6）

在翻译课堂教学的语篇释意交际过程中，即便没有老师的指导，学生译者也不用花费多少推导努力，就可以依据原文话语的词汇信息、逻辑信息、百科信息，认知处理出与作者的交际意图相匹配的最佳关联，以及翻译项目发起人或者赞助人所预期的译文语用意境效果：大力介绍和宣传广交会，以吸引更多的国内外厂商参与，加强商业合作，有力促进贸易发展。

在翻译课堂教学的语篇产出交际过程中，学生译者由于不同的语用交际翻译能力的差异，在词汇、语法、句法、语义、语用等认知接口层面上出现了被割裂的现象。（23a~23f）显示学生译者采用了直接语用翻译策略，几乎逐词逐句译出广告商所有的信息意图和交际意图，但似乎没有太大必要，因为那些细节内容如“减少了我们到国外推销的支出，外商也可只派少数人到会选购，不必花大人力到我各口岸寻找生意，节省了买卖双方的费用”，对于每一个参加广交会的商人来说，都是一些专业常识性内容。尽管学生译者对原文话语都做出了正确的、几乎相同的认知处理，但他们的译文话语却在语法、句法、语义、语用等方面都显示出了丰富的变异性。（23g）综合使用直接和间接语用翻译策略，对这部分内容进行了简化浓缩处理，让译文读者很容易明白参加广交会将在商务活动的各个方面产生潜在的积极影响。事实上，未翻译出来的内容“不必花大人力到我各口岸寻找生意”等，但对于参加广交会的商人来说，他们作为潜在的译文读者会发挥自己的想象力，尤其是结合自身的从商经历，很容易弥补其中的语用含意空白。该译文话语很好地跨越了译文选择时在不同层面可能会出现的认知接口障碍，考虑了译文的语言语境：使用连接词 as 把原文汉语话语中隐含的原因逻辑关系显化出来；代词 this 指代上句内容，成功实现译文话语的篇内衔接和篇际衔接等。这样，译文话语虽然与作者的信息意图有所偏离，但比较容易地满足了译文读者的认知和谐，达成与广告商、英美读者之间的跨文化交际。

7.2.2　译文语言结构关系驱动与学生译者的语言选择

在翻译课堂教学过程中，教师译者积极调动各种教学资源，采用不同的教学手段，启发和引导学生考虑各种语境关系的顺应，激活其大脑中的相关语境因素，确定哪些因素会对其翻译行为产生直接或者决定性的作用。他们在译文语言选择的过程中，需要考虑译文认知语境中的社会文化语境、语言语境、学生译者的心理动机、译文读者的审美期待和接受能力、原文宏观意境效果、翻译项目发起人或者赞助人所预期的译文语用意境效果等语用因素。学生译者最终的翻译行为必须落脚在具体的译文语言形式和结构上。所以，他们不得不考虑译文语言结构的顺应关系，在具有变异性的译文语言结构所有层面做出语言选择。

为了探讨译文语言意义的生成过程，我们必须聚焦于具体的语言顺应对象，来研究学生译者的动态顺应过程。学生译者使他们的语言选择顺应于以下两方面：①超层次结构，如语码和风格等；②基本的话语构建成分，既可能涉及从语音特征和音位特征的语音层面到句子及超语句等语言单位的所有层面，还可能涉及话语群集和话语构建原则。

我们认为，在最佳关联的引导下和原文宏观意境效果的观照下，学生译者在译文认知语境中做出语言选择时，要把整个原文语篇作为思维单位，这样他们就能够确定其译文选择是否和原文话语的宏观语境相一致。学生译者没有必要确定翻译操作具体的语言单位，其原因在于：一方面，学生译者是在教师译者指导下，从不同的心理方面，以高度灵活的原则和语用翻译策略做出译文语言选择的；另一方面，由于受到自身有限的语用交际翻译能力的制约，学生译者在产出译文话语的过程中，难免在词汇、语法、句法、语义、语用等层面存在认知障碍，因而他们对翻译具体操作单位的选择会呈现出复杂多样的情况。这是其充满变异性、协商性、顺应性的翻译认知过程中再现的真实画面。

下面，我们将在译文认知语境中话语构建成分的不同层面，探究学生译者和译文读者之间在语言结构的不同层面的动态顺应过程。

7.2.2.1 学生译者的语言选择：语音层面

原文作者有时使用相同的音节、头韵法、押韵法等增强语言的表达效果。这种现象在诗歌翻译中常常出现，受到诗歌韵律、节奏的制约，学生译者应该考虑这一语音制约因素，因为在译文语言的语音结构层面存在着某些变异性。

我们回头看（17）（7.2.1.1 小节），笔者在教英语专业语法课时，遇到这个句子，便让学生试着翻译一下。后来，笔者教翻译课时，常常在第一节课上使用这个例子让学生感受翻译是如何做到字斟句酌的，以及如何细心揣摩产出译文话语之难点。（17a~17c）是绝大多数学生的选择。这是他们在汉语认知语境与西方认知语境中，在语言层面的顺应性动态选择中得到的译文，从某种程度上来讲，都传达了原文话语的信息意图。不过，（17b）加进了汉语文化意象："金窝、银窝、狗窝"。（17c）从语言风格上来看，好像是正式文体与通俗语言的混合使用。有点遗憾的是，他们的译文选择都没有注意到该句话在语音层面上的特点：home、home、homely 三个词有相同的音韵。笔者在翻译该句话的过程中首先考虑到的是，该句话具有谚语式的语言风格，其次考虑了怎样传达这三个词的音韵。

从语言风格方面来讲，考虑到要传达音韵特点，我们指导学生要顺应于汉语的音韵特点，尽可能地传递原文在音韵上的美感。我们给学生讲解了笔者曾看过的一则译文评析。那篇文章讲的是，在美国竞选州长的过程中，一位参选人采取了各种各样的卑鄙手段拉选票，有一位新闻记者在报纸中对其可耻的行为进行评论时，用了这样一句话："What a candid candidate!"其中的两个单词 candid 和 candidate 有相同的音节。有一位译者给出了这样的译文："真是一个脸皮还不算太厚的候选人！"该译文充分顾及了话语中的音韵效果，很好地传达了记者辛辣讽刺的语言风格。受这个例子的启发，我们建议学生译者在翻译时，顺应于汉语文化的认知语境，建议给出"家虽不佳仍是家"的译文。他们一致认为该译文是难得的上乘译文，可以跨越在语音、句法、语用层面出现的认知障碍，达成与原文作者和译文读者之间的跨文化交际。

7.2.2.2　学生译者的语言选择：词汇层面

词汇意义在翻译过程中是学生译者经常要选择的语言单位，在词义选择时，学生要考虑语境因素；要仔细辨别哪一个词语的意义能更好地表达作者的信息意图和交际意图。学生译者推导原文词汇意义，是建立在阐释原文话语和做出语境假设基础之上的。然后，在与该词汇意义相匹配的最佳关联的引导下，他们会首先考虑其译文选择是否可以在译文话语构建成分的词汇层面做出顺应，传达作者的信息意图和交际意图。这种比较理想的翻译状态将会大大减少学生译者的认知处理努力，相应增加译文产出的意境效果。即便如此，如果遇到原文话语的词汇意义在译文话语中有多个词汇选项相对应的情况下，他们还需要在正确认知处理作者交际意图的基础上，细心甄别哪一个译文选项可以传达出与该交际意图相匹配的最佳关联及其原文意境效果。

（24）当今世界，国际局势总体上趋向缓和，但各种因素引发的冲突甚至局部战争此起彼伏，一些地区的紧张态势依然存在，妨碍了有关国家和地区的经济发展，也对世界经济产生了不利的影响。[①]

a. Nowadays, the international situation tends to be moderate, but collisions and topical wars caused by different kinds of factors still happen in here and there. All these problems have obstructed the economic development in some countries and areas as well as making negative effects to the world economy. （CHC051）

b. In the present world, though the overall international situation is tending break out from time to time, tension still exist in some areas, which is hampering the economic development of countries and regions and also making a negative impact on the global economy. （CLY030）

c. **In today's world, the international situation is, on the whole, moving towards relaxation. However, conflicts and even local wars triggered by various factors have kept cropping up, and tension still remains in some areas. All this has impeded the economic development of the countries and regions concerned, and has also adversely affected the world economy.**

（参考译文）[②]

在翻译课堂教学的语篇产出交际过程中，关于如何翻译"妨碍"一词，学生译者给出了一系列英语单词，如 hinder、hamper、retard、prevent 等，但究竟哪一个最能对演讲人的交际意图做出最佳顺应性选择？我们指导他们：在选择时，要摆脱中国读者的认知思维模式，一定要充分利用好英汉双解词典的英文解释，切记不要参考汉语解释。

我们使用 PPT 给学生列举出了西方认知语境中下列英文单词。

hinder：1）be or get in the way of...

妨碍，阻碍

2）to obstruct or delay the progress of...

阻碍或耽搁……的过程

① 江泽民在"《财富》全球论坛"开幕晚宴上的讲话. http://www.ccyl.org.cn/search/zuzhi/theory/leadertalk/2001/zttb20010508.htm[2020-02-04].

② 和平与发展是时代的主题. http://blog.sina.com.cn/s/blog_489c7fe8010007yy.html[2015-02-23].

obstruct：1）block or fill (a passage) with obstacles or an obstacle
阻隔：用一个或多个障碍物将（道路）堵塞
2）to impede, retard, or interfere with; hinder
妨碍：拖后，使缓慢或干预；滞后

hamper：prevent the free movement, action, or progress of…
妨碍，阻碍：妨碍……自由运动、行动或进展

retard：cause to move or proceed slowly; delay or impede
减速，拖住：使移动或行进缓慢；延迟或阻碍

impede：retard or obstruct the progress
妨碍：拖延或阻挡……的进程

学生译者感到有些难选择时，我们启发引导他们把这些单词的英文释义带入原文话语中，仔细思考一下，结果他们很快就选择出 impede 一词，该词可以很好地传达演讲人的交际意图：冲突、局部战争、紧张态势等拖延或者阻挡了有关国家和地区的经济发展进程。

不过，在译文语言对应的词汇层面做出选择，对于学生译者来讲，并非总是能够做到的。由于两种不同认知语境之间语言差异的原因，在译文认知语境中，如果译者无法在相应的词汇层面做出选择，可以考虑上推至短语层面或者句子层面做出选择。上推的机理是：将原词的固有意义、大语境、小语境所赋予的意义这些内容方面的东西，提升到形式上。下移的机理是：将形式因素纳入内容中去，可以起到简约结构、锤炼语言等作用。语言推移是翻译中的一个重要问题，它与结构转换有着密不可分的关系。两者结合基本概括了英汉互译中的结构变换途径，是翻译学习者不能不掌握的技巧（杨莉藜 1997b）。这些技巧有助于教师译者指导下的学生译者，从翻译初学者亦步亦趋的翻译方式，逐步跳出原文话语语法结构和句子结构的束缚，在正确认知处理与作者的交际意图相匹配的最佳关联和体味出原文宏观意境效果的前提下，以高度灵活的语用翻译策略和翻译原则，对作者的信息意图和交际意图予以充分传达。

（25）They paid her tipsy compliments; they <u>leered</u> at her over the dinner-table. （杨莉藜 1997b：2）

a. 他们对她说着奉承的话，隔着桌子向她<u>暗送秋波/抛媚眼</u>。

（HJW004）

b. 他们吵吵闹闹地奉承着她，眼睛放光不怀好意地瞧着桌子那边的她。 （CHC051）

c. 他们喝醉了酒，吵吵嚷嚷，说好听的话给她听，两眼色眯眯地隔着桌子打量她。 （CLY030）

d. **他们嘴里嘈着醉话奉承她，隔着饭桌乜斜着眼睛色眯眯地看她。**

（杨莉藜 译）

在翻译课堂教学的语篇释意交际过程中，学生译者现场查阅了电子词典对 leer 一词的释义："leer: look with a sidelong glance, indicative especially of sexual desire or sly and malicious intent. 暗送秋波，抛媚眼：投以一瞥，尤指表示性欲或狡猾而怀有恶意者。"他们不用付出太多的认知推导努力，很快就理解了原文作者的意图，这也是其在思维良好运作情况下找到的与作者的交际意图相匹配的最佳关联。

在翻译课堂教学的语篇产出交际过程中，我们指导学生译者要注意 leer 这个词的情感色彩，《牛津高阶英汉双解词典》上的释义是："leer: to look or smile at sb in an unpleasant way that shows an evil or sexual interest in them. 邪恶地（或色眯眯地）看；奸笑；淫笑"（Hornby 2009：1152）。这样有助于他们正确认知处理与作者的交际意图相匹配的最佳关联，即"几个男人喝醉了酒，不怀好意，斜着眼睛色眯眯地看着桌子对面一个年轻貌美的姑娘"。

在这一最佳关联的引导下，很显然（25a）在译文认知语境中相应的词汇层面上选择了"暗送秋波/抛媚眼"，但该词语不能很好地传达作者的信息意图和交际意图，因为它在汉语认知语境中是用于女性向男性传达情爱的身体语言。所以，要翻译好 leer 这个词，需要考虑超越词汇单位的更高一级的语言单位，采用"上推"的翻译策略。我们指导学生译者：如果使用一个词来表达不够顺畅，就可以考虑用短语来表达；另外也可以结合自己曾经看过的电视剧或者电影中类似的男人调戏女人的情节，适当地组织自己的译文话语。（25b）与（25c）显示他们的语言选择考虑了译文语言结构，从短语层面来选择了译文语言，但都出现了词汇、句法和语用层面认知接口被割裂的现象：前者"眼睛放光不怀好意地瞧着"没有表达出男人色眯眯调情的身体语言的语境效果；后者"两眼色眯眯地"遗漏了男人的眼睛动作等。（25d）中的译文话语"乜斜着眼睛色眯眯地看"，从短语层面把醉酒男人挑逗女性的丑行入木三分地刻画出来，很好地跨越了词汇、句法、语用层面的认知接口障碍，传达出与作者的交际意图相匹配的最佳关联，满足译文读者的认知和谐，达成与作者和读者之间的跨文化交际。

在译文话语的产出过程中，为了满足译文表达行文流畅、逻辑自然的需要，原文话语中的词也可以上推，使用一个句子来传达作者的信息意图和交际意图。一般有两种情况：一是语义的逻辑引申，主要是英语的抽象表达到汉语的具体表达的转换等；二是结构调整，原文的搭配习惯与汉语差异太大，应将原词拆出翻译。词语上推为句子有时要补出主语，并配以合适的衔接手段。

（26）“Can it be that I have a secret admirer?” She would ask.

（杨莉藜 1997b：7）

a. “我有一个秘密的羡慕者，这可能吗？”她问。（BHL002）

b. “可能我有一个秘密的中意者？”她问。（LYR049）

c. “我可能有一个偷偷地喜欢的人，我还不知道？”她问。（PDY052）

d. **“难道有人喜欢我，又不肯说？”她问。（杨莉藜 译）**

在翻译课堂教学的语篇产出交际过程中，学生译者不论是希望在词汇层面如（26a~26b），还是在短语层面如（26c）上做出语言选择，他们的译文话语给读者的感觉都不是那么通顺流畅，令人读起来感到有些别扭。另外，（26c）中的“我可能有一个偷偷地喜欢的人”是一个歧义句，汉语读者可能会有两种理解方式：①别人偷偷地喜欢我；②我偷偷地喜欢别人（在不知不觉的单相思中）。这些说明三位学生译者在理解原文话语和产出译文话语的过程中，均存在词汇、语义、语用层面出现认知接口被割裂的现象。（26d）把译文话语的语言单位从词汇层面上推到句子层面，来传达作者的意图和原文宏观意境效果，很好地跨越认知接口障碍，使得译文话语言从句顺、行文流畅，达成与原文作者和译文读者之间的跨文化交际。

7.2.2.3　学生译者的语言选择：分句层面与句子层面

在翻译课堂教学的语篇释意交际过程中，作者使用分句和句子这种基本的语言单位表达他的信息意图和交际意图，对其思想内容互动连贯的思维画面起着重要的作用。在翻译课堂的语篇产出交际过程中，为了更好地使语言选择在译文话语构建成分的分句或者句子层面做出顺应，学生译者必须清楚在这些语言单位层面的跨文化差异。英语语言是形态性语言，注重句与句之间在语法或者语言形式上的衔接，使用话语标记语标示分句或者句子结构之间清晰的逻辑关系；汉语则重视内在、隐形、含糊的语意连贯关系，即使全文不使用话语标记语，也依然可以围绕所要表达的核心思想，使用分句或者句子自然流畅地展开话题。

在具体的翻译策略选择方面，英汉两种语言在分句与句子层面之间“相互推移”是很普遍的。如果原文是句子，也可以根据译文话语表达的需要，下移为分句；反之，如果原文是各种形式的分句，如不定式分句、现在分词分句、过去分词分句、形容词分句、状语分句、名词性分句等，也可以根据译文话语表达的需要，上推为句子，使用句子表达单位在译文话语中进行选择。

（27）村上的人三三两两来访问工作队，有的是来求教的，有的是来讨消息的。（杨莉藜 1997b：26）

a. The people of the village came to visit the working team in small groups. Some for advice while some for collecting information. （LHL053）

b. Small knots of villagers visited the work team. Some of them asked for skills while some of them asked for news. （LXT054）

c. The villagers came by twos and threes, of whom some were for advice and some for news. （WMQ055）

d. Villagers come to visit the work team two or three together, some asking for help and some acquiring for information. （CJJ055）

e. **The villagers came in twos and threes to visit the working team, some to seek advice; some to get news.** **（杨莉藜 译）**

在翻译课堂教学的语篇释意交际过程中，学生译者比较容易地认知处理与作者的交际意图相匹配的最佳关联。在翻译课堂教学的语篇产出交际过程中，我们指导学生：汉译英常可以采用“下移”的语用翻译策略，这是因为英语的句子结构无论多长，一般都只有一个主句结构，其余的成分，根据它们与主句各成分之间的逻辑关系，可以被灵活地处理成不定式分句、现在分词分句、过去分词分句、关系分句、状语分句、名词性分句、介词短语等。这样，学生译者的思维就会在其译文话语的句子结构或者篇章布局方面，处于良好的运作状态。

（27a~27d）都选择对了译文话语的主句，但他们的译文表达都有不足之处，反映出他们在句法、语法、语用方面存在着认知接口被割裂的现象，对译文语言做出了最大顺应性选择。（27a）采用了把原文句子在英译文中上推为超语句的翻译策略，试图利用两个独立的句子来表达。在课堂上，我们指出译文的不足之处：

（27a）中的“Some for advice while some for collecting information”不是分句结构，而是短语结构；while 这个英语话语标记语，使用不合适，因为它常被用作并列连词表示“转折对比意义”，可是原文话语并没有这方面的逻辑关系，且 while 常常可以连接两个现在进行体或过去进行体表达，表示两个同时且正在进行的动作。（27b）也有类似的问题，虽然基本正确地使用了英语并列句，但该学生译者没有把握好汉语原文话语中后一句从逻辑意义上是从属于第一句的，二者有一个时间先后的逻辑关系。（27c）使用了关系分句来处理，但“by twos and threes”是英语成语，不能用作关系分句的先行词。（27d）是所有 178 份译文中最好的一个，“some asking for help and some acquiring for information”使用了现在分词分句来翻译，但 asking、acquiring 与主语谓语动词 came 相参照，在时间逻辑关系上来说，表示的是与 came 主动且同时的两个动作，而不是原文话语中在时间上表示“先后关系”的动作。（27e）的译文话语选择“some to seek advice; others to get news”，正确处理了 come、seek advice、get news 三个动作在时间上的先后关系，跨越了在语法、句法、语用层面的认知接口障碍，达成了与原文作者和英美读者之间的跨文化交际。

7.2.2.4　学生译者的语言选择：句子层面与超语句层面

在翻译课堂教学的语篇释意交际过程中，教师译者需要让学生译者明白：汉、英两个民族在思维方式上客观存在着差异性，在语言表达方式上也有区别。汉语构句重逻辑顺序，在时间上重先后顺序，重前因后果关系；英语构句则既可按时间顺序排列句内语义成分，也可逆序排列句内语义成分。因此，在翻译课堂教学的语篇产出交际过程中，译者在翻译超语句时，很难完全保留原文语序，大多数情况下必须调整语序，以符合译入语的表达习惯，因此常常需要进行变序翻译。具体地讲，在翻译过程中，由于原文的语序无法在译文中得到完全的保留和再现，为符合目的语的习惯表达和目的语民族的思维模式，而在译文中对原文语序进行重新排列，按照目的语的逻辑顺序、表达顺序和行文方式进行组句。译文句式重组的好处是：由于彻底摆脱了原文的语序和句子形式的约束，因此，比较易于做到译文地道通顺、自然流畅、一气呵成，让译文读者真正明白原文所传达的意义。

英汉两种语言的超语句的翻译是个较为复杂的问题，不仅需要综合运用转换、增词等多种翻译技巧，而且需要周密考虑原文所列事物在译文中的排列顺序。汉语的“多重复句”有一气呵成的紧凑感，英语通常交叉使用多种修饰语。超语句的翻译策略有：顺序翻译法、逆序翻译法、拆句翻译法、综合翻译法、插入翻译法等。

英语超语句的特点主要有以下几点：①结构复杂，逻辑层次多；②常须根据上下文进行词义的引申；③常须根据上下文对代词的指代关系做出判断；④并列成分多；⑤修饰语多，特别是后置定语很长；⑥习惯搭配和成语经常出现。英语长句的结构分三类：①头重脚轻型，即主句谓语之前有一大串内容；②尾大不掉型，即主句开门见山，谓语之后一长串尾巴；③并列插入型，即长句由许多并列分句、并列结构、插入成分组成。

对于超语句的翻译，有两点至关重要：第一是对原文的准确理解；第二是在译文当中恰如其分的表达。翻译时注意语义整合与语序安排，按译文语言的表达习惯将原文内容予以再现。首先，进行表层语法结构分析。英语超语句的分析方法是：通过语法分析弄清长句内部的逻辑及主次关系。先找出整个句子的主句以及主句中的主语和谓语；然后找出各个从句及其他次要成分，并弄清主句与从句通过何种方式联结；最后理清各个修饰语和被修饰语之间的关系。也就是说，先找到核心句的主谓结构（尤其是要找到谓语及相应的主语为首要），然后再找出其他成分（如从句、短语、并列成分、插入成分等）。具体步骤包括：①如果是长简单句，应先找出全句的主语、谓语、宾语（句子的主干结构）；如果是复合句，则应先找出整个句子的主句以及主句中的主语、谓语、宾语。②找出句中所有的从句及其引导词，找出所有谓语结构、非谓语结构和介词短语。③分析从句和短语的功能，如是否为主语从句、宾语从句、表语从句或状语从句等，以及词、短语和从句之间的关系。④分析句子中是否有固定词组、固定搭配、插入语、术语等其他成分。其次，进行深层次的信息结构分析。抓住句子的中心思想，理清各层次之间的逻辑关系，掌握各层次的内容。再次，按逻辑顺序把句子各个部分的内容串成一句完整的话语加以理解。最后，注意语义整合与语序安排，按汉语表达习惯将原文内容用地道的汉语加以再现。表达阶段分为三个步骤：①试将每个划开的单句逐一翻译；②按照目的语民族的思维习惯、行文方式，将翻译出的句子进行调整和组合（注意语义整合与语序安排）；③对译文进行加工润色。

超语句层面的篇章布局，在大多数情况下，是有关话语内容组织结构（organizing content）的问题。话语标记语是在超语句层面组织内容的重要手段，可以帮助学生译者确定话语构建过程中作者的思维路向中的前后匹配情况（coreferential mapping）。它们能够标示话语成分之间的前指和后指关系，以便使话语更好地为读者所理解。

学生译者正确认知处理原文中的话语标记语并对之予以成功的传达，是超语句翻译过程中的两个重要环节。他们应该调动自身的认知资源，积极“介入”原文话语阐释过程，循着作者的认知思维方式，识别原文中的话语标记语，正确认知处理原文话语字里行间隐含的逻辑关系，体味它们产生的语境效果或者语用用意，并在译文话语群集中再现出其语用功能。

翻译话语标记语的过程，是在原文思维方式和译文思维方式之间协商的一个动态过程。学生译者需要遵照译文话语标记语的表达方式，而不是照搬原文的话语标记语。他们应该使用译文话语标记语，对原文的概念意义重新做出程序性编码，来明确译文话语之间的逻辑关系，并对译文读者的理解过程起到一定的导向作用。

我们在回头看（8）（6.2.2 小节）。在翻译课堂教学的语篇释意交际过程中，我们引导学生对原文话语进行认知处理，以便使其的思维处于良好的运作状态。第一，拆分句子。这个长句可以拆分为四段：“In Africa I met a boy / who was crying as if his heart would break / and said, when I spoke to him, that he was hungry / because he had had no food for two days.”第二，分析句子结构。①主干结构是：主语+谓语过去式+宾语（I met a boy…）。②crying 后面是状语从句“as if his heart would break”。③“when I spoke to him”是介于动词“said”和“that he was hungry”之间的插入状语成分。④难点部分“crying as if his heart would break”应译为“哭得伤心极了”。

在翻译课堂教学的语篇产出交际过程中，我们评析学生译者的译文并指出其问题所在。（8a）虽然注意到了汉语表达的意合特征，但是译文语言选择用“哭得撕心裂肺”来形容一个小孩的饥饿程度，有些言过其词，过于夸张；“探求原因”表达有些过于正式，不能和原文的语言风格相匹配。（8b）使用了关联词“当……时”“因为”等，使译文话语显得不够通顺流畅。这两个译文话语都对作者的信息意图做出了最大顺应性选择。（8c）对译文话语做出了最佳顺应性选择，传达出与作者的交际意图相匹配的最佳关联。在课堂上，我们启发引导学生注意汉语重意合的语言特征，建议他们尽可能不使用汉语话语标记语。经过课堂讨论，我们给出了参考译文（8d），该译文更加简洁明了、通顺流畅，更符合汉语的表达习惯。

（28）中国政府将坚定不移地实行对外开放政策，以更加积极地推进全方位、多层次、宽领域的对外开放，在更大范围和更深程度上参与国际经济合作与竞争。[①]

a. The Chinese government will firmly implement the opening-up policy by advancing the opening-up in an all-dimensional, multistoried and wide-ranging way more positively, by participating in the international economical cooperation and competition to a wider extent and higher degree. (CLY030)

b. In order to constructively speed up the forming of all-dimensional, multitoried and wide-ranging pattern of opening-up policy and to participate in international economic corporation and competition in a wider range and further level, Chinese government will implement the opening-up policy unshakably. (CYJ029)

c. **The Chinese government will unswervingly implement the opening-up policy. It will more vigorously promote all-directional, multi-tiered and wide-range opening-up and take part in international economic co-operation and competition at a greater width and depth.**[②]

在翻译课堂教学的语篇产出交际过程中，两位学生译者在认知处理作者的信息意图和交际意图时，出现变异性的理解。她们对原文语义内容的认知处理方式代表着2010级178位学生译者的思维走向。(28a)把“以……参与国际经济合作与竞争”理解为中国进行改革开放所采取的方式或手段，因而在译文话语选择中译为一个由by引导的方式状语。(28b)视它为中国进行改革开放的目的，因而她的译文语言选择处理为目的状语，置于主句的前面，结果导致译文话语在句子信息分布方面出现严重的头重脚轻现象。这说明：她们对原文话语的信息意图和交际意图的理解，总体上是基于自己找到的最大关联，因而，在产出译文话语时，也就做出了最大顺应性选择。这还表明她们的思维没有进入良好的运作状态。事实上，与原文的交际意图相匹配的最佳关联应该是：“中国政府将坚定不移地实行对外开放政策”与“以……参与国际经济合作与竞争”是总述与分述的语义关系，或者说，后者讲的是中国将怎样具体地从两个方面实施对外开放政策。

① 江泽民在“《财富》全球论坛”开幕晚宴上的讲话. http://www.ccyl.org.cn/search/zuzhi/theory/leadertalk/2001/zttb20010508.htm [2020-02-04].

② 参见 https://ishare.iask.sina.com.cn/f/31EbalglNmE.html[2020-08-06].

只有当她们的思维调整到这一阐释点上，其大脑信息处理机制才会处于良好的运作状态。

根据我们的理解，在翻译课堂教学的语篇产出交际过程中，我们引导学生译者：进行译文话语选择时，可以采取灵活的语用翻译策略，把原文话语从句子单位上推为译文话语的句群单位来翻译，具体可以分为两个句子来译。（28c）更好地传达出作者试图传达的最佳关联，有助于跨越在英语句法层面和语用层面认知接口被割裂的障碍，对译文话语做出最佳顺应性选择。这样做满足了译文读者的认知和谐，确保译者与原文作者、英美读者之间成功的跨文化交际。

（29）我告诉她同志弟不是这里的，他现在到前沿去了。她不好意思的笑了一下说："刚才借被子，他可受了我的气了。"

（茹志娟，《百合花》）

a. I told her my brother was not here and had left to advancing front. She smiled embarrassedly and said: "I borrowed his quit and made him angry." （LXT054）

b. I told her that the messenger boy wasn't here but in the battlefield. "He must have suffered a lot from my temper when he borrowed my blanket just now", she smiled embarrassedly and said. （WMQ055）

c. I told her that the brother comrade didn't belong here and he had gone to the front. Then she laughed embarrassed and said: "he had put up with me quite a lot when he borrowed the quilt." （GLP057）

d. When I told her he had gone to the front, she smiled shyly and said, "Just now when he came to borrow bedding, I treated him rather badly." **（杨莉藜 1997b：36）**

该例子选自茹志娟的短篇小说《百合花》，以解放战争中的淮海战役为背景，描写的是 1946 年的中秋之夜，在部队发起总攻中之前，小通讯员送文工团女战士"我"到前沿包扎所后，向一个刚过门的新媳妇借被子的故事，表现了战争年代崇高纯洁的人际关系，歌颂了人情美和人性美。在翻译课堂教学的语篇释意交际过程中，三位学生译者不用花费太多的推导努力，便可以找到作者试图传达的最佳关联。在翻译课堂教学的语篇产出交际过程中，我们指出：她们的语言选择（29a~29c），从总体上来讲，依照原文汉语话语结构，分为两个句子进行翻译，这反映出她们对译文话语的谋篇布局在很大程度上受到了汉语思维的影响，而没有按照英语思维的要求，把该句话处理成主从复合句，如（29d）。从另外一个角度讲，她们的译文选择在句法层面和语用层面出现了认知接口被割裂的现象。我们建议她们采用灵活的语用翻译策略，把原文话语从句群单位下移至句子单位，这样做可以使译文的信息分布更好地遵循英语语言的表达规律。

我们再来看她们对每个句子的翻译，其译文呈现出丰富的变异性。对于“同志弟”的翻译，其译文分别是 my brother、the messenger boy 和 the brother comrade，说明她们在词汇层面和社会语言层面出现了认知接口被割裂的现象，因为这个对小战士的称谓，指的是解放战争期间，在革命队伍中大家相互称呼为“同志”，而在茹志鹃的作品里，在村子里借被子的小战士年纪很小，所以，小媳妇亲切地称呼他为“同志弟”。从学生译者的译文来看，她们都做出了错误的译文选择，没有成功跨越认知接口被割裂的障碍，因而不能确保与原文作者和译文读者之间跨文化交际的顺利进行。对于“他可受了我的气了”的翻译，她们的译文话语分别是“(I) made him angry”“He must have suffered a lot from my temper”“he had put up with me quite a lot”，基本上把作者的信息意图传达了出来，对译文话语进行了最大顺应性选择，但遗憾的是，她们都没有传达出那位小媳妇在得知小战士阵亡消息后的自责、内疚、后悔的情感。也就是说，她们的译文语言选择出现了认知接口被割裂的现象，没有传达出与作者的交际意图相匹配的最佳关联，因而没有对译文话语做出最佳顺应性选择。在课堂上，我们建议学生把原文话语的第二句处理成主句，把第一句处理成时间状语结构，以切合英语主从复合句的表达规律；根据“同志弟”的百科信息，可以将其翻译为“the young soldier”；翻译“他可受了我的气了”时，可以转换一下视角，从年轻小媳妇自责的角度出发，把原来的第三人称视角转换为第一人称视角，这样传达原文的宏观语用意境效果会更好，比如像（29d）译为“I treated him rather badly”，就可以很好地满足译文读者的认知和谐，实现与原文作者和译文读者之间成功的跨文化交际。

（30）当前，世界经济正在深刻变化。经济全球化深入发展，科技进步日新月异，国际产业转移加快，生产要素流动加速，各国正面临着难得的发展机遇。<u>同时</u>，世界经济失衡加剧，贸易保护主义抬头，能源资源压力增大，气候变化突出，这些问题给各国各地区共创可持续未来带来严峻挑战。<u>在</u>机遇和挑战并存的<u>情况下</u>，我们如何携手共创可持续未来，是必须认真思考并严肃回答的重大课题。[①]

a. Nowadays, the world economy is undergoing profound changes. As the economic globalization gathering momentum, science and technology making progress with each passing day, the tendency of international industry is growing rapidly, the flow of factors of production is accelerating, all the countries are facing rare chances for development. But at the same time, the imbalance of the world economy is deepening. Trade protectionism is gaining ground. The pressure of energy resource is heightening. The climatic variation is sharpening. All of these problems will be bringing serious challenge to all countries and regions of creating a sustainable future. In the situation of challenges and opportunities ahead, how to create a sustainable future together should be an important project for us to consider and answer seriously. （CLY030）

b. At present, the world's economy is at a profound change. With the in-depth development of economic globalization, renewing technological advances and pacing international industrial transfer, the flows of production factors are speeding up and thus all countries are in faced with rare development opportunities. Meanwhile, problems such as world's economic inbalances, trade protectionism, increasing pressure on energy resources and prominent climate change, pose serious challenge to create a sustainable future. In the coexistence of opportunities and challenges, the issue of how to work together to create a sustainable future is the major one that needs considering and seriously answering. （CYJ029）

c. **The world economy is undergoing profound changes. Economic globalization is gaining momentum; rapid progress is being made in science and technology; worldwide industrial relocation and flow of productive factors are picking up speed. All these offer us rare opportunities for development. On the other hand, problems such as**

① 胡锦涛. 推进全面合作 实现持续发展——在亚太经合组织商业峰会上的演讲. http://www.gov.cn/gongbao/content/2007/content_778183.htm[2020-02-04].

growing imbalances in the world economy, rising trade protectionism, mounting pressure on energy resources and the increasingly acute issue of climate change pose grave challenges to all countries and regions which are endeavoring to build a sustainable future. How can we build a sustainable future <u>in the face of</u> both opportunities and challenges? This is an issue that deserves close consideration.

[*Bejing Review* 2007,（38）]

译文话语（30a）显示：在翻译课堂教学的语篇释意交际过程中，该学生译者在很大程度上正确认知处理了胡锦涛同志的信息意图和交际意图。但是，在翻译课堂教学的语篇产出交际过程中，由于其语用交际翻译能力的局限性，具体地讲，即在英文话语中句子结构的信息布局方面的知识有所欠缺，因此她的语言选择在语法上出现了认知接口被割裂的现象。她把原文话语第二句中的四个并列句“经济全球化深入发展，科技进步日新月异，国际产业转移加快，生产要素流动加速”译为“as the economic globalization gathering momentum, science and technology making progress with each passing day, the tendency of international industry is growing rapidly, the flow of factors of production is accelerating”。前两个并列分句显示出她想使用独立主格结构，但不应该使用连接词 as，因为该词后应该是一个分句结构；然而，后边的两个并列分句却使用了分句结构，这样会使得英语并列成分结构出现不一致、不对称的现象。另外，四个并列成分之间不应该使用逗号分隔开来，原因是：它们中间的三个逗号与“all the countries are facing rare chances for development”前面的逗号所起的作用不同：后者表示前面的并列成分是该句的从属分句结构。正确的方法应该是在前四个并列成分之间使用分号。所以，我们认为该学生译者在对并列成分进行英译时，在语法层面、句法层面上出现了认知接口被割裂的现象。原文的第三句中“同时”的译文话语显示：学生译者对连接词 at the same time 的选择（178 位学生都使用 meanwhile、in the meantime 等类似的表达，没有一位同学使用正确），主要是没有很好地结合原文语言语境造成的。胡锦涛同志演讲的第一句话是总括经济形势的话语，然后分为好的经济状况和不好的经济状况两方面来谈。所以说，该学生译者（及所有的学生译者）对连接词的选择出现了词汇层面、语用层面认知接口被割裂的现象。将原文的四个并列句处理成四个单独的并列句，这似乎有些不妥当，因为原文是为“这些问题给各国各地区共创可持续未来带来严峻挑战”作铺垫的。而在译文话语中，四个平行单句与“All of these problems will be bringing serious challenge to all countries and regions of creating a sustainable future.”处于同一语法功能层面，这样就没有正确处理好语用层面的意义，因而出现了认知接口被割裂的现象。对原文最后一句中的“在机遇和挑战并存的情况下”，该学生译者选择译为“In the situation of challenges and opportunities ahead”，显示该学生译者只传达出了胡锦涛同志的信息意图，其交际意图应该是表达“面对这些挑战和机会”。这说明该学生只是抓住与胡锦涛的信息意图相匹配的最大关联，因而对译文话语做出的最大顺应性选择。

我们现在对（30b）的译文选择进行分析。第一句总括句的译文“at a profound change”，显示该学生译者在短语层面出现了认知接口被割裂的现象，正确的短语表达应该是“undergo profound changes”。第二句话的译文话语结构显示她使用 with 短语来翻译原文的四个并列分句，随后使用“...and thus...”，结果导致整句译文话语没有了主句，说明该学生译者在短语层面、句子层面出现了认知接口被割裂的现象，因而只能对英语译文做出最大顺应性选择。第三句话她选择 meanwhile 作为连接词，反映出她没有对译文做出最佳顺应性选择，在词汇层面、语用层面出现认知接口被割裂的现象。她将经济不好状况的四个并列分句处理为并列的名词短语结构，显示她采用了灵活的语用翻译策略，整个句子比第一位学生译者处理得好。对于第四句话，她选择译为“In the coexistence of...”，说明她在翻译课堂教学的语篇释意交际过程中，没有正确认知处理“在……并存的情况下”，只是找到与胡锦涛同志的信息意图相匹配的最大关联。这也说明她没有很好地联系胡锦涛同志的演讲的上下文进行理解，在语用层面出现认知接口被割裂的现象。在该最大关联的引导下，该学生译者做出了这样的英语译文选择，因而不可避免地会在语用层面出现认知接口被割裂的现象，对译文语言做出最大顺应性选择。另外，“the major one that needs considering and seriously answering”反映出她过分采用了直接语用翻译策略（direct translation）。要知道，原文话语“认真思考并严肃回答”是为了维持汉语朗读时对称均衡的节奏感，其实存在着语义重复。这说明学生译者没有灵活地采用虚化的翻译技巧。事实上，英文短语“deserve close consideration”便可以言简意赅地表达“认真思考并严肃回答”的信息意图和交际意图。

在翻译课堂教学的语篇产出交际过程中，我们根据原文话语的语义内容，引导学生译者把胡锦涛同志的演讲词分为五个小的语义组，使用“//”把它们清晰地分割开来；再根据其中话语间的逻辑关系，使用“/”进一步将其标示出来，具体如下。

> 当前，世界经济正在深刻变化。//经济全球化深入发展，/科技进步日新月异，/国际产业转移加快，/生产要素流动加速，//各国正面临着难得的发展机遇。//同时，世界经济失衡加剧，/贸易保护主义抬头，/能源资源压力增大，/气候变化突出，/这些问题给各国各地区共创可持续未来带来严峻挑战。//在机遇和挑战并存的情况下，我们如何携手共创可持续未来，是必须认真思考并严肃回答的重大课题。

这样做的目的是，让学生译者学会在翻译长句时如何对其做出切分；在动笔进行英语语言选择时，在其大脑中构建译文话语在篇章布局上的大体脉络，从而使其思维像（30c）的译者一样处于良好的运作状态。

对于原文话语中的第一句“当前，世界经济正在深刻变化”，（30c）译文话语独立成句“The world economy is undergoing profound changes”。从篇章内容上讲，该句是一个主题句。第二句“经济全球化深入发展，/科技进步日新月异，/国际产业转移加快，/生产要素流动加速”讲的是当前的国际经济形势。译者在译文话语中使用了几个英语单句，使用分号隔开，语言简洁明了地再现了演讲人的信息意图和交际意图。原文第二句的后半部分“各国正面临着难得的发展机遇”，译者使用“all these”总括前文的国际经济形势，形成了上下文之间的自然过渡。此后，译者准确地选择了“on the other hand”，很好地把握了作者试图传达的程序性意义。译者深入地理解原文，即在当前的国际经济形势下，我国面临着难得的经济发展机遇和与之俱来的社会问题。对于“在机遇和挑战并存的情况下”，译者较好地认知处理了与作者的交际意图相匹配的最佳关联，即“面对机遇和挑战”，在译文中较好地予以了再现。在译文语篇逻辑连贯方面，译者使用话语标记语 all these、on the other hand、in the face of 等，使译文话语跨越语义、语用等认知接口上存在的障碍，准确地再现了胡锦涛同志试图表达的程序性意义。

7.2.3 翻译课堂教学中顺应的动态性与学生译者的语言选择

在上面两节，我们探讨了在翻译课堂教学的语篇产出交际过程中，在教师译者的指导下，学生译者如何从译文话语的语境关系顺应、语言的外部因素，以及语言关系顺应、语言内容因素角度，进行译文语言选择，以传达作者的信息意图和交际意图。在这些因素与学生译者认知处理的互动过程中，学生译者在其大脑中激活相关认知图式，从而使其“内隐”的思维过程通过最终的译文话语“外显”出来。译文语言意义生成过程的思维图景，就是在动态顺应译文读者的过程中逐步展现出来的。需要指出的是，阐释学生译者顺应的动态性与考虑变异性和协商性的交互作用，是翻译课堂教学过程中具体语用研究的中心任务；语用翻译所增加的只是在译文语言具体使用过程中，语境关系和语言结构关系相互顺应时所呈现的动态性。

在本节，我们将对翻译课堂教学过程中顺应的动态性做出描述。教师译者以不同身份的介入、学生译者强烈的主体性意识、多媒体等新技术的运用、专业译者的切身翻译实践经验、翻译项目发起人及赞助人所预期的译文语用意境效果、学生译者的语用交际翻译能力等因素都会从不同的侧面促进翻译课堂教学的动态过程。

第一，教师译者以不同身份介入促进翻译课堂教学的动态性。作为教学活动的组织者，教师译者课前要充分备课，预先了解学生在课堂上的心理期待，精心设计课堂教学的各个环节；课中要有条不紊地实施备课计划，头脑中有各种预案，随时应变学生质疑，组织学生分组讨论，适时引导他们讨论的聚焦点，使其讨论最终达成共识，提高其对翻译认识的境界。课后对于翻译作业，教师译者应及时回复学生的电子邮件，提出具有建设性的修改建议。作为指导者，教师译者既要从翻译理论和翻译技巧方面指导学生译者，又要教给学生如何利用现代媒介去查阅与原文话语有关的百科信息，使学生逐步认识到在进行译文语言选择时，如何有意识地把课堂上习得的翻译理论和翻译技巧灵活运用到具体的翻译实践中去，从而避免两者之间的脱节问题。学生译者要根据教师译者的启发和引导，逐步学会使用现有媒介手段查阅原文话语的相关背景信息。作为课堂讨论的促进者，教师译者在给学生自由空间进行分组讨论时，学生的观点或者见解会因为各自不同的语用交际翻译能力的差异，呈现出丰富的变异性，有时甚至可能会出现严重分歧。在这个时候，教师译者要适时介入其讨论，依据自己丰富的翻译理论和翻译实践的知识储备，指出不同学生译者观点的优缺点，尽可能找出其观点的趋同点，使其讨论与教学目标逐步达成一致，这样，他们才能从理论和实践层面获得真正的提高。作为咨询者，教师译者需要做出充分准备，应对学生译者可能提出的各种问题，必须做到使自己的观点具有明确的针对性，对其很有启发，使其心悦诚服地调整自己的思维路向，以便在翻译的过程中使其大脑信息处理机制得以良好运作。

第二，学生译者强烈的主体性意识是翻译课堂教学动态性的驱动力。在教学中，我们发现学生译者具有很强的主体性意识，这体现在翻译课堂教学的语篇释意交际过程和语篇产出交际过程中，他们努力使自己的大脑信息处理机制良好运作（尽管有时未必如此）。在阐释与作者的交际意图相匹配的最佳关联和产出满足译文读者认知和谐的译文话语的过程中，他们都试图做得更好，这也许是意欲使其利益最大化的心理动机使然。即便由于种种原因，他们没有完全正确地阐释作者的信息意图和交际意图，他们仍然希望产出的译文话语是以自己的翻译水平做出的最好的译文语言选择，希望得到老师的点评和认可，得到较为理想的分数，使自己的利益最大化。他们的这种心理和积极的主体性意识，将会使翻译教学呈现出在变异性译文话语中相互协商、相互顺应、合作学习、共同提高的动态课堂场景。

第三，多媒体等新技术的运用会大大提高翻译课堂教学中学生动手翻译的积极性。现代通信技术的发展，给我们的翻译教学带来了诸多便利。同时，学生译者对现代技术具有很高的学习能力和适应能力。现代查词工具 Google、电子词典、电子语料库、电子百科全书、翻译软件、计算机辅助翻译系统（如 Trados、MemoQ、Dejá Vu、Wordfast）等被引入翻译教学，极大地激发了学生译者努力学好翻译的欲望。这样便改变了传统的查阅双语词典（包括普通词典和专业词典）的学习方法。因特网的搜索功能更给翻译工作带来了一场革命，有效利用新技术可以大大提高翻译的效率和准确性（李长栓 2004：103）。在翻译课堂教学中，在教师译者的指导下，充分调动新技术，利用新的教学手段，来促进学生译者对于作者的意图和相应译文语言的最佳顺应性选择之变异性、协商性、顺应性的动态过程。

第四，专业译者的切身翻译实践经验可以催化翻译课堂教学的动态性。一般来讲，学生译者缺少一线的翻译工作经验。他们很渴望借鉴职业译者的实战经验，感悟其翻译实践中的心路历程，从中学到实用的翻译经验，悟出翻译的真谛，为未来从事翻译工作做好心理准备。职业译员谈及的翻译失误经历，可以使学生译者从中汲取一定的经验，以便在以后的翻译实践中少犯错误，少经历挫折，在前进的道路上走得更快一些。

第五，翻译项目发起人、赞助人所预期的译文语用意境效果会调节翻译课堂教学动态性。在进行翻译项目活动时，教师译者需要指导学生译者时刻关注他们所预期的译文语用意境效果，因为它直接关系到他们的最大（经济）利益。在他们给出的翻译要旨的观照下，原文话语的哪些内容在译文语言选择时可以有所取舍，是一个很值得思考的问题。一方面，译者要传达出作者的信息意图和交际意图，但更重要的是，传达出能为项目发起人或者赞助人带来直接经济利益的译文话语。另一方面，译者还要考虑在译文话语中如何保证即使省去、删除、压缩作者意图表达的内容，还能让译文读者根据自身阅读能力和接受能力在其大脑中得到大致相同的语义表征。学生译者还要采用灵活的语用翻译策略，实现译文话语的篇内连贯和篇际连贯，使译文读者不用花费太多的认知推导努力，便可以获得翻译项目发起人、赞助人、委托人所预期的译文语用意境效果。

第六，学生译者的语用交际翻译能力影响和制约着翻译课堂教学的动态性。在教师译者的指导下，他们对原文话语的认知处理能力和译文话语的产出能力越强，具有变异性、协商性、顺应性的翻译课堂教学活动就会越顺利地进展下去。为达此目的，就需要学生译者提高自身阐释作者意图和产出译文话语的语言内（外）能力、构建原文宏观语境的能力、体味原文宏观意境效果的能力、产出翻译项目发起人或者赞助人所预期的译文语用意境效果的能力、实际操作现代电子媒介的能力、与职业译者分享专业性原文话语翻译的交际能力等。如果学生译者的这些能力有所欠缺，教师译者就不得不花费较大的气力引导他们调动合理的认知资源，不断地调整其思维路向，以便使翻译课堂教学互动场景比较顺畅地进行下去。

除了上面提到的六个方面的因素之外，我们还需要探讨译文语言使用中的时间维度和学生译者所处时代的社会文化语境如何制约和影响他们最终的语言选择。

7.2.3.1　时间维度与学生译者动态的语言选择

在翻译过程中，时间维度为翻译课堂教学的跨文化交际活动的动态性提供了具有丰富变异性的译文话语。学生译者对译文语言的灵活选择，是随着时间的推移而不断发生变化的。时间维度促使学生译者在做出语言选择，以传达作者的信息意图和交际意图时，对译文做出进一步的修改与完善。每一次修改前，他们都会反思上次译文话语中的不足之处，找出其中产生的原因，比如原文阐释错误的原因或者自身的译文功底等原因。每一次修改后，他们会进一步加深对作者的信息意图和交际意图的理解；会有意识地采纳教师译者在课堂上所传授的翻译理论和翻译技巧；会接受教师译者的启发和引导，并将其转化为有意识的翻译行为；他们的语言都会顺应于译文认知语境中的时代背景，并把译文读者的审美期待和接受能力考虑进去。所以，通过修改译文话语这一环节，他们对翻译技巧的感悟能力会不断得到提高，在追求译文话语“没有最好，只有更好”的过程中，他们的翻译境界会越来越高，视野越来越开阔。

7.2.3.2 学生译者所处时代的社会文化语境与学生译者动态的语言选择

翻译活动常常发生在某一特定的社会文化语境中，因为该活动不仅是完成一项创造性的任务，而且是一项社会活动。当前，随着全球化步伐进一步加快，我国同世界各国在政治、经济、科技、文化、教育等领域的交流与合作也日趋频繁。在这样的跨文化交际过程中，翻译便起着日益凸显的作用。而如何满足市场对翻译人才的需求，培养出合格的专业翻译人才，就成了相关高等院校的当务之急。学生译者所处的社会文化语境中的语用制约因素对其语言选择的影响常常表现在以下两个方面。

首先，在翻译课堂教学中我们应该让学生译什么？我们的教学内容需要在基本的文学翻译训练的基础上，逐步转向为地方经济发展所需要的应用翻译上，满足地方经济发展对应用型专业翻译人才的要求；采用产学研相结合的创新翻译教学培养模式，把传统课堂讲授与翻译实践紧密结合起来，通过与翻译研究机构开展产学研活动，使翻译专业的培养方案更贴近社会需要，人才培养更具有针对性（连彩云等 2011）。所以，适应我国社会经济市场化的需求，我们的翻译教学内容要从传统的文学翻译转向诸如经贸翻译、旅游翻译、法律翻译、公司介绍翻译、产品说明书翻译等实用翻译，或者与社会上的企业、公司、政府机构等部门合作，参与其发起或赞助的翻译项目，使学生译者直接贴近社会实践，练就实战翻译技能。这样会使学生在走上工作岗位前就具备一上岗就能独当一面的翻译能力，这将是单位招聘极具吸引人的亮点部分。

其次，学生译者对原文话语的认知处理是在一定的社会文化语境下展开的。在翻译课堂上，如果让他们翻译的内容历史年代稍微久远，他们的认知能力就很难超越历史的局限。尽管是无意识的，但具体的社会文化背景还是使他们的认知深深地打上了时代的烙印。而且，从译者作为读者的角度来看，不同时代的学生译者会对同一译文话语做出不同的阐释。这种理解的变异性就会表现在不同的译文话语中。这类似于那些翻译大家的经历，在翻译莎士比亚作品时，田汉、朱生豪、曹未风、孙大雨、杨烈等翻译大家在他们各自的译文话语选择中表现出了其不同的人生经历、文化素养和世界观等。

7.2.4 翻译课堂教学中学生译者的语用意识与语言选择

在本节，为了从认知语用学的角度探讨学生译者译文选择方面的问题，我们还需要探讨一下翻译课堂教学顺应过程中学生译者的语用意识。既然译文话语的语境关系和语言结构关系之间存在着顺应的互动性，那么学生译者如何发挥其语用意识进行译文语言选择，以传达作者的信息意图和交际意图及原文宏观意境效果，这是一个值得探讨的问题。其原因是，学生译者语用意识的良好运作直接关系到他们是否能正确按照译文读者的认知思维模式，布局译文话语，以达到行文流畅的译文语用效果。

在翻译课堂教学的语篇产出交际过程中，在教师译者的指导和启发下，学生译者在认知处理译文话语的语境关系和语言结构关系相互顺应的过程中，使其具体的译文语言使用处于动态过程之中。他们的译文语言选择充满着变异性、协商性和顺应性的特点。在翻译过程中，考虑译文语境与语言结构之间的相互顺应这种认知处理过程促使他们在一系列可供选择的译文语言范围内，以高度灵活的方式，做出协商性的语言选择。而且，他们会以顺应的方式，考虑到某一语用制约因素，做出译文语言选择，与译文读者进行跨文化交际。

语用意识可以用来确定与顺应手段有关的译文语言意义生成过程的思维状态问题，该状态是由学生译者大脑信息处理机制运作的特点决定的。在翻译过程中，学生译者在教师译者的指导下，有意识地进行译文选择，所呈现出的意识状态不尽相同。该状态也与译文语言结构关系成分和学生译者的认知能力有着密切的联系。一方面，学生译者在选择译文语言时要考虑所有的译文语境关系，在其大脑中适时“嵌入”语境关系，这样他们的认知过程就会具体化，这样他们考虑的某一个语境因素就会对他们的译文语言选择起到重要的甚至决定性的作用，最终使他们产出具体的译文语言形式。另一方面，没有教师译者指导的学生译者的认知处理的介入，语境关系的心理画面也不会在其大脑中被激活，也就不会对他们的译文语言选择产生任何影响。

学生译者做出语言选择以及与之相伴随的种种思维过程，是受其不同的认知处理方式的影响和制约。他们的语言选择过程会显示出不同程度的语用意识。在整个翻译过程中，他们会有意识地去思维。所以，必须考虑学生译者的语用意识程度，来揭示隐藏在其译文语言选择背后的心理因素。学生译者会在教师译者的指导下，有意识地认知处理与作者的交际意图相匹配的最佳关联，并在其引导下，在译文认知语境中，对译文语言做出最佳顺应性选择，以传达作者的信息意图和交际意图。受其意欲产出的译文话语希望得到老师认可这样的心理动机的驱使，他们会不断地提高自己的语用交际翻译能力，使其译文话语最大限度地满足译文读者的认知和谐，以达成与原文作者和译文读者之间的跨文化交际。

学生译者在认知处理原文话语承载的政治规约、意识形态和审美观点的过程中，考虑到它们很有可能会在译文读者身上产生认知上的不和谐，因此他们会努力消除这种状态，因而会对原文话语进行操纵，对其内容有所改变、删减甚至篡改，有意选择使读者认知趋向和谐的译文语言，这样表现出来的语用意识程度会很高。学生译者在认知处理承载有文化意象的原文话语的过程中要考虑是应该采用直接语用翻译策略，将该文化意象转到译文认知语境中去，传达出作者的信息意图，还是采用间接语用翻译策略，牺牲该文化意象，只传达出作者的交际意图，这样他们的译文话语选择表现出的语用意识程度就会比较高。学生译者认知处理具有非文化意象的原文话语的过程中，由于这些话语在译文认知语境中有相同或者相似的语境假设，他们便可以采用直接语用翻译策略传达作者的信息意图和交际意图，因而他们的语用意识程度就会较低。

不过需要指出的是，他们在翻译过程中的语用意识程度往往会受其语用交际翻译能力的制约。学生译者的语用意识程度是无法进行度量的。事实上，也没有必要精确计算出他们的每一例译文选择所表现出来的语用意识程度。只有当译文话语中有迹象表明隐藏着学生译者在译文选择背后的心理动机时，我们才有必要考虑他们的语用意识程度。

7.3 本章小结

在构建的“翻译课堂教学的关联—顺应研究路向”框架内，本章对教师译者指导下的学生译者的思维运作过程做出了进一步研究。我们探讨了翻译课堂教学所涉及的四个方面：译文语境关系的顺应、译文语言结构的顺应、翻译课堂教学中顺应的动态性、翻译课堂教学中学生译者的语用意识与语言选择。它们不是不同的单个研究课题，而是翻译课堂教学过程研究一系列语用视角中相互联系、相辅相成、不可分割的核心部分。

学生译者之所以对作者的意图做出了最大顺应性选择，是因为在理解时，由于其语用交际翻译能力的差异，他们没有按照作者的认知思维方式阐释，导致在不同的认知接口层面出现了认知障碍。其选择背后的心理原因是，他们没有很好地认知处理原文的语言内信息和语言外信息、主题思想、文体风格、作者的态度口吻、原文宏观意境效果等。因而，学生译者在译文话语中对作者的信息意图做出了不同的最大顺应性选择。简言之，他们对原文话语的理解不同，在译文认知语境中产出的译文话语自然也就会不同。再加上在进行译文语言选择时，他们从不同的心理角度在顺应读者的过程中，会表现出在产出译文话语方面不同的语用翻译交际能力，尤其是译文语言功底的差异，这更会加大学生译者所产出的译文话语的多样性和变异性。

学生译者正确认知处理与作者的交际意图相匹配的最佳关联和体味出原文宏观意境效果，并对其意图做出最佳顺应性选择之后，他们的译文话语会呈现出变异性，这是因为他们的语用交际翻译能力在选择译文话语时表现出了各自的差异性。其背后的心理动机是：学生译者会从不同的心理角度在译文认知语境中顺应译文读者，即他们在考虑其中的社会文化语境、语言语境、译者的心理动机、译文读者的审美期待和接受能力、原文话语宏观认知意境效果、翻译项目发起人或者赞助人所预期的译文语用意境效果的过程中，难免会在词汇、语法、语义、语用等层面出现这样或者那样的认知接口被割裂的现象。

要把学生译者培养成 21 世纪优秀的翻译人才，教师译者在翻译课堂教学中必须努力教导学生习得语用交际翻译能力，使他们认识到在进行译文话语选择时必须按照译文语言的认知思维方式进行谋篇布局的重要性。首先，教师译者要指导学生译者熟练掌握译文语言的认知思维方式；其次，引导他们灵活地运用适当的语用翻译策略再现作者的信息意图和交际意图；再次，引导学生译者设身处地换位思考，从译文读者的角度去品味其产出的译文话语行文是否自然流畅；最后，也可以向职业译员或者外籍专家请教，请其给予把关。只有这样，才能促使学生译者尽可能地传达出作者的意图、原文宏观意境效果、翻译项目发起人或者赞助人所预期的译文语用意境效果等。只有达到这样的目标，学生译者才能真正地跨越认知接口被割裂的障碍，成功实现与原文作者和译文读者之间的跨文化交际。

第 8 章 翻译课堂教学特征的语用视角

8.1 本章简介

在第 5~7 章，我们构建了“翻译课堂教学的关联—顺应研究路向”，来实现一个研究目标，试图回答以下研究问题：教师译者指导下的学生译者在阐释和产出原文话语的过程中，其大脑信息处理机制是如何运作的？具体来讲，他们在阐释作者的信息意图和交际意图的过程中，理解方面的诸多变异性是如何产生并导致产出不同的译文话语？即使找到了与作者的交际意图相匹配的最佳关联之后，其译文选择为什么依然出现变异性？我们试图丰富和补充前人关于翻译教学动态性的学术观点。我们认为：翻译课堂教学过程是在教师译者的指导下，学生译者不断地对作者的信息意图和交际意图进行阐释，以变异性、协商性、顺应性方式，对原文话语及译文话语做出最大顺应性选择或者最佳顺应性选择，努力确保译文读者认知和谐的动态过程。

在本章，我们在理论演绎和例子分析的基础上，尝试回答以下研究问题：从“翻译课堂教学的关联—顺应研究路向”的语用视角来看，翻译课堂教学的特征是什么？

8.2 翻译课堂教学特征

笔者认为，翻译课堂教学具有关联性、不确定性、变异性、协商性、顺应性、自主性、协作性等特征。

8.2.1　关联性

在翻译课堂教学的语篇释意交际过程中，学生译者寻找与作者的交际意图相匹配的最佳关联，是以关联性为取向的。在与作者心理互动的过程中，他们正确认知处理作者的强（弱）式交际、明示和暗含、文体风格和程序性意义等，也总是遵循关联原则的。在认知处理作者的信息意图和交际意图的过程中，由于学生译者的语用交际翻译能力的差异，他们往往会在词汇、语法、句法、语义、语用等层面出现认知被割裂的现象，这样会导致他们仅找到与作者的信息意图相匹配的最大关联，并因而对其意图做出最大顺应性选择。教师译者需要指导学生译者在此基础上与作者进一步协商对话，寻找出与作者的交际意图相匹配的最佳关联，体味出原文宏观语境效果，对作者的意图做出最佳顺应性选择。在原文话语的词汇信息、逻辑信息、百科信息及其语境假设的基础上，在学生译者寻找作者试图传达的最佳关联假设，并对其意图做出最佳顺应性选择的过程中，其认知和谐得到满足。他们的认知和谐是做出译文选择使译文读者达到认知和谐的前提和基础。

在翻译课堂教学的语篇产出交际过程中，在最大关联的引导下，学生译者只能对相应的译文话语做出具有变异性的最大顺应性选择。在最佳关联的引导下，学生译者在译文话语构建成分的不同语言层面做出最佳顺应性选择，以满足译文读者认知和谐的方式，传达作者的信息意图和交际意图或者对其信息意图进行操纵。除此之外，学生译者的语用翻译策略、对译文读者审美期待和接受能力的预测和评估、对原文宏观意境效果的体味、对翻译项目发起人或者赞助人所预期的译文语用意境效果的把握，也是以关联性为取向的。任何与作者的交际意图没有关联的译文话语都是翻译中的败笔。即使受到政治规约、意识形态和审美观念的干涉，学生对作者信息意图的操纵仍然与译文认知语境中的相关方面相关联。

在翻译过程中，一系列的翻译行为，诸如做出语境假设、在原文认知语境中寻找关联、付出推导努力获得作者试图传达的原文宏观意境效果、对作者的意图做出最佳顺应性选择等，都是通过最佳关联来实现的。学生译者寻找与作者的交际意图相匹配的最佳关联的动态过程贯穿于翻译活动的始终。如果学生译者的语言选择与作者的信息意图和交际意图以及原文认知语境和译文的认知语境没有丝毫关联，那么，他们的译文语言选择就会在不同的认知层面出现被严重割裂的现象，既不会对其做出基于作者信息意图的最大顺应性选择，也不会对其做出基于作者交际意图的最佳顺应性选择，因而他们就会产生“胡译”“乱译”的翻译行为，与原文作者和译文读者之间的跨文化交际就会不可避免地失败。

8.2.2 不确定性

在翻译课堂教学的语篇释意交际过程中，学生译者在对作者的信息意图和交际意图做出最佳顺应性选择之前，其思维运作处于不确定状态。他们不确定的心理互动过程是由以下这些因素导致的。其一，作者产出了与其写作能力和创作习惯相匹配的原文话语，但是，学生译者在理解时往往会自动地按照自己的认知思维方式阐释这些话语，加上其语用交际翻译能力的不足，因此常常不可避免地在原文话语的不同语言层面出现认知障碍，往往对作者的信息意图做出不同的最大顺应性选择，导致他们与作者跨文化心理对话失败。其二，就原文中的弱式交际话语而言，作者仅仅期望把读者的思维引往某一个方向。学生译者作为原文话语的潜在读者，是否能够按照作者的认知思维方式正确认知处理这些话语，在很大程度上依赖于他们的语用推理能力的强弱，该能力的变化会增加他们阐释弱式交际话语的不确定性。其三，作者所传达的暗含越弱，越需要学生译者付出更多的认知推导努力去阐释他的言外之意或者弦外之音。对于自己的译文语言选择所提供的隐含性前提或隐含性结论，是否能够反映作者大脑中的语义表征（Sperber & Wilson 1986/1995：200），以及是否做出了最佳顺应性选择这一点，学生译者不是很有把握；他们需要在自己的记忆中提取相关的认知图式，也需要付出较多的推导努力，才能体味到作者试图传达的语境效果。其四，学生译者认知处理作者的交际意图，会受到原文和译文认知语境中双语言和双文化因素的制约和影响，其语用交际翻译能力的高低直接决定他们与原文作者心理对话是否能顺利实现。只要两者处于正相关状态，学生译者就容易体味出作者试图传达的最佳关联假设及其原文宏观意境效果，与其跨文化心理对话就能顺利进行；否则，与作者的交际就会失败。

在翻译课堂教学的语篇产出交际过程中，学生译者在译文认知语境中语言的不同层面对译文语言做出最佳顺应性选择之前，他们的心理也是处于不确定的状态。译文语言的协商性隐含着不同形式的不确定性，译文最终的语言形式是在语境关系与语言结构相互顺应的动态过程中产生的。首先，学生译者的语言选择本身就存在着不确定性：在翻译过程中，他们会一直受到必须做出语言选择和他们的选择是否很好地传达了作者的交际意图等思维上的考量与评估。在教师译者指导下，学生译者会努力跨越自身在产出译文话语过程中在不同层面出现的认知接口障碍。他们的译文话语是否能成功传达出作者的意图，有赖于其语用交际翻译能力的高低，因为翻译教学常常面临的困境是：即使学生译者找到了与作者的交际意图相匹配的最佳关联，但由于译文语言产出能力有限，他们常常感到心有余而力不足。其次，译文读者的语言选择也存在着不确定性问题。不论学生译者传达什么内容，由于译文读者自身不同的认知处理能力及审美期待和接受能力，他们都很有可能对译文话语做出不同的阐释。最后，学生译者一旦做出选择，不论是在话语产出的一方，还是在话语理解的一方，都会存在着不确定的因素，而且，这些选择的协商过程会永久地进行下去。正因为如此，我们才真正体味到译文语言选择的动态性过程。

总之，整个翻译课堂教学活动一直处于动态的不确定状态。在课堂上，学生译者在教师译者的指导启发下，构建原文宏观语境，认知处理原文的语言刺激，考虑译文语境关系的顺应、译文语言结构关系的顺应、其译介“异域文化”的心理动机、译文读者的审美期待和接受能力，体味原文宏观意境效果，领悟翻译项目发起人或赞助人预期的译文语用意境效果等。这种动态的思维过程本身就显示着翻译课堂教学跨文化交际过程的不确定性。

8.2.3　变异性

在翻译课堂教学的语篇释意交际过程中，由于学生译者受自身语用交际翻译能力的限制，他们在认知处理作者的意图时，在词汇、语法、句法、语义、语用等层面难免会出现认知被割裂的现象，这自然会导致他们只找到与作者的信息意图相匹配的具有变异性的最大关联，也就是说，他们对作者的信息意图做出了不同的最大顺应性选择。因而，在翻译课堂教学的语篇产出交际过程中，在最大关联的引导下，他们也就不可避免地对译文话语做出了具有变异性的最大顺应性选择，原因是：①他们变异性的原文阐释导致了变异性的译文产出；②译文语言的变异性、协商性、顺应性特征为变异性的译文提供了较大的选择空间；③受其译文语言表达功底的限制，即便是对作者的意图做出了最佳顺应性选择，学生译者同样会产出不同的译文话语，与译文读者进行跨文化交际。

在翻译课堂教学的语篇释意交际过程中，学生译者可以正确认知处理作者的交际意图，并对其意图做出唯一最佳顺应性选择。但在翻译课堂教学的语篇产出交际过程中，译文语言的变异性特征能够使他们享有更多的自由，为其提供一系列可能性供他们选择，以传达作者的信息意图和交际意图。他们在译文认知语境中的语言不同层面做出选择时，一旦译文不能够实现同一语言层面上的对应时，学生译者就需要做出变异性的选择，对翻译中的语言单位实行“上推”或者“下移”的灵活处理。另外，当译文话语不能使用与原文相同的语言风格，以较好地传达作者的信息意图和交际意图，并取得相似的意境效果时，教师译者应该指导学生译者考虑使用变异性的文体风格（交际线索），再现原文的语言风格和写作特色，以满足译文读者的认知和谐。在译文读者阐释译文话语和欣赏作者意图时，这种变异性有利于弱化或者减少他们所付出的认知推导努力。再者，译者还需要为了满足译文读者的审美期待和接受能力，对语用翻译策略做出变异性的选择。

教师译者必须指导学生译者：他们所有的变异性选择，必须是以确保译文读者的认知和谐为前提的。换言之，他们需要确保其语言选择不会使读者付出不必要的推导努力，便可以获得作者试图传达的语境效果；即使学生译者对作者的信息意图进行了操纵性重构，也必须确保译文读者能够认知处理被他们所操纵的译文话语所要传达的语境效果，以便迎合译文读者的审美期待和接受能力。

8.2.4 协商性

在翻译课堂教学的语篇释意交际过程中，学生译者在与作者进行跨文化心理对话时，做出语境假设，寻找关联，往往按照自己的认知思维方式去认知处理作者的信息意图和交际意图，这样常常会导致他们的协商性对话不能成功地进行。如果学生译者对作者的信息意图做出了不同的最大顺应性选择，教师译者需要指导他们，按照作者的认知思维方式，继续与其进行协商性对话，以便努力正确认知处理与作者的交际意图相匹配的最佳关联，对作者的意图做出最佳顺应性选择。学生译者需要根据原文话语及其语境假设，协调出作者的交际意图。除此之外，原文话语中的“交际线索”会引导学生译者正确品味作者试图传达的文体特征。学生译者能否成功地找到这些交际线索，在很大程度上依赖于包含其审美素质在内的语用交际翻译能力的高低。只有当学生译者按照作者的认知思维方式认知处理其信息意图和交际意图时，他们的阐释过程才不会在不同认知层面上出现认知被割裂的现象，这一协商过程才会步入正确的思维轨道。

在翻译课堂教学的语篇产出交际过程中，在最佳关联的引导下，受原文宏观意境效果的观照，学生译者以高度灵活的原则和语用翻译策略，有意识地做出相应的语言选择，以顺应译文读者。这种灵活性表明：学生译者必须考虑制约他们最终进行语言选择的所有因素。在译文认知语境中不同语言层面上的选择，会受到学生译者心理因素的影响，即他们需要考虑译文的社会文化语境、语言语境、他们的心理动机、译文读者的审美期待和接受能力、原文宏观意境效果、翻译项目发起人或者赞助人预期的译文语用意境效果等。他们需要协商出哪一个语用因素对其译文语言的最佳顺应性选择起到了重要的或者决定性的作用。译文语境关系和译文语言结构关系是相互顺应的，这是翻译过程中协商性的最好例证。学生译者对语用翻译策略的选择也隐含着协商性，因为，他们需要预测所使用的翻译策略是否能够满足译文读者的认知和谐，是否能够有效地传达作者的信息意图和交际意图，以及是否能够传达出作者试图传达的原文宏观意境效果。学生译者更应该根据教师译者的指导，以译文读者的认知思维方式，在译文认知语境的不同语言层面，与读者不断协商，对译文话语做出最佳顺应性选择，以便很好地传达作者的信息意图和交际意图，成功地达成与原文作者和译文读者之间的跨文化交际。

8.2.5　顺应性

在翻译课堂教学的语篇释意交际过程中，教师译者指导下的学生译者需要对作者的意图做出最大顺应性选择或者（和）最佳顺应性选择。这种选择过程是在顺应原文作者的认知思维方式中完成的。在翻译课堂教学的语篇产出交际过程中，一方面，当学生译者在与作者的信息意图相匹配的最大关联的引导下，他们会对译文话语做出不同的最大顺应性选择；另一方面，学生译者在与作者的交际相匹配的最佳关联的引导下，从一系列可供选择的可能范围内，做出协商性的语言选择，以确保译文读者认知和谐的方式，传达出作者的信息意图和交际意图。这一最佳关联将引导译者判断作者试图传达的语境假设是否在译文认知语境中存在：如果存在，他们可以使用直接语用翻译策略，以传达作者的信息意图和交际意图，这可能是学生译者与译文读者之间理想的翻译跨文化交际，因为在中西方读者的大脑中存在着相同或者相似的认知图式，因而译文话语能够成功地满足读者的认知和谐；如果不存在，学生译者就不得不考虑哪些语境关系（或语用因素）将凸现出来，制约其译文语言选择。同时，他们需要预测译文读者的审美期待和接受能力如何。他们还要考虑如何传达出原文宏观意境效果，以及如何传达出翻译项目发起人或者赞助人预期的译文语用意境效果等。然后，在保持最佳关联的前提下，学生译者将考虑是否需要牺牲作者的信息意图，以传达出作者的交际意图。这可能是妥协的翻译跨文化交际，但仍然可以满足译文读者的认知和谐，因为他们可以体味到作者试图传达的意境效果。

如果受到政治规约、意识形态和审美观念的干涉，学生译者考虑到如果采用直接语用翻译策略传达原文话语，会使处于译文认知语境中的译文读者产生心理上的压力，也可能会使读者在相关方面产生认知上的不和谐，他们有时就不得不妥协于译文认知语境中占主流的相关方面，这可能是被操纵的翻译跨文化交际。译者操纵作者的信息意图，在译文话语中对其做出删减、增改等，以迎合译文读者的审美期待和接受能力，努力确保其认知和谐。也就是说，学生译者的语言选择将不会使读者在心理上产生过多的压力，读者无须付出不必要的推导努力便可以获得学生译者操纵性重构作者信息意图时试图传达的语境效果。

8.2.6 自主性

当前，翻译教学从传统的以教师权威转向以学生自主学习为中心，教师译者为指导者、咨询者、促进者、协调者的新型教学模式。在翻译课堂教学的语篇释意交际过程中，学生译者做出语境假设，寻找关联，对作者的信息意图和交际意图做出最大顺应性选择或者最佳顺应性选择，其自身自主性是自发地或者有意识地发挥的。在翻译课堂教学的语篇产出交际过程中，学生译者在进行译文语言选择，满足译文读者的认知和谐，传达作者的意图，对译文话语做出最大或者最佳顺应性选择等过程中，同样需要发挥自身的自主性。在选择语用翻译策略方面，不论是采用直接语用翻译策略，还是采用间接语用翻译策略，教师译者在课堂上的具体指导都将对学生译者自主性的发挥起着直接的影响作用。当学生译者体味原文话语字里行间的原文宏观意境效果、翻译项目发起人或者赞助人所预期的译文语用意境效果时，更需要发挥其自主性。这一切都是学生译者期望成为优秀译者的最大心理动机使然。如果学生译者缺乏自主性，无论教师译者的指导作用如何强大，都会使动态的教学过程失去应有的活力；反而，学生译者强烈的自主性是教师译者组织翻译课堂教学的推动力。教师译者指导学生译者发挥其良好的自主性，才能很好地培养他们早日习得语用交际翻译能力，成为21世纪的优秀译者，以优质的翻译水平服务于社会。

8.2.7 协作性

在翻译课堂上，学生译者与教师译者之间、学生译者与学生译者之间、学生译者与职业译者之间应该保持良好的协作性，这是充满变异性、协商性、顺应性的互动教学场景的必备条件。其一，教师译者要充分了解学生译者的实际翻译水平和他们对翻译课堂的心理预期，根据《高等学校英语专业英语教学大纲》(2000年)对学生翻译能力的具体要求，教师应课前做好充分的备课工作，明确每课内容的教学重点、教学难点、教学方法、作业布置等。学生译者要充分了解教师译者的备课方案，并给予充分的协作，以便尽快进入翻译课堂的实战状态。其二，在翻译课堂教学过程中，由于学生译者自身语用交际翻译能力的局限性，他们在不同语言层面出现认知被割裂的现象时，需要教师译者的具体指导，比如在如何把握原文的宏观语境，以及如何依据原文的交际线索体味原文的语言特色和风格特征等方面，与其保持良好的协作互动，自觉学会如何按照作者的认知思维方式理解其信息意图和交际意图；如何按照译文读者的认知思维方式对译文话语进行谋篇布局，使之言从句顺、通顺流畅；等等。其三，学生译者之间要保持良好的协作性。每个讨论小组之间要发扬团队精神，虚心学习别人的长处，欣赏他人的妙笔译文，反思自己的译笔为何顿挫。其四，学生译者需要对教师译者的精彩点评做出现场即时回应。其五，在完成翻译作业方面，学生译者更需要分工协作，查阅相关文献出处、原文话语的主题思想、背景信息、题材内容等内容。在翻译过程中，遇到具体的翻译问题时，学生译者可以在一起进行讨论，达成共识，再继续完成翻译作业。在使用 PPT 把小组的译文话语向全班同学展示的过程中，学生译者要注意与其他小组的互动；要清楚自己的优势之处，更要明白自身的不足之处。其六，在翻译课堂上，学生译者与职业译者之间的良性互动，更有利于提高他们的语用交际翻译能力。职业译者的真实翻译体验和心路历程是可供学生译者借鉴的宝贵财富，有助于他们在未来的译员生涯中，在前进的道路上少受一点挫折，少走一些弯路，争取早日把自己打造成一名合格的跨文化交际者。

8.3　翻译课堂教学特征之间的关系

我们认为，翻译课堂教学过程具有七个特征：关联性、不确定性、变异性、协商性、顺应性、自主性、协作性。它们之间的关系是相互联系、相互依存的；这些特征涉及所有的翻译教学活动。

在翻译课堂教学中，与作者的信息意图和交际意图没有任何关联性的译文话语都是败笔。没有基于关联性的顺应性，学生译者与原文作者和译文读者之间的跨文化交际将会很难实现。由于学生译者自身语用交际翻译能力的差异，他们不论是阐释作者的意图，还是进行译文话语选择传达其意图，在词汇、语法、句法、语义、语用等层面都会出现认知被割裂的现象，从而使他们的理解和表达出现诸多的变异性。与关联性有关的变异性选项，为学生译者阐释作者的意图和进行译文语言选择提供了一系列现实的可供选择的可能性，也为他们做出最大顺应性选择或（和）最佳顺应性选择提供了潜在的空间。

协商性映射出翻译教学过程的动态性，因为在翻译课堂教学的语篇产出交际过程中，在教师译者的指导下，学生译者需要做出语境假设，与作者进行跨文化心理对话，在对作者的信息意图进行最大顺应性选择的基础上，跨越认知接口障碍，进一步做出最佳顺应性选择，协商出与作者的交际意图相匹配的最佳关联。然后，在翻译课堂教学的语篇产出交际过程中，学生译者不得不以高度灵活的方式，采取语用翻译策略，做出相应的语言选择，换句话来说，他们的语言选择，是在译文语境关系和译文语言结构关系之间相互顺应的过程中进行的。顺应性能够使学生译者在认知处理出与作者的交际意图相匹配的最佳关联之后，从一系列可供选择的译文语言范围内，做出协商性的选择，以满足译文读者认知和谐的方式，成功地实现与读者之间的跨文化交际。

自主性和协作性促进翻译课堂教学活动的正常进行，它们的交互作用直接影响和制约着变异性、协商性和顺应性的运作过程，使翻译过程中的不确定性逐步趋向明确化，其良性互动将会使教学效果事半功倍。

8.4 本章小结

在本章中，我们总结概括了翻译课堂教学过程的七个语用特征，这些特征相互联系、相互依存，贯穿于翻译过程始终，它们之间的互动使翻译课堂教学处于动态之中。

第9章
结 束 语

9.1 本 章 简 介

在以往的翻译教学研究中，很少有学者关注对翻译课堂教学的动态过程的探讨。本书试图弥补这方面研究的不足。为达此目的，我们以语用学理论和语用翻译理论为主要基础，吸收其他学科的观点，尝试构建“翻译课堂教学的关联—顺应研究路向”，对翻译课堂教学过程的动态性做出阐释，描述教师译者指导下的学生译者的大脑信息处理机制，如何跨越不同语言层面出现的认知接口障碍，促使其良好运作，与原文作者和译文读者之间进行跨文化交际。

9.2 主 要 发 现

在本书中，我们在理论演绎和译例分析的基础上，采用描述法、追溯法等研究方法，在以下几个方面进行了探索与研究。

9.2.1 翻译课堂教学的新范式

本书聚焦于在翻译课堂教学中，教师译者如何指导学生译者使其大脑信息处理机制良好运作，不断跨越词汇、语法、句法、语义、语用等层面认知接口被割裂的障碍，正确认知处理作者的信息意图和交际意图，产出译文话语，成功传达作者意图。我们尝试构建了“翻译课堂教学的关联—顺应研究路向”：翻译课堂教学是以教师译者为指导、以学生译者为中心从事翻译自主学习的互动建构过程；也是以教师译者为指导的不断跨越认知接口被割裂的障碍，对原文话语及译文话语做出最大顺应性选择或者最佳顺应性选择的跨文化交际过程。

翻译课堂教学的语篇释意交际过程，是教师译者指导学生译者与作者或原文话语进行跨文化对话、寻找关联、明示推理的交际过程。对作者的交际意图做出最佳顺应性选择，并正确体味原文宏观意境效果——这是学生译者在翻译课堂教学的语篇产出交际过程中，有意识地做出语言选择，以传达作者的信息意图和交际意图的认知前提。

翻译课堂教学的语篇产出交际过程，是教师译者指导学生译者，在最佳关联的引导下，在原文宏观意境效果的观照下，在译文认知语境话语构建成分的不同层面，传达作者意图时，不断地跨越其译文选择过程中在语法、句法、语义、语用、心理语言、社会语言等方面的认知接口被割裂的障碍，动态顺应译文读者的交际过程。

在翻译课堂教学过程中，教师译者需要充分利用教学资源，调动学生译者的主体性意识，激活其大脑中有关原文话语和译文话语的认知图式，激发其阐释作者意图和产出译文话语的积极性，指导其有效利用现有的认知资源，积极参与课堂上的跨文化交际活动。作为读者和研究者阐释原文话语，以及作为作者“替身”、再创造者和协调者产出译文话语时，学生译者会发挥其主体性意识，有意识地进行译文语言选择。

9.2.2 新概念的提出

为了便于对翻译课堂教学过程进行动态性的描述，我们提出了一些新概念。

第一，在 Vershueren 的顺应理论的核心概念“变异性、协商性、顺应性”的基础上，我们对这三个概念做出了新的界定，原文语言和译文语言的这三个基本特征是相互依存、相互联系、不可分割的。在学生译者阐释原文话语和产出译文话语时，其内在的认知介入和外在的翻译行为使得整个翻译课堂教学过程自始至终都处于具有变异性、协商性、顺应性特征的互动之中；教师译者、学生译者、原文作者、译文读者之间的跨文化交际活动，就是在这种动态的翻译课堂上得以实现的。

第二，为了更好地描述在翻译课堂教学的语篇释意和产出交际过程中，学生译者在阐释和产出作者的信息意图和交际意图时，在词汇、语法、句法、语义、语用等层面如何出现认知被割裂的现象并成功跨越这些认知障碍，以满足译文读者认知和谐，达成跨文化交际，我们进一步整合了关联理论和顺应理论的核心思想内容，提出了“最大顺应性选择”和“最佳顺应性选择”的概念，认为学生译者的翻译活动是其对作者的意图和译文语言做出最大顺应性选择和（或者）最佳顺应性选择，并不断调整、不断修正、不断优化、合作学习的互动过程。

第三，我们探讨了翻译课堂的教学语境：它是在教师译者与学生译者充满变异性的协商对话、相互顺应的过程中动态生成的。

第四，我们提出了翻译课堂教学的目标是培养学生译者习得“语用交际翻译能力”，这一能力是新时代背景下满足国家和社会发展需要的高水平翻译人才必须具备的专业素质和专业技能。

第五，我们提出了“翻译课堂教学的认知和谐原则”。所有教学活动的最终目标都必须是使教师译者和学生译者的利益最大化，不会使双方产生心理压力。教师译者的神圣职责就是为国家培养出21世纪国际型、通识型的优秀翻译人才。

第六，为了深入探索翻译课堂教学的语篇释意交际过程语篇产出交际过程的动态性，我们提出了两个语境概念：翻译课堂教学的语篇释意交际过程中的语境与语篇产出交际过程中的语境。这两个语境概念是在学生译者的整个翻译过程中不断被其大脑信息处理机制所激活的心理画面。二者不是孤立的，而是相互联系、相互依存、不可分割的。它们对于学生译者对译文语言做出最佳顺应性选择，以传达作者的信息意图和交际意图，把其思维从运作不当调整到良好运作等方面，起着十分重要的观照作用。

9.2.3 学生译者阐释作者意图的动态过程

在翻译课堂教学的语篇释意交际过程中，学生译者在认知处理作者意图的过程中，要经历构建原文宏观语境、跨越认知接口障碍对其做出最佳顺应性选择、分析原文话语的交际线索把握原文风格和宏观意境效果、领悟翻译项目发起人或者赞助人预期的译文语用意境效果等四个阶段。

在阐释作者的意图时，对于同一原文话语，学生译者甚至同一学生译者，之所以会对作者的意图做出具有变异性的最大顺应性选择，原因在于：一方面，原文语言具有的变异性、协商性和顺应性特征，为学生译者认知处理作者的信息意图和交际意图过程提供较大的自由空间；另一方面，由于受其语用交际翻译能力的限制，他们没有正确地阐释原文话语，导致在词汇、语法、句法、语义、语用等不同层面出现认知接口障碍。

学生译者对作者的信息意图做出最大顺应性选择的心理动因在于：在其大脑中顺着自身的认知思维方式，做出了不合适的语境假设，却误以为是作者试图传达的语境假设中的某一个语用因素对其理解过程起到了影响作用，结果导致他们对作者的信息意图做出了不同的最大顺应性选择。其原因是，他们既没有从句子层面上正确认知处理原文话语的词汇信息、逻辑信息、百科信息，又没有从篇章层面上对原文话语做出正确的逻辑分析、艺术分析、主题分析、作者分析、读者分析等。

学生译者对作者的交际意图做出最佳顺应性选择的心理动因在于：在其大脑中，循着作者的认知思维方式，做出合适的语境假设，正确考虑到作者试图传达的语境假设中的某一语用因素，对其理解作者的信息意图和交际意图起到了关键性、决定性的作用，从而对作者的交际意图做出了最佳顺应性选择。

不论是对作者的意图做出了最大顺应性选择还是最佳顺应性选择，其背后的心理动机都是学生译者意欲成功认知处理出与作者的交际意图相匹配的最佳关联和体味到原文宏观意境效果，这是他们在翻译课堂教学的语篇产出交际过程中能够对译文话语做出最佳顺应性选择的认知基础，也是履行一个优秀译者正确充分阐释作者意图的职责的心理要求所产生的必然结果，还是其产出译文话语之前，期望其译文话语得到译文读者的认可与接受，使其利益最大化的心理使然。

9.2.4 学生译者产出译文话语的动态过程

在翻译课堂的互动教学中，变异性、协商性、顺应性是原文语言和译文语言共同具有的语言特征，它们是学生译者从不同的心理方面，顺应译文读者做出选择的语言认知基础。学生译者拥有不同的语言基础和文化基础，所以他们习得的语用交际翻译能力就会有所不同。这将影响和制约着充满变异性、协商性、顺应性的课堂教学过程，这是互动翻译教学的驱动性力量。教师译者是课堂教学跨文化活动的指导者、咨询者、促进者。在教学目标、教学重点的观照下，教师译者会适时主动地“介入”，指导和参与学生译者的译文话语产出过程，使他们不断跨越认知接口障碍，使其大脑信息处理机制处于良好运作状态，从而成功达成与原文作者和译文读者之间的跨文化交际。在此过程中，教师译者的切身翻译实战经验起着不可或缺的启发或者引导作用。教师译者如何调动现有的教学资源，灵活采用不同的教学方法，指导学生译者做出最佳顺应性译文语言选择，以确保译文读者的认知和谐，这些将取决于他们在多大程度上能够精准预测潜在的译文话语接受者的审美期待和接受能力、翻译项目的发起人或者赞助人所预期的译文话语的语用意境效果。学生译者充分正确地传达作者的信息意图和交际意图以及原文宏观意境效果，是教师译者的翻译教学目标在他们身上转化为高水平翻译技能的核心目标和最终归宿。

学生译者在译文话语中会对作者的信息意图做出不同的最大顺应性选择。换言之，如果他们对原文作者的信息意图做出了不同的阐释，他们在译文认知语境中产出的译文话语自然也就会不同。再者，在进行译文语言选择时，他们从不同的心理角度顺应读者的过程中，会表现出不同的语用翻译交际能力，尤其是译文语言功底的差异，更会加大学生译者所产出的译文话语的变异性。

学生译者对作者的交际意图做出了最佳顺应性选择之后，他们的译文话语之所以还呈现出变异性，是因为他们的语用交际翻译能力在选择译文话语时表现出了各自的差异性。其背后的心理动机是：学生译者从不同的心理角度在译文认知语境中顺应译文读者，难免在词汇、语法、语义、语用等层面出现这样或者那样的认知接口被割裂的现象。

要把学生译者培养成21世纪优秀的翻译人才，在翻译课堂教学中，教师译者就必须努力教导学生习得语用交际翻译能力，使他们认识到在进行译文话语选择时必须按照译文语言的认知思维方式进行谋篇布局的重要性；引导学生译者设身处地换位思考，从译文读者的角度去品味译文话语行文是否自然流畅。只有达到该目标，学生译者才能真正地跨越认知接口障碍，成功达成与原文作者和译文读者之间的跨文化交际。

9.2.5 翻译课堂教学过程的语用特征

翻译课堂教学的动态过程具有关联性、不确定性、变异性、协商性、顺应性、自主性、协作性等七个语用特征。这些特征是相互联系、相互影响、不可分割的。它们之间的互动使教师译者指导下的学生译者与原文作者和译文读者之间的跨文化交际活动呈现出动态的场景。

在翻译课堂教学中，学生译者对作者的意图的认知处理和对译文话语的选择是在最大顺应性选择和（或者）最佳顺应性选择的交互过程中，以关联为取向的翻译行为中实现的。原文语言和译文语言的变异性为学生译者进行选择提供了一系列可选项，这为协商性的翻译行为提供了潜在的可能性。协商性使学生译者通过对作者意图的阐释和对译文语言的选择，采用高度灵活的原则和语用翻译策略，与原文作者和译文读者不断协商完成跨文化交际活动。顺应性使学生译者在教师译者的指导下，从一系列可供选择的范围内，不断地对作者的意图和译文话语做出最大顺应性选和（或者）最佳顺应性选择，以成功地实现与作者和译文读者之间的跨文化交际。在学生译者找到与作者的交际意图相匹配的最佳关联以及对译文话语做出最佳顺应性选择之前，他们的思维一直处于不确定的状态。自主性是学生译者阐释作者意图和传达其意图的内在学习动力。教师译者、学生译者、职业译员之间的协作性有力地促进了翻译课堂教学动态过程。

9.3 研究启示

在翻译课堂教学中，教师译者的教学目标是培养学生译者习得语用交际翻译能力，以便使他们具有阐释原文话语和产出译文话语的语言内、语言外能力，构建原文宏观语境的能力，产出原文宏观意境效果的能力，产出翻译项目发起人或赞助人所预期的译文语用意境效果的能力，对现有翻译电子工具和媒介进行实际操作的能力，以及与职业译者分享专业性原文话语翻译的交际能力等。这些是他们成为21世纪优秀翻译人才必备的专业素质。

我们需要强调的是：在翻译课堂教学中，教师译者指导下的学生译者需要对作者的意图及其相应的译文话语做出最佳顺应性选择，以确保译文读者的认知和谐，这是“多种声音”并存的翻译课堂跨文化交际成功的认知前提；教师译者的职责是帮助学生译者不断地跨越认知接口层面存在的障碍，使其认知资源得到最佳配置，引导学生的思维运作处于良好状态。

在翻译课堂教学的语篇释意交际过程中，在与作者进行跨文化心理互动时，学生译者需要逐步构建起原文话语的宏观语境，并记忆作者的信息意图和交际意图。在这个宏观语境的观照下，他们按照作者的认知思维方式，努力跨越认知层面出现的障碍，对作者的意图做出最佳顺应性选择，找到与作者的交际意图相匹配的最佳关联。在分析原文话语风格或者交际线索的过程中，学生译者需要有意识地在其大脑中储存原文话语的文体特征，努力体味出原文宏观意境效果、翻译项目发起人或者赞助人所预期的译文语用意境效果等。

在翻译课堂教学的语篇产出交际过程中，在最佳关联的引导下，教师译者指导下的学生译者应该把原文的整个语篇作为思维单位，进行译文语言选择，这样，他们就能够确定在不同语言层面上的译文语言选择是否与原文话语宏观语境相一致。他们需要按照译文读者的认知思维方式，对译文话语进行谋篇布局。中西方认知语境中语言系统之间的跨文化差异，使学生译者很难确定具体的翻译操作单位，因此，他们需要在原文整个语篇的观照下，连续不断地做出具有变异性、协商性和顺应性的语言选择。他们可以采用适当的语用翻译策略，在不能实现翻译语言单位对等的情况下，在不同等级的语言单位之间进行灵活的“上推”或者“下移”。换言之，译文在相应语言层面不可能匹配时，在不同层面进行的语言选择应该容许其变异性。学生译者在进行译文话语选择时，需要考虑译文的语境关系、语言结构关系、他们作为译者的心理动机、译文读者的审美期待和接受能力、原文宏观意境效果、翻译项目发起人或者赞助人所预期的译文语用意境效果等。学生译者应该努力传达作者的信息意图和交际意图及其风格特征，在考虑译文读者的认知和谐时，容许出现风格上的某些变异。总之，学生最终的译文话语选择必须确保译文读者的认知和谐，以成功实现与原文作者和译文读者之间的跨文化交际。

9.4 本书的不足之处

尽管我们从不同方面对翻译课堂教学动态过程进行了研究，但限于研究者个人的理解能力、相关研究的局限性、研究时间的紧迫性等原因，本书还是存在着一些局限性，具体如下。

首先，最明显的局限性在于：本书缺乏有力的实证研究，以便更好地对搜集到的学生译者的译文语料进行阐释或分析。如果能够做一些像“有声思维”那样的翻译实验，本书的研究结果会更有说服力。尽管我们在分析论证过程中，努力把研究者的主观因素降到最低程度，但由于个人研究差异的原因，研究结果也许会有一些异议。

其次，分析过程中研究的语料数量和语料来源有限。尽管我们为本书的定性分析搜集到了许多有代表性的语料，但还是有可以改善的空间。例如，我们的学生译文语料主要来自华南农业大学英语专业本科生，如果能搜集到其他高校本科生甚至翻译专业硕士研究生的译文语料，就有可能增加本研究的分量和提高实际意义，对不同层次的翻译教学会起到更大的指导作用。

再次，本书使用关联理论和顺应理论研究翻译课堂教学过程是一个新尝试，仍有待国内外学者进一步验证和补充。本书是一个跨学科的研究，是否能对相关理论，如语用学理论、社会心理学理论、社会建构主义翻译理论、功能翻译理论、二语习得理论、文化研究理论，做到很好的整合，是一个值得商榷的问题。而且，供我们研究的参考文献相当有限，因此，本研究会毫无疑问地受到限制。

还有，因为翻译课堂教学过程极其复杂，涉及教师译者、学生译者、职业译员、原文作者、译文读者“多种声音”并存的跨文化交际环境，所以我们很难考虑到翻译教学的方方面面。我们能够做到的只是从语用学的视角对教师译者指导下的学生译者的思维运作过程做出描述。

最后，我们需要指出的是：由于本项研究涉及翻译学和语用学等跨学科领域，目前不论是在语用学界还是在翻译学界，都很少有研究涉及翻译课堂教学的动态过程，因而可供借鉴的前人翻译研究成果很少。在这种学术研究背景下，我们的学术观点也许会引起质疑甚至争论等，这些都是可以理解和接受的。本书的研究成果是开放性的，期待学界同仁给予批评指正。

9.5 对未来研究的建议

目前，有关翻译课堂教学动态性课题的研究，在国内外相关研究中涉及极少。在我们构建的理论框架内，本书不可能穷尽所有问题，有些问题值得未来进一步研究。

首先，我们构建的“翻译课堂教学的关联—顺应研究路向”，描述了学生译者的思维在翻译过程中如何运作，但该理论范式有待进一步丰富与完善，需要做一些实证研究，运用“有声思维”、眼动跟踪技术、键盘录入、大脑思维成像技术、磁共振成像技术等，来验证它是否对翻译课堂教学的动态过程具有很强的阐释力。

其次，我们提出“翻译课堂教学的认知和谐原则”，来揭示学生译者译文选择背后以及教师译者撰写教案及采取不同教学方法背后的心理动机，但是，该原则有待运用实证研究更真实地再现教师译者和学生译者在翻译课堂教学中所呈现出来的心路历程。

最后，我们概括总结的翻译课堂教学动态过程的七个语用特征，即关联性、不确定性、变异性、协商性、顺应性、自主性、协作性，有待在以后的翻译教学中，使用不同题材文本的翻译实践来检验它们是否同时适合文学翻译和非文学翻译实践的课堂教学过程。

参 考 文 献

包惠南. 2001. 文化语境与语言翻译[M]. 北京：中国对外翻译出版公司.

曹雪芹，高颚. 2001. 红楼梦[M]. 上海：上海古籍出版社.

柴明颎. 2015. 本科翻译专业教学思考[J]. 东方翻译，（5）：4-10.

陈宏薇. 1995. 语用学与翻译教学[J]. 现代外语，（3）：27-30.

陈葵阳. 2005. 从建构主义观点谈翻译课堂教学[J]. 中国翻译，（3）：78-81.

董洪学，初胜华，张坤媛. 2017. 基于 MTI 职业翻译能力培养的翻转课堂项目式教学模式研究[J]. 外语电化教学，（4）：49-55.

冯庆华. 2002. 文体翻译论[M]. 上海：上海外语教育出版社.

冯庆华. 2003. 实用翻译教程（增订本）[M]. 上海：上海外语教育出版社.

高等学校外语专业教学指导委员会英语组. 2000. 高等学校英语专业英语教学大纲[M]. 上海：上海外语教育出版社.

葛林，罗选民，董丽. 2011. 诺德翻译能力理论观照下的 MTI 培养模式研究——以十三所高校问卷调查为例[J]. 中国翻译，（4）：31-36.

郭红. 2004. 计算机辅助翻译教学的一种尝试[J]. 外语界，（5）：54-61.

何刚强. 1998. 现代英汉翻译操作[M]. 北京：北京大学出版社.

何自然. 1992. 语用学与汉英/英汉翻译（英文）[A]//杨自俭，刘学云主编. 1999. 翻译新论（1983—1992）. 武汉：湖北教育出版社：785-799.

何自然. 2011. 语法和语言用法[J]. 语用学研究，（3）：4-12.

胡珍铭，王湘玲. 2018. 评教整合的翻译教学模式构建与实践——以培养文本分析能力为导向[J]. 外语界，（6）：79-86.

姜秋霞. 2006. 翻译专业建设现状：分析与建议[J]. 中国翻译，（5）：8-13.

黎士旺. 2007. 语料库与翻译教学[J]. 中国科技翻译，（3）：46-49.

李德超. 2008. 有声思维法在翻译教学中的运用：TAPs 翻译研究对翻译教学的启示[J]. 中国翻译，（6）：34-39.

李捷. 2007. 顺应理论对英语专业翻译教学的启示[J]. 湖南科技学院学报，（11）：176-178.

李明. 2006. 英汉互动翻译教程[M]. 武汉：武汉大学出版社.

李明. 2007. 商务英语翻译（汉译英）[M]. 北京：高等教育出版社.

李瑞林. 2011. 从翻译能力到译者素养：翻译教学的目标转向[J]. 中国翻译，（1）：46-51.

李占喜. 2001a. "关联域"与"互文性"：从文化的本体论特征分析互文性翻译中的文化亏损[J]. 外语与翻译，（1）：47-52.

李占喜. 2001b. 翻译学科定位的跨文化反思与前瞻[J]. 语言与翻译，（4）：38-41.
李占喜. 2002. 从“关联域”分析互文性翻译中的文化亏损[A]//杨自俭主编. 英汉语比较与翻译 4. 上海：上海外语教育出版社：332-338.
李占喜. 2004. 语用综观论：文学翻译的一个新视角[A]//杨自俭主编. 英汉语比较与翻译 5. 上海：上海外语教育出版社：679-693.
李占喜. 2005a. “关联域”视角中的互文性翻译[J]. 语言与翻译，（1）：57-60.
李占喜. 2005b. 翻译过程的关联—顺应研究：文化意象处理举隅[D]. 广东外语外贸大学博士学位论文.
李占喜. 2006. 从“关联域”视角分析文化意象翻译中的文化亏损[J]. 外语与外语教学，（2）：40-43.
李占喜. 2007a. 从关联翻译理论视角管窥翻译过程的特点[J]. 西安外国语大学学报，（1）：66-68.
李占喜. 2007b. 关联与顺应：翻译过程研究（英文）[M]. 北京：科学出版社.
李占喜. 2007c. 语言顺应论与翻译研究[A]//冉永平，张新红编著. 语用学纵横. 北京：高等教育出版社：270-280.
李占喜. 2008a. 从“关联域”的角度分析翻译中的逻辑矛盾[J]. 郑州航空工业管理学院学报，（4）：90-93.
李占喜. 2008b. 翻译过程的静态研究述评[J]. 韶关学院学报，（7）：105-107.
李占喜. 2008c. 国内外语用翻译研究：回顾、述评与前瞻[J]. 上海翻译，（1）：20-26.
李占喜. 2008d. 文化意象翻译中亏损现象补偿的关联论视角. 广东技术师范学院学报，（8）：13-17.
李占喜. 2009a. 西方翻译过程研究：理论回顾与语用构建——以“十五个吊桶打水，七上八下”的翻译为例[J]. 天津外国语学院学报，（4）：21-25.
李占喜. 2009b. 翻译教学中学生主体身份的语用透析[J]. 福建论坛（社科教育版），（6）：171-172.
李占喜. 2009c. 国内外翻译过程研究：回顾与述评[J]. 时代文学，（8）：30-32.
李占喜. 2009d. 顺应论：文学翻译的一个新视角[J]. 华南农业大学学报（社会科学版），（3）：90-97.
李占喜. 2009e. 英语广告汉译过程的语用透析[J]. 中国科技翻译，（4）：23-26.
李占喜. 2010a. 西方影视翻译研究的最新发展——《影视翻译：屏幕上的语言转换》介评[J]. 上海翻译，（4）：70-72.
李占喜. 2010b. 译者主体性意识的语用透视[J]. 北京第二外国语学院学报，（12）：1-7.
李占喜. 2012a. 译文读者为中心的认知和谐原则[J]. 外语教学，（1）：101-104
李占喜. 2012b.《翻译过程研究的方法与策略》介绍[J]. 外语教学与研究，（5）：789-793.
李占喜. 2013a. 文学翻译过程特征的语用再探[J]. 浙江外国语学院学报，（6）：62-69.
李占喜. 2013b. 译文读者认知和谐的语用翻译策略选择原则[J]. 外文研究，（3）：85-91.
李占喜. 2014a. 翻译课堂教学的关联—顺应研究路向[J]. 解放军外国语学院学报，（6）：23-30.
李占喜. 2014b. 语用翻译探索[M]. 广州：暨南大学出版社.
李占喜. 2015a. 西方语用翻译研究：述评与前瞻[J]. 上海翻译，（1）：72-76.
李占喜. 2015b. 译者对话语标记语程序性意义认知与产出的语用视角[J]. 外文研究，（1）：84-88.
李占喜. 2017a. 习得译者语用交际翻译能力：翻译课堂教学目标[J]. 亚太跨学科翻译研究，（2）：100-113.

李占喜. 2017b. 语用翻译学[M]. 广州：暨南大学出版社.
李占喜. 2018. 学生译者认知处理作者明示和暗含过程的语用研究[J]. 上海翻译，(2)：43-47.
李占喜，高斯. 2015. 从关联理论分析《唐顿庄园》字幕翻译[J]. 外国语文研究，(2)：128-139.
李占喜，李桂平. 2016. 对翻译忠实性原则的解构[J]. 洛阳理工学院学报（社会科学版），(5)：20-25.
李占喜，梁嘉仪. 2018. 基于本科生语料库英语长句汉译的语用研究——以 *The Posteverything Generation* 中长句汉译为例[J]. 外文研究，(1)：70-77.
李占喜，周凯文. 2016. 从关联—顺应路向探讨“韩赛”译文的动态生成过程[J]. 内蒙古农业大学学报（人文社科版），(6)：128-134.
李长栓. 2004. 非文学翻译理论与实践[M]. 北京：中国对外翻译出版公司.
连彩云，荆素蓉，于婕. 2011. 创新翻译教学模式研究——为地方经济发展培养应用型专业翻译人才[J]. 中国翻译，(4)：37-41.
廖开洪，李锦. 2005. 文化语境顺应对翻译中词义选择的制约——兼谈语用翻译对翻译教学的启示[J]. 山东外语教学，(5)：92-95.
廖七一. 2000. 语料库与翻译研究[J]. 外语教学与研究，(5)：380-384.
廖七一. 2001. 当代英国翻译教学评述[J]. 四川外语学院学报，(1)：16-19.
廖七一. 2011. MTI 中的翻译理论教学[J]. 中国翻译，(3)：25-28.
林克难. 2000. 翻译教学在国外[J]. 中国翻译，(2)：56-59.
刘和平. 2011. 翻译能力发展的阶段性及其教学法研究[J]. 中国翻译，(1)：37-45.
刘季春. 2006. 本科翻译教学“观念建构”模式刍议[J]. 上海翻译，(2)：48-51.
刘万国，侯文富. 2002. 中国成语辞海（上、中、下）[Z]. 长春：吉林大学出版社.
刘云波. 1995. 英谚汉译法的几点看法[J]. 外国语（上海外国语大学学报），(6)：43-45.
刘月华，潘文娱，故韡. 2001. 实用现代汉语语法（增订本）[M]. 北京：商务印书馆.
罗选民. 2002. 中国的翻译教学：问题与前景[J]. 中国翻译，(4)：56-58.
罗选民，董娜，黎士旺. 2005. 语料库与翻译研究——兼评 Maeve Olohan 的《翻译研究语料库入门》[J]. 外语与外语教学，(12)：52-56.
吕立松，穆雷. 2007. 计算机辅助翻译技术与翻译教学[J]. 外语界，(3)：35-43.
吕叔湘. 2002. 中诗英译笔录[M]. 北京：中华书局.
吕叔湘，丁声树. 2002. 现代汉语词典（汉英双语）[Z]. 北京：外语教学与研究出版社.
马萧. 2005. 翻译模因论与翻译教学[J]. 山东外语教学，(3)：72-76.
马旭燕. 2017. 众包在项目翻译教学中的应用初探[J]. 上海翻译，(6)：62-66.
苗菊. 2005. 有声思维——翻译内在过程探索[J]. 外语与外语教学，(6)：43-46.
苗菊. 2007. 翻译能力研究——构建翻译教学模式的基础[J]. 外语与外语教学，(4)：48-50.
穆雷. 1999. 中国翻译教学研究[M]. 上海：上海外语教育出版社.
穆雷，王巍巍. 2011. 翻译硕士专业学位教育的特色培养模式[J]. 中国翻译，(2)：29-32.
南建翀. 2008. 经典英语诗歌（英汉对照）[M]. 西安：世界图书出版公司.
彭娜. 2007. 建构主义学习理论下的大学英语翻译教学改革[J]. 太原大学教育学院学报，(3)：82-86.
谭业升. 2001. 建构主义翻译教学刍议[J]. 山东外语教学，(4)：13-16.
王克非. 2004. 双语平行语料库在翻译教学上的用途[J]. 外语电化教学，(4)：27-32.

王立非. 2011. 高校《机辅商务翻译》课程建设及教学系统的研发[J]. 中国翻译，(2)：34-37.
王树槐. 2005. 《翻译教学与研究》评介[J]. 现代外语，(1)：99-102.
王树槐，王群. 2006. 《翻译教学——从研究到课堂：教师手册》评介[J]. 外国语，(1)：74-77.
韦兰芝. 2011. 基于系统功能语言学的语篇分析模式在翻译研究和翻译教学中的应用[J]. 长春大学学报，(1)：98-101.
文军. 2006. 中国翻译教学五十年回眸：1951—2005 中国翻译教学研究论文、论著索引[M]. 北京：北京航空航天大学出版社.
文军，殷玲. 2010. 翻译过程中翻译策略的实证性研究——基于英语专业大学生的有声思维调查[J]. 解放军外国语学院学报，(4)：75-80.
吴光华. 2004. 汉英综合大辞典（上、中、下）[Z]. 大连：大连理工大学出版社.
吴倩. 2018. 英语翻译教学中有声思维法的应用研究[J]. 教育现代化，(48)：248-250.
吴友富. 1998. 国俗语义研究[M]. 上海：上海外语教育出版社.
吴赟. 2006. 计算机辅助翻译系统在翻译教学中的应用[J]. 外语电化教学，(6)：55-59.
伍小君. 2007. "交互式"英语翻译教学模式建构[J]. 外语学刊，(4)：121-123.
希拉里·克林顿. 2005. 亲历历史（节选）[M]. 叶子南译. 中国翻译，(5)：89-92.
许钧. 2001. 文学翻译的理论与实践—翻译对话录[M]. 南京：译林出版社.
许渊冲. 1988. 唐诗三百首新译（中英文对照）[M]. 北京：北京大学出版社.
许渊冲. 1990. 唐宋词一百五十首（中英文对照）[M]. 北京：北京大学出版社.
许渊冲. 1994. 中国古诗词六百首[M]. 北京：新世界出版社.
许渊冲. 1998. 唐诗三百首新译[M]. 北京：中国对外翻译出版公司.
许渊冲. 2006. 翻译的艺术[M]. 2 版. 北京：五洲传播出版社.
许渊冲. 2012. 唐五代词选（汉英对照）[M]. 北京：五洲传播出版社.
杨莉藜. 1997a. 英汉互译教程（上册）[M]. 开封：河南大学出版社.
杨莉藜. 1997b. 英汉互译教程（下册）[M]. 开封：河南大学出版社.
杨晓军. 2007. 基于语料库翻译研究和译者教育[J]. 外语与外语教学，(10)：51-55.
杨雪艳. 2003. "语篇"概念与翻译教学[J]. 中国翻译，(5)：59-64.
杨自俭. 2006. 关于翻译教学的几个问题[J]. 上海翻译，(3)：36-39.
苑丽英. 2019. 基于建构主义的英语翻译教学与翻译能力的相关性研究[J]. 华北理工大学学报（社会科学版），(3)：112-117.
詹斯·奥尔伍德，拉斯·冈纳尔·安德森，奥斯坦·达尔. 1984. 语言学中的逻辑[M]. 王维贤，李先焜，蔡希杰译. 石家庄：河北人民出版社.
张经浩. 1996. 译论[M]. 武汉：湖北教育出版社.
张美芳. 2001. 中国英汉翻译教材研究（1949—1998）[M]. 上海：上海外语教育出版社.
张倩. 2010. "有声思维"教学：一种新的翻译教学尝试[J]. 西安外国语大学学报，(4)：84-86.
张新红，李明. 2003. 商务英语翻译（英译汉）[M]. 北京：高等教育出版社.
章振邦. 1995. 新编英语语法教程（第二版）[M]. 上海：上海教育出版社.
赵湘. 2002. 语用学与翻译教学[J]. 衡阳师范学院学报，(5)：131-133.
郑东方，陈德用. 2019. 社会建构论视域下翻译教学中译者主体性的培养[J]. 牡丹江大学学报，(5)：142-144.
郑达华. 1999. 文学翻译重在审美效果[J]. 中国翻译，(6)：19-21.

郑晔，穆雷. 2007. 近50年中国翻译教学研究的发展与现状[J]. 广东外语外贸大学学报，（5）：60-66.
仲伟合，钟钰. 1999. 德国的功能派翻译理论[J]. 中国翻译，（3）：47-49.
仲伟合. 2011. 高等学校翻译专业本科教学要求[J]. 中国翻译，（3）：20-24.
周玉华，胡朋志. 2019. 翻译教学最简设计：聚焦问题模式的理论与实践[J]. 外语界，（2）：33-41.
庄智象. 2007. 关于我国翻译专业建设的几点思考[J]. 外语界，（3）：14-23.
Allwood, J., Andersson, L. G. & Dahl, O. 1977. Logic in Linguistics [M]. Oxford: The Alden Press.
Ariel, M. 2008. Pragmatics and Grammar [M]. Cambridge: Cambridge University Press.
Arnold, J. 1999. Affect in Language Learning [M]. Cambridge: Cambridge University Press.
Asher, J. 1977. Learning Another Language Through Actions: The Complete Teacher's Guidebook [M]. Los Gatos, CA: Sky Oaks Productions.
Ausubel, D. P. 1968. Educational Psychology: A Cognitive View [M]. New York: Holt, Reinhart and Winston.
Babbie, E. R. 1992. The Practice of Social Research [M]. 6th edn. Belmont, CA: Wadsworth.
Baer, B. J. & Koby, G. S. 2003. Beyond the Ivory Tower: American Translators Association Scholarly Monograph Series, Vol. Xii [M]. Amsterdam & Philadelphia: John Benjamins.
Bajo, M. T., Padilla, P., Muñoz, R., et al. 2001. Comprehension and memory processes in translation and interpreting [J]. Quaderns. Revista de Traducció, (60): 27-31.
Baker, M. 1992. In Other Words [M]. London: Routledge.
Baker, M. 1998. Routledge Encyclopaedia of Translation Studies [M]. London & New York: Routledge.
Basnett, S. & Lefevère, A. 1998. Constructing Cultures: Essays on Literary Translation [M]. Clevendon: Multilingual Matters.
Basnett-McGuire, S. 1981. Translation Studies [M]. London & New York: Routledge.
Bassano, S. & Christison, M. A. 1994. Community Spirit: A Practical Guide to Collaborative Language Learning [M]. Burlingame, CA: Alta.
Beeby, A. 1996. Teaching Translation from Spanish to English: Worlds Beyond Words [M]. Ottawa: University of Ottawa Press.
Beeby, A. 2000. Evaluating the development of translation competence [A]. In C. Schäffner & B. Adab (Eds.), Developing Translation Competence. Amsterdam: John Benjamins: 185-198.
Beeby, A., Ensinger, D. & Presas, M. 2000. Investigating Translation [M]. Amsterdam: John Benjamins.
Bell, R. T. 1991. Translation and Translating: Theory and Practice [M]. London: Longman.
Bennet, B., Rohlheiser-Bennet, C. & Stevhan, L. 1991. Cooperative Learning: Where Heart Meets Mind [M]. Toronto: Educational Connections.
Benson, P. & Voller, P. 1997. Autonomy and Independence in Language Learning [M]. New York: Addison Wesley Longman.
Biel, Ł. 2011. Professional realism in the legal translation classroom: Translation competence and translator competence [J]. Meta: Translators' Journal, (1): 162-178.
Blakemore, D. 1987. Semantic Constraints on Relevance [M]. Oxford: Blackwell.
Blakemore, D. 2002. Relevance and Linguistic Meaning [M]. Cambridge, MA: Cambridge University Press.

Bowker, L., Cronin, M., Kenny, D., et al. 1998. Unity in Diversity? Current Trends in Translation Studies [M]. Manchester: St. Jerome.

Bowker. 2003. Towards a collaborative approach to corpus building in the translation classroom [A]. In B. J. Baer & G. S. Koby (Eds.), Beyond the Ivory Tower: American Translators Association Scholarly Monograph Series, Vol. Xii. Amsterdam & Philadelphia: John Benjamins: 193-210.

Brisard, F., Östman, J.-O. & Verschueren, J. 2009. Grammar, Meaning and Pragmatics: Handbook of Pragmatics Highlights 5 [M]. Amsterdam: John Benjamins.

Brown, G. 1971. Human Teaching for Human Learning: An Introduction to Confluent Education [M]. New York: The Viking Press.

Brumfit, C. & Johnson, K. 1979. The Communicative Approach to Language Teaching [M]. Oxford: Oxford University Press.

Bussman, H. 1996. Routledge Dictionary of Language and Linguistics [M]. London & New York: Routledge.

Caine, R. N. & Caine, G. 1994. Making Connections: Teaching and the Human Brain [M]. Menlo Park, CA: Addison-Wesley.

Campbell, S. 1991. Towards a model of translation competence [J]. Meta, (2-3): 329-343.

Campbell, S. 1998. Translation into the Second Language [M]. London and New York: Longman.

Campos, A. & González, M. A. 1995. Effects of mental imagery on creative perception [J]. Journal of Mental Imagery, (19): 67-76.

Cao, X. Q. 1973. The Story of the Stone [M]. Trans. by D. Hawkes. London: Penguin.

Cao, X. Q. 1993. A Dream of Red Mansions [M]. Trans. by Yang Hsien-Yi & Gladys Yang. Beijing: Foreign Languages Press.

Chaudron, C. 1988. Second Language Classrooms: Research on Teaching and Learning [M]. Cambridge: Cambridge University Press.

Chesterman, A. 1995a. The Memes of Translation [M]. Amsterdam & Philadelphia: John Benjamins.

Chesterman, A. 1995b. The successful translator: The evolution of homo transferens [J]. Perspectives: Studies in Translatology, (2): 253-270.

Chesterman, A. 1997. Memes of Translaiton: The Spread of Ideas in Translation Theory [M]. Amsterdam: John Benjamins.

Chesterman, A. 2000. Teaching strategies for emancipatory translation [A]. In C. Schäffner & B. Adab (Eds.), Developing Translation Competence. Amsterdam & Philadelphia: John Benjamins: 77-90.

Chesterman, A. & Wagner, E. 2002. Can Theory Help Translators? A Dialogue Between the Ivory Tower and the Wordface [M]. Manchester: St. Jerome.

Chomsky, N. 1965. Aspects of the Theory of Syntax [M]. Cambridge, MA: The MIT Press.

Colina, S. 2003a. Towards an empirically-based translation pedagogy [A]. In B. J. Baer & G. S. Koby (Eds.), Beyond the Ivory Tower: American Translators Association Scholarly Monograph Series, Vol. Xii. Amsterdam & Philadelphia: John Benjamins: 33-60.

Colina, S. 2003b. Translation Teaching from Research to the Classroom: A Handbook for Teachers [M]. Boston: The McGraw-Hill Companies, Inc.

Creswell, J. W. 1994. Research Design: Qualitative & Quantitative Approaches [M]. Thousand Oaks, Calif: Sage Publications.

de Beaugrande, R.-A. & Dressler, W. 1981. Introduction to Text Linguistics [M]. London & New York: Longmail.

Delisle, J. & Woodsworth, J. 1995. Translators Through History [M]. Amsterdam & Philadelphia: John Benjamins.

Dollerup, C. & Appel, V. 1996. Teaching Translation and Interpreting 3 [M]. Amsterdam & Philadelphia: John Benjamins.

Dollerup, C. & Loddegaard, A. 1992. Teaching Translation and Interpreting. Training, Talent and Experience 1 [M]. Amsterdam & Philadelphia: John Benjamins.

Dollerup, C. & Lindegaard, A. 1994. Teaching Translation and Interpreting 2 [M]. Amsterdam & Philadelphia: John Benjamins.

Duff, A. 1981. The Third Language: Recurrent Problems of Translation into English [M]. Oxford: Pergamon.

Duff, A. 1989. Translation [M]. Oxford: Oxford University Press.

Ellis, N. 2005. At the interface: Dynamic interactions of explicit and implicit language knowledge [J]. Studies in Second Language Acquisition, (27): 305-352.

Ellis, R. 1985. Understanding Second Language Acquisition [M]. Oxford: Oxford University Press.

Ellis, R. 1992. Second Language Acquisition and Language Pedagogy [M]. Clevendon: Multilingual Matters.

Ellis, R. 1995. Questioning Consciousness: The Interplay of Imagery, Cognition and Emotion in the Human Brain [M]. Amsterdam & Philadelphia: John Benjamins.

Escandell-Vidal, V., Leonetti, M. & Ahern, A. 2011. Procedural Meaning: Problems and Perspectives [M]. Howard House: Emerald Group Publishing Limited.

Farahzad, F. 1992. Testing achievement in translation classes [A]. In C. Dollerup & A. Loddegaard (Eds.), Teaching Translation and Interpreting: Training, Talent and Experience. Amsterdam and Philadelphia: John Benjamins: 271-278.

Fawcett, P. & Mundy, J. 1998. Ideology and translation [A]. In M. Baker (Ed.), Routledge Encyclopaedia of Translation Studies. London & New York: Routledge: 137-140.

Festinger, L. A. 1957. Theory of Cognitive Dissonance [M]. Evanston, IL: Row, Peterson.

Gardner, H. 1983/1993. Frames of Mind: The Theory of Multiple Intelligence [M]. New York: Basic Books.

Gardner, R. 1985. Social Psychology and Second Language Acquisition: The Role of Attitudes and Motivation [M]. London: Arnold.

Gardner, R. & Lambert, W. 1972. Attitudes and Motivation in Second Language Learning [M]. Rowley, Mass.: Newbury House.

Gentzler, E. 1993. Contemporary Translation Theories [M]. London & New York: Routledge.

Gile, D. 1995. Basic Concepts and Models for Interpreter and Translator Training [M]. Amsterdam & Philadelphia: John Benjamins.

González, D. M. 1998. Student assessment by medical specialists: An experiment in relating the undergraduate to the professional world in the teaching of medical translation in Spain [A]. In H. Fischbach (Ed.), Translation and Medicine. ATA Scholarly Monograph Series 10. Amsterdam and Philadelphia: John Benjamins: 93-104.

González, D. M. 2004. Multiple Voices in the Translation Classroom: Activities, Tasks and Projects [M]. Amsterdam and Philadelphia: John Benjamins.

González, D. M. 2005. Minding the process, improving the product: Alternatives to traditional translator training. In M. Tennent (Ed.), Training for the New Millennium: Pedagogies for Translation and Interpreting. Amsterdam and Philadelphia: John Benjamins: 67-82.

González, D. M. & Celaya, M. 1993. New Teachers in a New Education System [M]. Barcelona: PPU.

González, D. M. & Català, M. 1994. Negotiating topics in cooperative learning [J]. Cooperative Learning, 14 (3): 20-23.

González, D. M. & Scott-Tennent, C. 2005. A problem-solving and student-centered approach to the translation of cultural References [J]. Meta, (1): 160-179.

González, D. M., Scott-Tennent, C. & Rodríguez, F. 2001. Training in the application of translation strategies for undergraduate scientific translation students [J]. Meta, (4): 737-744.

Gouanvic, J. M. 1997. Translation and the shape of things to come. The emergence of American science fiction in post-war France [J]. The Translator, (3): 125-152.

Gregory, M. J. & Carroll, S. 1978. Language and Situation: Language Varieties and Social Contexts [M]. London & New York: Routledge & Kegan Paul.

Grice, P. 1975. Logic and conversation [A]. In P. Cole & J. Morgan (Eds.), Syntax and Semantics. New York: Academic Press: 41-58.

Grice, P. 1989. Studies in the Way of Words [M]. Cambridge, MA: Harvard University Press.

Gross, A. 2003. Teaching translation as a form of writing: Improving translator selfconcept [A]. In B. J. Baer & G. S. Koby (Eds.), Beyond the Ivory Tower: American Translators Association Scholarly Monograph Series, Vol. Xii. Amsterdam & Philadelphia: John Benjamins: 83-93.

Gutt, E.-A. 1991/2000. Translation and Relevance: Cognition and Context [M]. Manchester: St. Jerome Publishing.

Gutt, E.-A. 2004. Challenges to metarepresentation to translation competence [A]. In P. Fleischmann, A. Schmitt & G. Wotjak (Eds.), Translationskompetenz: Tagungsberichte der LICTRA (Leipzig International Conference on Translation Studies 4). Stauffenberg: Tübingen: 77-89.

Halliday, M. A. K., McIntosh, A. & Stevens, P. 1964. The Linguistic Sciences and Language Teaching [M]. London: Longman.

Hatim, B. 1997. Communication Across Cultures: Translation Theory and Contrastive Text Linguistics [M]. Exeter: Exeter University Press.

Hatim, B. 1999. Implications of research into translator invisibility [J]. Target, (2): 201-222.

Hatim, B. 2001. Teaching and Researching Translation [M]. Edinburgh Gate: Pearson Education Limited.

Hatim, B. & Mason, I. 1990. Discourse and the Translator [M]. London: Longman.

He, Z. R. 2003. Notes on Pragmatics [M]. Nanjing: Nanjing Normal University Press.

Heider, F. 1958. The Psychology of Interpersonal Relations [M]. New York: Wiley.

Hermanns, T. 1985. The Manipulation of Literature: Studies in Literary Translation [M]. London and Sydney: Croom Helm.

Hervey, S., Higgins, L. & Haywood, L. 1995. Thinking Spanish Translation [M]. London and New York: Routledge.

Holec, H. 1979. Autonomy and Foreign Language Learning [M]. Oxford: Pergamon Press.

Holmes, J. 1972/1988. The Name and Nature of Translation Studies: Papers in Literary Translation and Translation Studies [M]. Amsterdam: Rodopi.

Holmes, J., Lambert, J. & Lefevère, A. 1978. Literature and Translation [M]. Louvain: ACCO.

Holt, D. 1993. Cooperative Learning: A Response to Linguistic and Cultural Diversity [M]. McHenry, IL: Delta.

Holz-Mänttäri, J. 1984. Translatorisches Handeln: Theorie und Methode [M]. Helsinki: Suomalainen tiedeakatemia.

Hornby, A. S. 2009. Oxford Advanced Learner's English-Chinese Dictionary [Z]. 7th edn. Oxford: Oxford University Press.

Inés, P. R. 2009. Evaluating the process and not just the product when using corpora in translator education [A]. In A. Beeby, P. R. Inés & P. Sánchez-Gijón (Eds.), Corpus Use and Translating. Amsterdam and Philadelphia: John Benjamins: 129-150.

Inoue, I. 2005. PBL as a new pedagogical approach for translator education [J]. https://www.erudit.org/en/journals/meta/2005-v50-n4-meta1024/019865ar/[2020-08-06].

Johnson, J. 2003. Learning through portfolios in the translation classroom [A]. In B. J. Baer & G. S. Koby (Eds.), Beyond the Ivory Tower: American Translators Association Scholarly Monograph Series, Vol. Xii. Amsterdam & Philadelphia: John Benjamins: 97-116.

Kelly, G. S. 1987. Principles of Social Psychology [M]. London: Lawrence Erlbaum Associates, Publishers.

Kessler, C. 1992. Cooperative Language Learning: A Teacher's Resource Book [M]. New Jersey: Prentice Hall.

Kiraly, D. C. 1995. Pathways to Translation: Pedagogy and Process [M]. Kent, OH: Kent State University Press.

Kiraly, D. C. 2000. A Social Constructivist Approach to Translator Education: Empowering the Translator [M]. Manchester: St. Jerome.

Koby, G. S. & Baer, B. J. 2003. Task-based instruction and the new technology. Training translators for the modern language industry [A]. In B. J. Baer & G. S. Koby (Eds.), Beyond the Ivory Tower: American Translators Association Scholarly Monograph Series, Vol. Xii. Amsterdam & Philadelphia: John Benjamins: 211-228.

Koskinen, K. 1994. (Mis)translating the untranslatable: The impact of deconstruction and post-structuralism on translation theory [J]. Meta, (3): 446-452.

Krashen, S. & Terrel, T. 1983. The Natural Approach: Language Acquisition in the Classroom [M]. Oxford: Pergamon.

Krawutsche, P. 1989. Translator and Interpreter Training and Foreign Language Pedagogy (ATA Scholarly Monograph Series, Vol. iii.) [M]. Binghamton: Suny.

Kübler, N., Kunz, K. & Castagnoli, S. 2010. Corpora in translator training: A program for an e-learning course [A]. In G. Gile, H. Gyde & N. K. Pokorn (Eds.), Why Translation Studies Matters. Amsterdam and Philadelphia: John Benjamins: 195-208.

Kussmaul, P. 1995. Training the Translator [M]. Amsterdam and Philadelphia: John Benjamins.

Lakoff, R. & Scherr, R. 1975. Language and Woman's Place [M]. New York: Harper & Row.

Legutke, M. & Thomas, H. 1991. Process and Experience in the Language Classroom [M]. London: Longman.

Lidenfield, J. 1993. The cross-cultural translation of linguistic routines [J]. Babel, 39(3): 151-157.

Little, D. 1991. Learner Autonomy 1: Definitions, Issues and Problems [M]. Dublin: Authentik.

Lörscher, W. 1991. Translation Performance, Translation Process, and Translation Strategies: A Psycholinguistic Investigation [M]. Tübingen: Narr.

Lörscher, W. 1992. Process-oriented research into translation and implications for translation teaching [J]. TTR, 5(1): 145-161.

Mahn, G. 1989. Standards and evaluation in translation training [A]. In P. Krawutsche (Ed.), Translator and Interpreter Training and Foreign Language Pedagogy (ATA Scholarly Monograph Series 3). Binghamton: Suny: 100-108.

Maier, C. 1994. Carol Maier discusses women in translation: Current intersections, theory and practice [J]. Delos, (2): 29-39.

Malmkjaer, K. 1998. Translation and Language Teaching [M]. Manchester: St. Jerome.

Marco, J. & Lawick, H. V. 2009. Using corpora and retrieval software as a source of materials for the translation classroom [A]. In A. Beeby, P. R. Inés & P. Sánchez-Gijón (Eds.), Corpus Use and Translating: Corpus Use for Learning to Translate and Learning Corpus. Amsterdam and Philadelphia: John Benjamins: 9-28.

Miremadi, S. 1992. Language users linguistic creativity: Word-formation for translation [A]. In C. Dollerup & A. Loddegaard (Eds.), Teaching Translation and Interpreting. Training, Talent and Experience. Amsterdam and Philadelphia: John Benjamins: 137-143.

Mizuno, A. 2005. Process model for simultaneous interpreting and working memory [J]. Meta, 50(2): 739-752.

Moskowitz, G. 1978. Caring and Sharing in the Language Class: A Sourcebook on Humanistic Techniques [M]. Rowley, Mass.: Newbury House.

Mossop, B. 2001. Revising and Editing for Translators [M]. Manchester: St. Jerome.

Mott, B. 1996. A Course of Semantics and Translation for Spanish Learners of English [M]. Barcelona: PPU.

Muir, F. 1989. What-a-Mess Goes on Television in the Walker Bear: A Children's Treasury [M]. London & New York: Guild.

Munday, J. 2001. Introducing Translation Studies: Theoreis and Applications [M]. London and New York: Routledge.

Neubert, A. & Gregory, M. S. 1992. Translation as Text [M]. Kent: The Kent State University Press.

Neubert, A. 2000. Competence in language, in languages, and in translation [A]. In C. Schäffner & B. Adab (Eds.), Developing Translation Competence. Amsterdam: John Benjamins: 3-18.

Newmark, P. 1988. A Textbook of Translation [M]. Hemel Hemptead: Prentice Hall.

Nida, E. A. 1964. Toward a Science of Translating [M]. Leiden: E. J. Brill.

Nida, E. A. & Taber, C. R. 1969. The Theory and Practice of Translation [M]. Leiden: E. J. Brill.

Nord, C. 1991. Text Analysis for Translation [M]. Amsterdam: Rodopi.

Nord, C. 1997a. Alice abroad: Dealing with descriptions and transcriptions of paralanguage in literary translation [A]. In F. Poyatos (Ed.), Nonverbal Communication and Translation. Amsterdam and Philadelphia: John Benjamins: 107-129.

Nord, C. 1997b. Translating as a Purposeful Activity [M]. Manchester: St. Jerome.

Nunan, D. 1989. Designing Tasks for the Communicative Classroom [M]. Cambridge: Cambridge University Press.

O'Malley, J. M. & Uhl Chamot, A. 1990. Learning Strategies in Second Language Acquisition [M]. Cambridge: Cambridge University Press.

Oittinen, R. 2000. Translating for Children [M]. New York and London: Garland Publications.

PACTE. 2000. Acquiring translation competence, hypotheses and methodological problems of a research project [A]. In A. Beeby, D. Ensinger & M. Presas (Eds.), Investigating Translation. Amsterdam: John Benjamins: 99-106.

PACTE. 2003. Building a translation competence model [A]. In F. Alves (Ed.), Triangulating Translation. Amsterdam: John Benjamins: 43-66.

Pym, A. 1992. Translation error analysis and the interface with language teaching [A]. In C. Dollerup & A. Loddegaard (Eds.), The Teaching of Translation. Amsterdam: John Benjamins: 279-288.

Redeker, G. 1991. Review: Linguistic markers of discourse structure [J]. Linguistics, (29): 1164.

Reiss, K. 1971. Möglichkeiten und Grenzen der Übersetzungskritik. Kategorien und Kriterien für erne sachgereche Beurteilung von Übersetzungen [Possibilities and Limitations of Translation Criticism: Categories and Criteria for a Fair Evaluation of Translations] [M]. Munich: Hueber.

Reiss, K. 1971/2000. Moglichkeiten und Grenzen der Ubersetzungskritik [M]. Munich: M. Hueber [Translation Criticism: Potential and Limitations. Trans. by E. F. Rhodes. Manchester: St Jerome and American Bible Society].

Ribé, R. 1998. Foundations of Translation [M]. Barcelona: Edicions Universitat de Barcelona.

Richards, J. & Lockhart, C. 1994. Reflective Teaching in Second Language Classrooms [M]. Cambridge: Cambridge University Press.

Richards, J. & Rodgers, T. 1986/2001. Approaches and Methods in Language Teaching [M]. Cambridge: Cambridge University Press.

Robinson, D. 1991. The Translator's Turn [M]. Baltimore and London: Johns Hopkins University Press.

Robinson, D. 1995. Theorizing translation in a woman's voice [J]. The Translator, (2): 153-175.

Robinson, D. 1997a. Becoming a Translator [M]. London & New York: Routledge

Robinson, D. 1997b. Western Translation Theory from Herodotus to Nietzche [M]. Manchester: St. Jerome Publishing.

Sager, J. 1993. Language Engineering and Translation: Consequences of Automation [M]. Amsterdam and Philadelphia: John Benjamins.

Scott-Tennent, C. & González, D. M. 2000. Translation strategies and translation solutions: Design of a teaching prototype and empirical study of results [A]. In A. Beeby, M. Presas & D. Ensinger (Eds.), Investigating Translation. Amsterdam and Philadelphia: John Benjamins: 107-116.

Slavin, R. E. 1990. Cooperative Learning: Theory, Research and Practice [M]. Englewood Cliffs: Prentice Hall.

Snell-Hornby, M. 1992. The professional translator of tomorrow: Language specialist or all-round expert? [A]. In C. Dollerup & A. Loddeggard (Eds.), Teaching Translating and Interpreting. Amsterdam and Philadelphia: John Benjamins: 9-22.

Sperber, D. & Wilson, D. 1986/1995. Relevance: Communication and Cognition [M]. Oxford: Blackwell.

Steiner, G. 1975/1992. After Babel: Aspects of Language and Translation [M]. London, Oxford & New York: Oxford University Press.

Tirkkonen-Condit, S. 2001. Metaphors in translation processes and products [J]. Quaderns Revista de Traducció, (6): 11-15.

Titford, C. & Heike, A. E. 1985. Translation in Foreign Language Teaching and Translation [M]. Tübingen: Gunter Narr.

Toury, G. 1980. In Search of a Theory of Translation [M]. Tel Aviv: Porter Institute.

Toury, G. 1995. Descriptive Translation Studies and Beyond [M]. Amsterdam and Philadelphia: John Benjamins.

Tymoczko, M. 2001. Translation and political engagement: Activism, social change and the role of translation in geopolitical shifts [J]. The Translator, (1): 23-47.

Unger, C. 2011. Exporing the borderline between procedural encoding and pragmatic inference [A]. In V. Escandell-Vidal, M. Leonetti & A. Aoife (Eds.), Procedural Meaning: Problems and Perspectives. Howard House: Emerald Group Publishing Limited: 103-127.

Venuti, L. 1992. Rethinking Translation [M]. London & New York: Routledge.

Venuti, L. 1995. The Translator's Invisibility [M]. London & New York: Routledge.

Vermeer, H. J. 1989. Skopos and commission in translational action [A]. In A. Chesterman (Ed.), Readings in Translation Theory. Helsinki: Oy Finn Lectura Ab: 173-187.

Verschueren, J. 1999. Understanding Pragmatics [M]. London: Edward Arnold (Publishers) Ltd.

Verschueren, J. & Marcella, B. P. 1987. The Pragmatic Perspective: Selected Papers from the 1985 International Pragmatics Conference [M]. Amsterdam: John Benjamins.

Vygotsky, L. S. 1978. Mind in Society: The Development of Higher Psychological Processes [M]. Cambridge, MA: Harvard University Press.

Wakabayashi, J. 2003. Think-alouds as a pedagogical tool [A]. In B. J. Baer & G. S. Koby (Eds.), Beyond the Ivory Tower: American Translators Association Scholarly Monograph Series, Vol. Xii. Amsterdam & Philadelphia: John Benjamins: 61-82.

Weller, G. 1989. Some polemic aspects of translation in foreign language pedagogy revisited [A]. In P. Krawutsche (Ed.), Translator and Interpreter Training and Foreign Language Pedagogy (ATA Scholarly Monograph Series, Vol. iii). Binghamton: SUNY: 39-50.

Widdowson, H. 1979. The Deep Structure of Discourse and the Use of Translation: Explorations in Applied Linguistics [M]. Oxford: Oxford University Press.

Widdowson, H. G. 1984. Explorations in Applied Linguistics 2 [M]. Oxford: Oxford University Press.

Wilss, W. 1989. Topical issues in translator training at universities [A]. In P. Krawutsche (Ed.), Translator and Interpreter Training and Foreign Language Pedagogy (ATA Scholarly Monograph Series, Vol. iii). Binghamton: SUNY: 89-99.

Wilss, W. 1994. A framework for decision-making in translation [J]. Target, 6(2): 131-150.

Woodward, T. 1992. Models and Metaphors in Language Teacher Training [M]. Cambridge: Cambridge University Press.

Wright, T. 1987. Roles of Teachers and Learners [M]. Oxford: Oxford University Press.

后记

巅峰回望

登山，我已有 20 年的经历。2001 年在广东外语外贸大学读博时，每天爬白云山，风雨无阻，浸润在天然“氧吧”，缓解学习上的紧张，领略山林中的美景，陶冶生活中的性情。2005 年毕业，栖居于火炉山下，每天读书之后或工作之余，感觉累了，需要换换脑子，舒展心情时，就会迈开登山的脚步，穿越山林，顺坡而上，沿着羊肠小道，一步一个脚印，信念坚定地向顶峰攀登……

每逢登山，必到山顶，这是一种生活的态度，也是登山者的情怀。伫立在山峰之巅，极目远眺，一览众山小，有一种自然释放的惬意与快感，但也有一种“高处不胜寒”的顿悟与感念。我常常坐在巨石上小憩，在巅峰之上，暮霭之中，伴随着凉爽的清风、泉水清脆的吟唱，我的思绪仿佛在草原上驰骋奔腾，在大海上翱翔奔放。

巅峰回望，山下远处的“小蛮腰”，婀娜多姿，吸引着无数游客的目光。它是广州的一道风景，也是广州的一个名片，凝聚着设计者的智慧，折射出建造者的才华。近处的天河，高等院校林立，聚集了多少专家学者，汇聚了多少莘莘学子，成就了多少青年梦想！广州的繁华与文明、理解与包容，赋予追梦者公平的机会和平等的环境。广州人杰地灵，有山的倚靠，有水的抚慰，有林的荫庇，有花的绽放，使她风光璀璨，魅力无限。

巅峰回望，林中的幽静和树上的蝉鸣，使得登山旅途更感惬意；山间的花草和河中的水流，使得登山旅途更有诗意。穿过的茂密森林，已成一道风景；走过的山间小径，亦在身后隐现；攀过的奇峰峻险，变为脚下基石。没有一步步的攀爬，就不会有到达山顶的豪迈；没有一滴滴的汗水，就不会有到达顶峰的感慨。一个人常在登山途中，开启“自问自答”式的学术对话。没有宁静的思考，就不会从容应对学术诘问；没有开阔的胸怀，就不会虔诚倾听同仁质疑；没有睿智的反思，就不会自信阐发学术洞见；没有“批判性”思维，就不会勇于释放学术创新。

巅峰回望，自己的科研之路，从硕士到博士，再到工作及课题申报，20多年来，在语用翻译研究中摸爬滚打，有艰辛，有汗水，有欢笑，有回味。科研征程既曲曲折折、风风雨雨，又曲径通幽、灵光一现。从小心翼翼的科研“模仿”，到学术前沿研究探索，再到“诚惶诚恐”的理论创新，步履蹒跚，踯躅前行，朝着既定的方向执着探索，有发现，心情灿烂；有收获，惬意无限！

巅峰回望，拙著即将付梓，凝聚着十年的心血与汗水。我仿佛又登上了一座大山。基于自己提出的翻译过程的学术观点，结合真实的教学实践，吸收艰辛的翻译心得，从认知语用学视角，整合前人的理论范式，尝试构建新的理论体系，着力探索翻译课堂教学上，教师译者如何引导学生译者，跨越认知接口障碍，进行译文语言选择，以阐释和产出作者意图；如何把他们的思维从运作不良调整到运作良好的心路历程，这是笔者的研究聚焦。但是，学生译者的思维需要采用实验手段真实记录，这方面的研究需要科学客观的定量实证方法，才能弥补研究的不足与缺陷，使自己的理论构建更臻完善，学术思想才会走得更远。我感觉：理论演绎的大山，我虽然翻过去了，但翻译教学的实证大山，却屹立在我的前方，等待我去攀登，期待我去挖掘其中的宝藏！真可谓每次登山，必到峰顶，但每次写作，却难达巅峰！……

就这样，想着想着，不知不觉，已是暮色苍茫，人间芳菲，万家灯火。近处的山，远处的林，尽显神秘幽静。草丛里的萤火，勾起我孩童时的遐想。天空中的星星，激起我年轻时的梦想。仰望星空，注目明月，借风当歌，是否依然沉醉于学术畅想？在学术旅途中，保持“淡泊宁静”的心态，才会有“宁静致远”的境界！开启一场学术之恋，享受一路学术孤独，一个人，犹如一叶孤舟，顺着幽深的小径，缓缓地、从容地、自信地走向远方……

李占喜

2019年8月1日

于英国杜伦小城